［新版］
グロービス
MBA
リーダーシップ
LEADERSHIP

グロービス経営大学院［編著］

ダイヤモンド社

● まえがき

　本書は、2006年4月にダイヤモンド社から刊行された『MBAリーダーシップ』を、社会環境の変化に合わせて全面的に改訂したものである。

　企業経営のみならず社会生活においても、リーダーシップは常に身近なテーマであり続けてきた。だが同時に、複雑な人の心理や行動を科学することでもあるため、深遠で難解な問題も含んでいる。事実、リーダーシップの捉え方はその時々の時代状況や社会環境を反映し、変化と進化を続けてきた。今回の改訂のねらいは、リーダーシップの最新トレンドも含め、過去から今日までのリーダーシップの変遷を網羅的かつ体系的に整理することと、これから未来へと続く変化の中で着目すべきリーダーシップの視点について、考えるヒントを提供することにある。

　また、リーダーシップというものは、人が動いたり動かされたりするメカニズムを、単に頭で理解するだけでは十分ではない。それを自ら行動に移し、実践できてこそ意味が生まれるものである。陽明学で言う「知行合一」を目指さなければならない。そのために、本編を読み進めていく過程で、問題を常に自分自身に引き寄せて考えられるよう、体裁面での工夫を新たに加えることも、改訂のもう1つのねらいである。

　こうしたねらいを実現するべく、本編をリーダーシップの「理論編」と「実践編」とに大きく分ける構成にした。

第Ⅰ部「理論編」

　第1章を「リーダーシップ理論の変遷」として、古来のリーダーシップ研究の中心であった特性理論から始め、行動に着目した行動理論、集団の置かれた状況によって有効なリーダーシップは変わってくるという条件適合理論、リーダーとフォロワーの関係性に着目した交換・交流理論を紹介し、さらには80年代以降の企業変革への要請から生まれた変革のリーダーシップ、組織を動かす大義やそのベースとなる倫理観の重要性に着目した、サーバント・リーダーシップやオーセンティック・リーダーシップについて解説している。

　続く第2章は、「リーダーシップと関連する組織行動」として、リーダーの持つパワーの源泉が人間の心理にいかなる影響を与えるのか、良きフォロワーとして振る舞える

ことがリーダーの要件とどう関係するのか、ネットワークの構築力がリーダーシップの発揮とどうかかわるのか、平時と比較して非常時のリーダーシップに必要なものは何か、といったことを解説していく。

これらの論点は、環境変化が激しすぎて将来が見通せない、ネットインフラの普及で情報の非対称性が小さくなっている、SNSなどでネットワークを乗数的に拡大できる、といった特徴を持つ今日の社会状況において、リーダーシップをどのように捉えていけばよいかを考えるヒントとなろう。それについては読者にもぜひ考えていただきたい。

そして第3章の「リーダーシップ開発」では、リーダーの成長プロセスに関する研究や、コーポレート・ユニバーシティのように、リーダーシップ開発を組織的な取り組みとして体系化する方法、さらにはリベラルアーツの必要性をはじめとする今後のリーダーシップ開発の方向性について論じた。

第Ⅱ部「実践編」

第Ⅰ部「理論編」で学んだ考え方をいかに行動に落とし込んで実践するかを、第4章「リーダーシップを磨く」、第5章「リーダーシップを発揮する」に分けて示していく。

第4章「リーダーシップを磨く」では、ありたい姿を描く、現状の自分を客観視する、ギャップを埋める、というリーダーシップを行使する前の基本を確認する。

第5章「リーダーシップを発揮する」では、目的・目標の明確化と共有、計画立案、実行・振り返り、とわかりやすいように順を追って、プロセスで考えられる構成にし、実践での難所を意識した解説を展開している。

この実践編では、各章のCASEで、グロービスで行っている実際の授業のミニチュア版を再現してみた。リーダーシップは人に関係することだけに、頭では理解できても、それを実践・行動に移すとなると多くの難所に直面する。しかし、知識習得を主としてきた日本の学校教育の影響からか、理解しただけで安心してしまう受講生が多い。

経営の現場では、現実の難所にしっかり向き合い、自分がどう乗り越えるかというところまでイメージできていなければ、役に立たない。したがって、ポイントはこの自己内省のプロセスを、いかに学習の中に組み込むかにある。それは、我々が数多くのクラスを運営するなかで常に研究を重ねてきた点でもある。

1つの答えとして、グロービスのリーダーシップのクラスでは、受講生に思考を促す問いを常に投げかけている。その一部をミニ授業でも紹介している。特に読者に考えてほしい論点については、指差しマーク☞を付けるなどの工夫をした。もちろん、リアルのクラスを再現することには限界もあるが、ぜひとも「自分だったらどうだろうか？」と自問しながら読み進めていただきたい。

今改訂にあたっては、旧版の『MBAリーダーシップ』に寄せられた多くの読者の声や、大学院、企業研修における受講者の反応、意見も参考にさせていただいた。

　最後に、改訂版を執筆するにあたってご協力いただいた方々に謝意を述べたい。本書の内容は、スクールや研修で開催されるリーダーシップ・組織行動学のクラスでの、真剣な議論の上に磨かれたものである。これまで関与されたすべての講師、受講生、運営スタッフの方々に感謝したい。また、ダイヤモンド社のDIAMONDハーバード・ビジネス・レビュー編集部の前澤ひろみ副編集長には、全般にわたってさまざまなアドバイスをいただいた。グロービスで長く出版に携わっている嶋田毅氏とは、企画構成の段階から幾度も議論を交わし、執筆に際しては随所で意見をいただいた。この場を借りてあらためて感謝したい。

　本書が１人でも多くの方に読まれ、リーダーシップ開発と実践に役立てていただけるなら、著者として望外の喜びである。

2014年4月

グロービス経営大学院

目次

まえがき

第Ⅰ部 理論編

第1章 リーダーシップ理論の変遷 3

第1章の概要と構成
1-1 リーダーに共通する特性は何か——特性理論 8
    リーダー研究の主流だった特性理論
    資質を科学してリーダーを見つけ出す
    パーソナリティ研究をリーダーシップ開発に
1-2 リーダーのとるべき行動——行動理論 15
    リーダー行動の2つの軸
    PM理論
    マネジリアル・グリッド
1-3 環境条件によって適するリーダー像は変わる——条件適合理論 22
    フィードラー理論
    パス・ゴール理論
    シチュエーショナル・リーダーシップ理論
1-4 リーダーとフォロワーの関係に着目する——交換・交流理論 31
    交換理論
    信頼性蓄積理論（特異性—信頼理論）
    LMX（リーダー・メンバー・エクスチェンジ）理論
1-5 組織を変革するリーダーとは 40
    カリスマ型リーダー
    リーダーシップとマネジメントの違い
    変革への抵抗と落とし穴
    クルト・レヴィンの変革プロセス

　　　　ジョン・コッターの8段階のプロセス
　　　　変革型リーダーの特徴・スキル
　1-6　**倫理観に基づくリーダーシップ論**　52
　　　　倫理観・精神性重視への環境変化
　　　　サーバント・リーダーシップ
　　　　サーバント・リーダーの特性
　　　　オーセンティック・リーダーシップ
　　　　オーセンティック・リーダーの特性
　　　　オーセンティック・リーダーへの成長ステップ

第2章　リーダーシップと関連する組織行動　67

　　　　第2章の概要と構成
　2-1　**パワーと影響力**　70
　　　　パワーとは何か
　　　　影響力とは何か
　　　　人・組織を動かすためのアプローチ
　　　　状況を分析する視点
　　　　基本スタンスの選択肢
　　　　どんなパワーをいつ行使するか
　　　　　コラム◎相手のパワーが強い場合の動かし方──ボス・マネジメント
　　　　パワーと影響力を適切に使いこなす
　2-2　**フォロワーシップ**　85
　　　　フォロワーシップに関する研究
　　　　フォロワーシップとリーダーシップとの関係
　　　　良きフォロワーに必要なスキルと価値観
　　　　　コラム◎東日本大震災における東京電力福島第一原発

2-3　ネットワーク　95
　　　　リーダーシップとネットワーク
　　　　ティッピング・ポイント
　　　　ネットワークの規模
　　　　ネットワーク間のつながり
　　　　社会的ネットワークの広がり
　　　　ネットワークのつくり方
　　　　インターネット時代のネットワークづくり
2-4　非常時のリーダーシップ　104
　　　　非常時を乗り越えたリーダーたちの言葉
　　　　非常時のコミュニケーション
　　　　リーダーによるチーム効力感の醸成
　　　　危機に強い組織におけるリーダー
　　　　組織のレジリエンス向上とリーダーの役割

第3章　リーダーシップ開発　115

第3章の概要と構成

3-1　リーダーの成長過程の研究　118
　　　　リーダーシップの解明から開発へ
　　　　汎用的なリーダーシップ開発
　　　　「組織を引っ張るリーダー」にフォーカスした開発論
　　　　経験学習の考え方
　　　　成功するリーダーと脱線するリーダー
　　　　　　コラム◎弱みを克服するか強みを伸ばすか──自己認識の生かし方
3-2　リーダーシップ開発の組織的取り組み　133
　　　　リーダーシップ開発のフレームワーク
　　　　リーダーシップ・エンジン

リーダーシップ・パイプライン
コーポレート・ユニバーシティ
　コラム◎日本企業の企業内大学
3-3　進化するリーダーシップ開発　149
リーダーシップ開発の進化の方向
水平的開発から垂直的開発へ
意識の発達段階説
徒弟制アプローチ
リベラルアーツの重要性
集合的リーダーシップへのシフト
　コラム◎リーダーシップ開発をリードする専門機関CCL

第Ⅱ部　実践編

第4章　リーダーシップを磨く　165
第4章の概要と構成
4-1　ありたい姿を描く　168
リーダーとしてあるべき姿の描き方①　身近なリーダーの長所を具体化する
リーダーとしてあるべき姿の描き方②　他者と共有して気づきを得る
リーダーとしてあるべき姿の描き方③　あるべきレベル感を自覚する
ありたい行動を起点に考える
リーダーの「あるべきレベル感」と組織文化
　コラム◎反面教師としての"飲み屋症候群"
4-2　現状の自分を客観視する　178
自分自身の現状分析
4-3　ギャップを埋める　188
経験から学ぶ

成果にこだわり成功体験をつかむ
自己効力感を高めるための振り返り
　コラム◎公式権限を持つまでに後輩指導でパワーを磨こう
Off-JTから学ぶ

第5章　リーダーシップを発揮する　199

第5章の概要と構成

5-1　目的・目標の明確化と共有　202
　目的・目標の明確化
　目的・目標のメンバーに対する伝達・共有

5-2　計画立案　211
　計画立案におけるポイントと好ましくないパターン
　エンパワーメント

5-3　実行・振り返り　221
　実行＝相手を動かすこと
　非言語の威力と無意識に働きかける６つの武器
　実行段階における難所
　結果の振り返り段階における難所

あとがき　233
参考文献　236
索引　243

第I部

理論編

第1章
リーダーシップ理論の変遷

第1章の概要と構成

◆概要

リーダーシップとはいったい何か——。
　それを明確に意識せずとも、我々人間は古来、ずっとリーダーと共に生きてきた。地球上の部族のほとんどには長（おさ）がおり、やがて地域や国を治める人物も登場した。宗教などの精神的なつながりからなる集団の中にも、また集団同士の戦いの現場にも、中心的な役割を果たす人物がいた。
　どのような人物を人はリーダーと呼ぶのか。また、リーダーになったときに、どうすれば人々がついてくるのか。その答えは1つではない。時代を紡ぐ過程でさまざまな考え方が生まれ、異なる考え方が並存し、いまも変遷を続けている。
　現代に生きる我々にふさわしいリーダーシップを考えるためにも、まずはリーダーシップ論の歴史を振り返り、時代の変化の中で我々がリーダーシップについて、いかなる経緯で、どのような検討を重ねてきたのかを概観してみよう（**図表1-1**）。

◆ポイント

1-1　リーダーに共通する特性は何か——特性理論
　古来のリーダー研究は、国家レベルでの政治家や職業軍人などを主な対象として、それら人物に共通する個人的資質や属性を論じたものが多かった。20世紀になると、心理学的知見が応用されるようになり、個々人の気質や特性を把握して、それを生かす道が模索されるようになる。

1-2　リーダーのとるべき行動——行動理論
　リーダーの資質や特性ではなく、行動に着目したのが「行動理論」と呼ばれる一連の研究である。三隅二不二の「PM理論」やブレイクとムートンの「マネジリアル・グリッド」などが主なものだ。「一握りの非凡な人」ではない一般人にも適用しやすいリーダー論の登場である。

1-3　環境条件によって適するリーダー像は変わる——条件適合理論
「普遍的に有効な」リーダーの行動ではなく、集団の置かれた状況や条件によって、ふさわしいリーダー行動が変わってくるのではないかとの仮説の下、フィードラー、ハウス、ブランチャードらが研究を発展させた。これらは「条件適合理論」と分類される。

1-4　リーダーとフォロワーの関係に着目する——交換・交流理論
リーダー個人の分析だけでなく、リーダーと部下（フォロワー）との相互の関係性にも着目した研究が現れた。ホーマンズやティボー、ケリーらは社会的交換理論の観点からリーダーシップを捉え、ホランダーは信頼性の蓄積に着目した。また、リーダーとフォロワーとの関係も状況によって変わってくることから、それを分析する枠組みとしてLMX理論が登場した。

1-5　組織を変革するリーダーとは
主に1980年代以降、企業が変革を余儀なくされるようになり、巨大な組織の変革をリードできるのはどんな人物か、また、どのように組織を動かせば変革できるのかが大きなテーマとなった。カリスマ型リーダーや組織変革のステップなどが研究された。

1-6　倫理観に基づくリーダーシップ論
組織を動かすのに、どのような動機・大義を示すかについての考察に焦点が当たるようになった。今日では、利益や成長に固執しすぎることへの反省として、より高次の倫理観をベースとした、サーバント・リーダーシップやオーセンティック・リーダーシップといったコンセプトが重視されてきている。

図表1-1 リーダーシップ論の概観と本書の構成

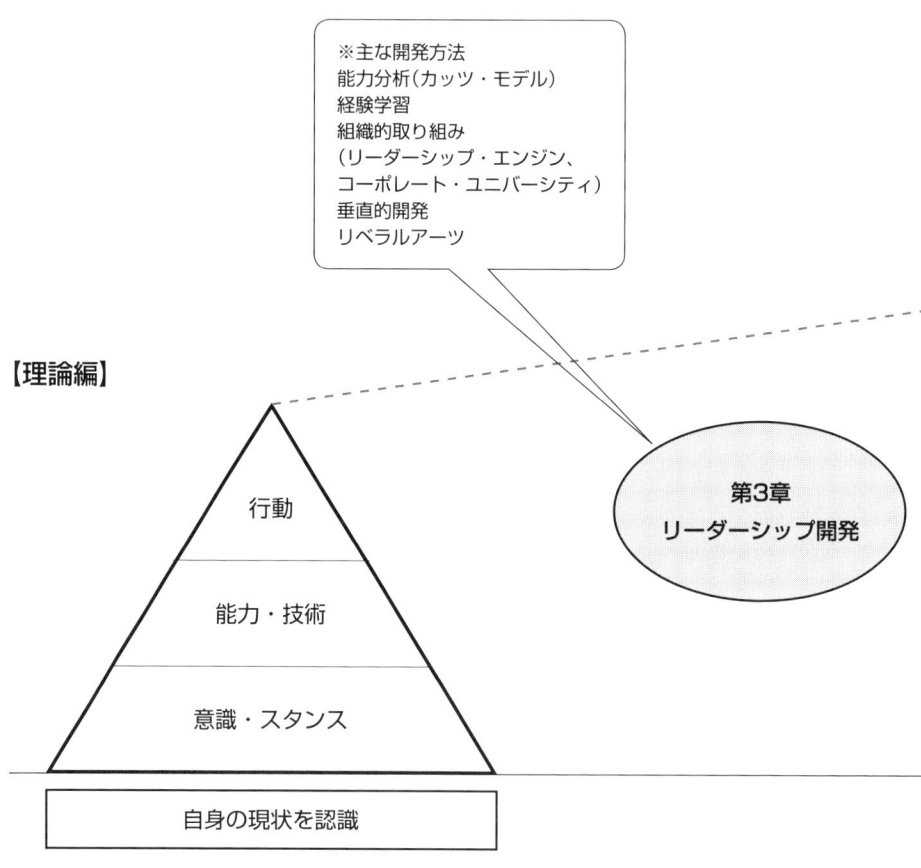

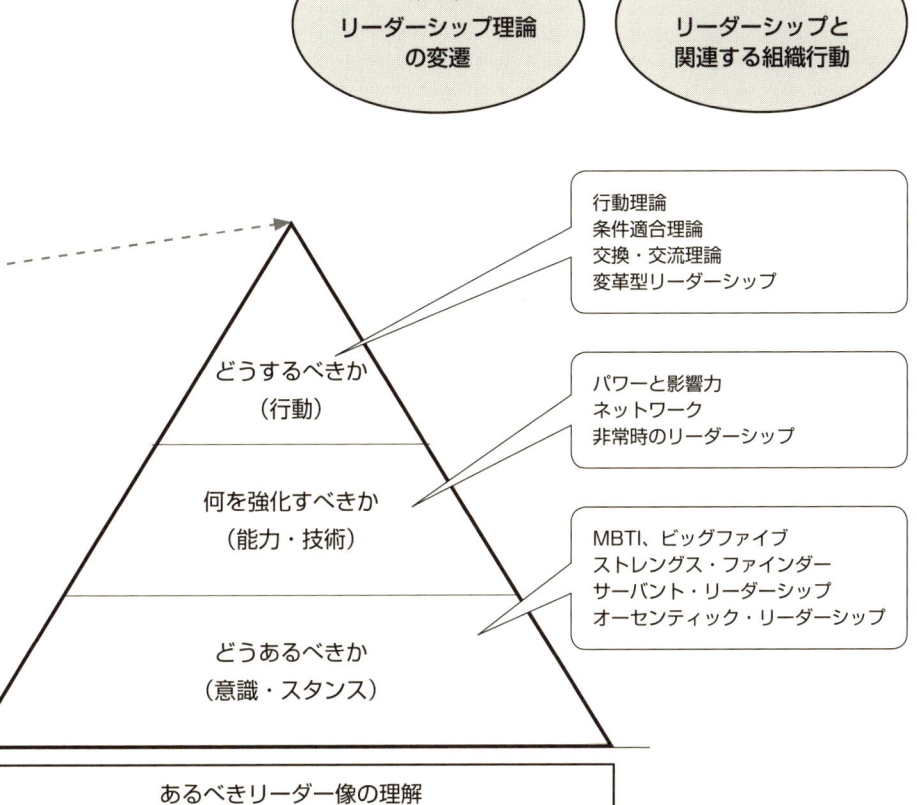

1－1　リーダーに共通する特性は何か──特性理論

CASE

「いよいよ来週から出向か……」

同僚たちが開いてくれた壮行会でしたたかビールを飲んだはずなのに、浅川大輔は心地よい酔いにどこか身を任せきれない自分を感じていた。深夜、自宅に向かうタクシーの座席に身を沈めて深くため息をつき、こうつぶやいた。

「はたして、自分にあんな役割が務まるのだろうか……」

浅川は現在33歳。大学を出て中堅の総合商社、東城商事に入社し、名古屋支社のリテール部門を皮切りにキャリアを積んで東京本社の食糧本部に移り、いまは水産品の営業に携わっている。始めのうちは先輩の後について取引先である大手外食チェーンや水産加工会社を回り、商談に同席させてもらう日々だったが、徐々に顧客との関係構築スキルを身につけて独り立ちしていった。いまでは、部門の重要顧客である大手食品加工会社を一手に任されている。

浅川の所属する課には10名が在籍し、課長の木村友昭が、営業担当の8人とサポート職1人の課員を管理している。浅川には職制上の部下はまだいないが、課長補佐として木村を支えつつ、新入社員の指導役もこなす忙しい日々を送っていた。

そんなある日、木村から急な呼び出しを受けた。

「浅川、ちょっといいか。大事な話があるんだが……」

木村に促されて入った会議室には、大井部長が待ち構えていた。

「浅川君、急な話だが、来月から北武ストアに出向してくれないか。君にぜひやってもらいたい仕事があるんだ」

突然の出向話に驚いている浅川に、木村がこう続けた。

「君にとってもいいチャンスじゃないかと思ったから、部長に相談されたときに君を推薦したんだよ」

経緯はこうだった。北武ストアは、もとは私鉄グループが持つ関東エリアの食品スーパーである。それが、経営不振を理由に、10年前に東城商事に買収されたのだった。

食糧本部はこの買収に深くかかわっており、部内から数名が派遣されてストア経営に乗り出した。しかし、リーマンショックの打撃はもとより、その後に打った施策も裏目に出て経営状態はさらに悪化していた。そこで今年、社長交代に合わせて新たに数名を食糧本部から送り込み、本格的に経営再建を図るシナリオが描かれたのだ。
「浅川君はなかなか頑張っていると、木村課長から聞いている。そこで君には、北武ストアの経営企画部門に、課長として行ってほしい。君の下には10人の部下がつくことになる。そのチームで迅速に課題を抽出し、経営の効率化に取り組んでほしいんだ。期待しているよ」
　浅川は頭の中を整理する余裕もなく、「はっ、はい。頑張ります」と答えるしかなかった。

　会議室を出ると、木村が浅川の肩を叩いた。
「浅川、頑張れよ。お前も来月からは課長だ。いいか、北武では思い切りリーダーシップを発揮してこい」
「はい。ありがとうございます」
　明るく答えながらも、浅川の胸には一抹の不安がよぎっていた。
「そう言われても、いったい何を、どうしたらいいんだろう。リーダーシップなんて、俺にはまだよくわからないし……。後輩の指導ならこれまでもしてきたが、今回はそのレベルじゃないだろうしな……」
　そして、現実をしっかり受け止めきれないままに時間が過ぎ、いよいよ週明けから北武ストアに出向することとなったのである。
「リーダーか……」
　帰宅し、静まり返ったリビングのソファーに腰を下ろした浅川は、来週からのことにぼんやりと頭をめぐらせた。自分でも、数年のうちには課長に昇進するだろうと思ってはいた。しかし、これほど急に、しかも出向先で10人の部下を持つ立場になるなんて。同期のメンバーを思い浮かべても、海外駐在者など数名の例外を除いて、1つの組織単位の長になっている者は少ない。東城商事もご多分にもれず、近年は新卒採用を抑制する方針が続き、社内の"人口ピラミッド"がいびつになっていた。
　そもそも、リーダーとは何だろうか。リーダーにふさわしい人物とは、どんな人のことを言うのだろうか……。
　そのとき浅川の頭に、母方の祖父の顔が浮かんだ。小さな建設会社を営んでいた祖父は、いかにも中小企業の社長というタイプで、恰幅がよく声も大きかった。家が近かったこともあり、幼い頃は会社にも遊びに行ったが、豪放な性格でカリスマ性のある祖父

が会社にいると、ピリッとした空気が社内に広がっていた。
「いやいや、俺はああはなれない」。浅川は頭を振って祖父の顔を消した。

では、最も身近なリーダー、木村課長はどうだろうか。木村は非常にクレバーなタイプだ。ソフトで人当たりが良いうえにずば抜けた思考力と交渉力を持ち、重要なクライアント企業に優れた提案をしては、次々と大口案件を受注してきた。一手も二手も先を読むその先見性には部長や役員たちも一目置くほどで、最短で課長に昇進した。上の信認が厚く、来年にはジョイントベンチャー先の経営陣に入るのではと噂されている。浅川はまたため息をついた。「どう逆立ちしたって、木村課長のようにはなれないよな」

わが身を振り返るほどに、祖父や木村課長のようなリーダーとしての適性は、自分にはないように思われてくる。こんな自分が10人の部下を束ねて、経営の再建を図る重要な部門を動かすなんて、本当にできるのだろうか……。

理論

優れたリーダーとはどんな人物だろうか、リーダー以外の人たちと何が違うのか。それを考えるときに我々がまず着目するのは、優れたリーダーはどのような特性や資質を持つのかという点である。

◆リーダー研究の主流だった特性理論

古来、人々を率いる人物の典型例として挙げられたのは、国家や領土を治める君主や統治者であった。たとえば、孔子を頂点に戴く儒教の世界では、堯（ぎょう）や舜（しゅん）といった伝説上の君主を理想のリーダー像とした。両者とも叡智に富み、優れた政治を行う一方で、民への仁愛に篤く、親孝行で、正義や礼を重んじ、人々の厚い信頼を得ていた。つまり、生まれながらにして徳性を備えた人物である。片や西洋では、プラトンがその著書『国家』の中で、「統治者たる者は善のイデアを理解できる哲人であるべき」と、やはりその徳性について述べている。また彼は、だれもが哲人王になれるわけではなく、あらゆる点で秀でている選び抜かれた人材こそが哲人王にふさわしいとも述べている。

一方で、リーダーたる者のあるべき姿について、徳性とは少し異なる側面からも考えられてきた。統治者に「英雄」という言葉を重ねて想起することも少なくないだろう。たとえば、ヨーロッパから小アジア、北アフリカまでを一代で統治したアレクサンダー大王はどうか。アリストテレスを家庭教師に育った彼は、高い知性を持ち、自ら最前線

に立って敵と戦い、幾度となく危険にさらされながらも、マケドニア軍に神がかった勝利をもたらし続けた。医学にも通じており、戦地では負傷した兵を治療し、占領した異国の地ではギリシャ文化を流入させつつも、現地の文化を取り入れるなどの融合政策で度量の広さを見せた。このように、アレクサンダー大王には常人を超越した能力に加えてカリスマ性があったので、人民は熱狂的に彼を支持し、数々の伝説が残された。

また、孫子は『兵法』の中で、「将とは、智、信、仁、勇、厳なり」と、リーダーの持つべき資質について述べている。智、信、仁、までは儒教で言う徳性と重なるが、それに加えて、「勇猛果敢に攻め、ある時は勇気ある撤退のできる判断力」「思いやりを示すだけでなく時には厳罰を持って処す、飴とムチを使いこなす力」を備えた人物こそが、優れたリーダーということだろう。

「現実をきわめて冷徹に直視し、判断し、速やかに行動に移す力」という点においては、マキャベリにも確固たる持論がある。彼は『君主論』において、教皇の子息、チェーザレ・ボルジアをモデルに、「力量」という言葉を使って、「キツネの如く狡猾で、ライオンの如く獰猛であるべし」と、君主が持つべき資質について語っている。

こうした歴史的な流れに沿うかたちで、19世紀の哲学者トーマス・カーライルは『英雄崇拝論』において、過去のさまざまな英雄や偉人たちの人物像を列挙し、優れた特質を持つ人物こそがリーダーになりうるのだと論じた。この偉人説が、その後長きにわたりリーダー論を考える際のベースとなったのである。

ケースの浅川も、リーダーにはどんな人物がふさわしいのかという疑問から、まず「恰幅がよく、声が大きく、豪放な性格でカリスマ性がある」という自分の祖父や、「ソフトで人当たりが良く、思考力と交渉力がずば抜けている」木村課長を思い描き、そうした特性を持たない自分に不安を感じている。素朴なリーダー観からくる連想といえるだろう。

◆資質を科学してリーダーを見つけ出す

20世紀を迎えると、心理学分野の研究に1つの大きなイノベーションが生まれた。1905年にフランスの心理学者、アルフレッド・ビネーと弟子のテオドール・シモンが、人間の能力差を測定することに成功したのである。今日で言う知能測定の始まりだ。これをきっかけとして、個人の差異を科学的に明らかにしようとする研究が相次ぐようになった。人々を率いて成功している人、つまりリーダーについての調査もその対象になる。リーダーたる人間の資質が明確になり、能力を科学的に測ることができれば、その資質の高い人物をリーダーにすることで、集団の業績向上が期待されるからである。

こうして、1900年代の初頭から第2次世界大戦が始まる頃にかけて、科学的な手法によって偉大なリーダーに共通する特性を見つける試みがなされるようになっていった（くわしくは後述するが、その後、第2次世界大戦中から戦後にかけては、軍や産業界での必要性により、リーダーの資質を備えた人物を特定する方向から、人々をリーダーに育てる方向へと徐々に関心が移っていく）。

　さらに1948年、アメリカの心理学者、ラルフ・ストッグディルにより、リーダーの特性に関する広範な調査が行われた。身長、体重、体格といった外見的なものから、知能、雄弁さ、判断力、持続力、ソーシャルスキルなど多くの特性が網羅され、124もの調査結果が収集された。そして分析の結果、知能、学力、責任遂行の信頼性、活動と社会的参加、社会経済的地位などにおいては、リーダーと認識される人のほうが、そうでない人よりも優れていることがある程度は認められた。

　しかし一方で、個人の特性からだけでは、リーダーシップの発生を説明したり、その人がリーダーになれるかを予想するのに十分ではないということもまた、判明したのである。長年にわたる調査の結果から、人の資質や特性だけではリーダーシップを説明できないと気づいた研究者たちは、その後、別の方向へと大きく探索の舵を切っていくことになる。

◆パーソナリティ研究をリーダーシップ開発に

　しかし、このようなリーダーの特性に焦点を当てた**特性理論**そのものが支持されなくなったわけではなく、その人特有の性質を明らかにしようとする試みは、その後も引き続き「パーソナリティ研究」として1つの領域を確立していった。

　そして1962年には、スイスの心理学者、カール・ユングの「タイプ論」をベースにした、**MBTI**（Myers-Briggs Type Indicator：マイヤーズ／ブリッグス性格類型インデックス）という調査法がアメリカで生み出された。「ものの見方」（感覚か・直観か）と「判断の仕方」（思考か・感情か）、および「興味・関心の方向」（外向か・内向か）というユングの指標に、「外界への接し方」（判断的態度か・知覚的態度か）を加えた4つの指標から、個人を16タイプに類型化して捉えようとするものだ。直接的にリーダー論とはかかわらないが、世界的企業を創設した13人のリーダーを対象とした調査からは、全員が「直観的な思考家」タイプであることが判明した。

　また、90年頃には**ビッグファイブ**という新たな理論が確立された。この理論によれば、人のパーソナリティの基礎には「外向性」「人当たりの良さ」「誠実さ」「安定した感情」「経験に開放的」という5つの基本的な要素があるという。

具体的には、社交的な人や話好きの人は「外向性」の要素を強く持つと捉えられる。同様に、「気立てが良い、親切」などは「人当たりの良さ」、「責任感が強い、頼りになる」は「誠実さ」、「冷静、熱心」は「安定した感情」、「想像力が豊か、芸術的な感覚に富む」は「経験に開放的」の各要素と結び付けられる（各要素の例につき、スティーブン・P・ロビンス著、高木晴夫訳『組織行動のマネジメント－入門から実践へ』ダイヤモンド社、2009年を参照）。

5要素のそれぞれについて、否定的に現れることも当然ある。たとえば「控えめ」な人は「外向性」が、「無責任」なら「誠実さ」が、「神経質」なら「安定した感情」がそれぞれ乏しいといった具合だ。

そして、このビッグファイブ・モデルを基にした調査が進んだ結果、これらのパーソナリティ要因と職務成績との間に関係があるということがわかってきたのである。

たとえば、「知的専門職」「警察官」「マネジャー」「セールスマン」「半熟練および熟練労働者」の5つの職業グループを対象になされた調査では、どのグループにおいても、「誠実さ」のスコアと職務成績に相関が見られたが、「セールスマン」「マネジャー」のグループでは、「外向性」が高いほうが職務成績も良い傾向が見られた。

さらに近年では、人の強みを伸ばすべきといったポジティブ心理学のスタンスに立ち、個人の特性を診断するツールが登場している。その代表的存在である**ストレングス・ファインダー**では34の資質群を挙げて、180の質問に回答すると、その中から回答者の強みとなる上位5つの資質が特定される仕組みになっている（**図表1－2**）。

このように心理学的な知見を加えて個人の特性をさまざまに分析し、それとリーダーシップとの関連を探る研究はいま注目を集めている。実務においても、第3章以降で解

図表1－2　34の資質の分類

実行力の資質	影響力の資質	人間関係構築力の資質	戦略的思考力の資質
・アレンジ ・回復志向 ・規律性 ・公平性 ・慎重さ ・信念 ・責任感 ・達成欲 ・目標志向	・活発性 ・競争性 ・コミュニケーション ・最上志向 ・自我 ・自己確信 ・社交性 ・指令性	・運命思考 ・共感性 ・個別化 ・親密性 ・成長促進 ・親和性 ・適応性 ・包含 ・ポジティブ	・学習欲 ・原点思考 ・収集心 ・戦略性 ・着想 ・内省 ・分析思考 ・未来志向

34の資質は、リーダーシップの観点から4つの領域（実行力、影響力、人間関係構築力、戦略的思考力）に分類される。

出典：トム・ラス、バリー・コンチー『ストレングス・リーダーシップ』日本経済新聞出版社。©2008 Gallup, Inc.

説するとおり、「自己の特性を把握すること」はリーダーシップ開発の一環として定着してきている。

◆まとめ

　人格面等で何かしら抜きん出た長所を持つ者が、多くの人を率いるリーダーたりうるという話は、実感として強い説得力を持つのであろう。さらに議論を進めて、人間の性格を分析するさまざまな切り口があるなかで、多くの人が「この人はリーダーに値する」と見極めるのに用いる評価軸は何かという点について、古来より数限りない人間観察－評価の研究が積み重ねられてきた。そして、多くの先達によってその答えが示されている。こうした知見や洞察の数々は、現代においても説得力を失ってはいない。

　一方で、そうした古典的なリーダー観だけでは割り切れない面もある。たとえば、必ずしも傑出したところのない多くの人々の間でのリーダー適性をどう測るかという問題や、どのような組織のいかなる役割でも万能のリーダーはおらず、役割ごとに向いている特性の重みは異なるのではないかという問題だ。これらの問題を考えるために、20世紀以降の心理学的知見が応用されたり、パーソナリティ研究が進んだりした。

　こうした流れは、個人の特性の要因だけではリーダーシップの発生を説明したり、だれがリーダーになれるのかを予想したりするのに十分ではないという認識を生み出した。それが次節以降で詳述していく、新しい視点からの研究につながっていくのである。

【キーワード】
　　・特性理論
　　・ＭＢＴＩ（Myers-Briggs Type Indicator）法
　　・ビッグファイブ
　　・ストレングス・ファインダー

1-2　リーダーのとるべき行動――行動理論

CASE

　小杉隆弘は、緊張しながら人事部研修企画課のオフィスへ向かった。これから彼が統括することになる課のメンバーは8人。前任の課長はうまく結果を出せなかったため、関連会社へ出向させられていた。何とかしてこの組織を活性化し、会社に貢献しなければならない。小杉にかかるプレッシャーは大きかった。

　小杉が勤めるアライブ・マンパワー社は、中堅の人材派遣会社である。1990年代に急成長したが、2000年以降、成長が頭打ちになって久しかった。成長鈍化の原因としては、派遣先を開拓する営業担当者が市場のニーズに対応できていない点が大きいとされていた。急成長を支えたメンバーは、上級管理職となって営業の前線を離れるか、転職して社を去るかしており、若手の営業担当者にはまだ十分なスキルが備わっていなかったのだ。

　小杉は営業担当として順調にキャリアを積んできて、12名のメンバーを擁する営業チームのサブリーダーとして、エリア担当のリーダーを補佐する立場にあった。彼自身、日頃の業務の中で、「所属部署のOJTだけで、若手社員の視野を広げ、成長を促すような機会が乏しい」と実感しており、それがアライブ社の大きな問題だと考えていた。そこで上司にも常々、社内研修の充実の必要性を訴えていたところ、先日、「そんなに言うならお前がやってみろ」と言わんばかりに、研修企画課長への異動を命じられたのだった。1つの独立した「課」の長になるのは初めてだ。

　事前に説明を受けていたが、着任先は小杉より年上のメンバーが2人、同年代から下が2人、20代の若手が2人、サポートスタッフが2人という陣容だった。新しい席まで案内してくれた人事部のスタッフから研修企画課のメンバーに紹介された小杉は、厳しい面持ちでこう挨拶した。

　「私は、一刻も早く社内の育成体制を強化するようにとのミッションを受けてこちらに来ました。みなさんがこれまで以上に努力してくださることを強く期待します」

　小杉の頭の中には、異動内示のときに上司から言われた「迅速に課題を抽出し、営業

担当のスキルアップに貢献しろ」という言葉が響いていた。
　午後には早速、中堅以上のメンバーと個別のミーティングを始めた小杉は、これまでに彼らが行ってきた研修プログラム、各種のデータ、実施した施策とその結果などについて、細かくヒアリングしていった。
「この資料には足りないデータがあると思いますが、なぜこの形式になっているんですか？」「本当に必要な情報はどこにありますか？」「この施策でなぜ効果が出なかったのですか？」「あなたの仮説は何ですか？」
　話を掘り下げて聞くほどに、メンバーから返ってくる答えが、あいまいなものになる。どうやら、何年も前に組まれた研修プログラムを、前例踏襲で続けてきただけのようだ。小杉の胸中に苦々しい思いが湧いてきた。
　翌日の朝、小杉は課員たちにこう告げた。
「昨日、これまでの業務全体の分析についてうかがいましたが、把握できた情報ではとても十分とは言えません。3日後にあらためて報告をしてもらいます。それぞれが担当しているパートについて、昨日私が指摘した部分も含めて適切に報告できるよう、準備しておいてください」
　課員たちは、パソコンに向かって黙々と作業を始めたり、情報収集のため他部署に出向いたりと、それぞれに行動を起こした。「動き始めたか……」。課員の様子を見やりながらそうつぶやくと、小杉は昨日受け取ったデータや報告書を読み込むべく、資料に集中していった。

　約束の3日後を迎えた。会議室に全員が集まり、小杉がそれぞれの報告を聞いていく。だが、とても満足できる内容ではなかった。たしかに小杉に指摘された部分は補足されていたが、それ以上の示唆はなかった。
「それで、新たに集めてくれたデータから何がわかりました？」と小杉が質問を投げかけても、メンバーたちは顔を見合わせるだけで黙ったまま。ようやく年長の坂本が、一言二言話し始めた。それに対して小杉は、「それはわかりましたが、では、営業部が満足するくらいに若手のスキルを高めるには、現状に加えて何をしたらいいでしょうか？どんな提案がありますか？」と質問を重ねた。みんながうつむき、また沈黙が続いた。
　結局、これといった進展がないまま会議の終了時間になった。「じゃあ、週明けまでに各自、提案を考えてきてください」。やむなく小杉はそう指示を出し、席を立った。
　しかし、翌週になっても、だれひとり提案を上げてこない。オフィスには重苦しい空気が立ちこめ、調査という名目で不在にする者も多かった。
「やれやれ、いったいやる気があるのだろうか？　それにしても困ったな。このままで

は早期に成果を出すなんて、とてもできそうにないぞ……」
　コーヒーを買いに出た自動販売機の前で肩を落とす小杉に、「小杉君、調子はどう？」と声をかける者がいた。振り返ると、同じ人事部にいる反町真理課長だった。反町は小杉の5年先輩で、人事課長になって3年になる。たまたま反町に時間があったので、小杉は空いている会議室に誘い、相談に乗ってもらうことにした。
　小杉の説明をひととおり聞いた後で、反町が口を開いた。
「それで、メンバーにはどんな人がいるの？」
「ええと、40代が2人と、30代が……」
「いや、そういうことじゃなくて、考え方とか性格とか。……何だ、把握してないの？　それはちょっと、大事なことを忘れているんじゃない？」
「えっ、どういうことですか？」
　戸惑う小杉に、反町はこう続けた。
「相手は人間なんだから、相手の心情にもう少し関心を持たないと。自分の所属する部署に問題があると指摘されていて、そこに営業という違う畑の人間が送り込まれてきた。どんな心境になると思う？　それぞれ、事情や考え方も違うよね。どうしたら彼らがやる気になるのかは、相手のことを理解しなければわからないんじゃないの？　リーダーが関心を寄せるのは、タスクや成果だけじゃダメなのよ。そういうリーダーに限って、結果を出せないものね。いまの君の状況は、そんなふうに見えるよ」
　相手への関心……。たしかに、自分は彼らを知ろうとしていなかったかもしれない。名前や年齢や担当業務はリスト化していたが、それ以外に知っていることなど、ほとんどない。迅速に成果を出すことばかりに意識が向き、何か大事なことがそっくり抜け落ちていたのかもしれない……。メンバーとの間に壁をつくっていたのは自分だと気づき、小杉は言葉を失った。

理論

　リーダーの持つ資質や特性だけではリーダーシップの有効性を証明できないと知った研究者が次に着目したのは、優れたリーダーのとる行動であった。
　リーダーシップの有効性が、リーダーに生まれつき備わる資質や特性に依拠するならば、ある人物がリーダーにふさわしいか否かは先天的に決まる。しかし、そうとは言い切れないならば、ある人物が後天的に何かをすることで、リーダーとしての有効性が生まれる可能性も考えられるのだ。1940年代、特に第2次世界大戦後から、多くの研究機関が優れたリーダーの「行動」を競って研究するようになっていった

◆リーダー行動の2つの軸

　なかでも非常に包括的な研究が進められたのは、アメリカのオハイオ州立大学であった。リーダーの行動を正確に測定するための150項目のリストが開発され、後にリーダーシップ研究で最も広範に使われる尺度、**リーダー行動記述質問票**（Leader Behavior Description Questionnaire: LBDQ）の作成へとつながっていった。

　そして1957年、さらにこの質問票を因子分析した結果、リーダー行動のほとんどが2つの因子に寄与していることがわかった。1つは「配慮」（フォロワー、つまりリーダーについていく者への思いやりやコミュニケーション。信頼や尊敬をつくるもの）であり、もう1つは「構造づくり」（フォロワーを成果達成に導くために、組織を系統立て、構造化するなど）である。

　ほぼ同時期にハーバード大学やミシガン大学でも、リーダーの行動に関する研究が異なる手法で行われていた。そしてやはり、リーダーの行動は大きく2種類に分けられるという結論に達したのである。ハーバード大学の研究では、「社会・感情スペシャリスト」（対人関係の緊張を緩和し、モラールを上げる）と、「課題スペシャリスト」（組織化、要約、指導的行動に従事する）の2つのタイプが見出された。そしてミシガン大学の研究からは、「従業員志向型」（人間関係を重視する行動）、および「生産志向型」（仕事の技術面、あるいはタスク面を重視する行動）の2つの行動側面が発見された。

◆PM理論

　日本においても、1950年代から九州大学を中心に、リーダー行動に関する研究が精力的に行われた。そして60年代に入ると、三隅二不二らにより、リーダーの行動を科学的に測定する尺度として、集団の目的達成や課題解決に関する機能にかかわるP（Performance）行動と、集団の維持を目的とする機能にかかわるM（Maintenance）行動という、2因子が見出されたのである。これらは、アメリカでの研究成果の主張とほぼ同じといえよう。これ以降、日本では、組織を率いるリーダーがとる行動に着目する考え方は、**PM理論**として広く知られるようになっていった。

　リーダーの行動について調査し、その結果を類型化すると、**図表1-3**のように分類される。タスクや成果に関心を寄せたP行動を強くとっている場合はPm型、社員の状態や内面に関心を寄せるM行動を強くとっている場合はpM型、両方の行動を強くとっている場合はPM型、両方ともほとんどとっていない場合はpm型となる。その後の多

図表1-3 PM類型

	pM型	PM型
高	集団を維持・強化する力はあるが、目標を達成する力が弱い	目標を達成する力があると同時に、集団を維持・強化する力もある
低	pm型	Pm型
	目標を達成する力も、集団を維持・強化する力も弱い	目標を達成することはできるが、集団を維持・強化する力が弱い
	低	高

（縦軸）M行動（集団や組織の維持、強化）
（横軸）P行動（目的の達成）

くの実証研究により、成果と関係性の両方に強く働きかけるPM型のリーダー行動が、集団の生産性の面から、また部下の職務満足の面からも、最も有効とされた。部下への影響力という側面からは、それに続いてpM型、そしてPm型が好ましく、当然のことながらpm型は最も影響力を持たないことが明らかになっている。

ケースの小杉に当てはめると、タスクや成果に関しては強い関心があるが、部下の内面に対する関心は薄く、行動にもほとんど表れていないので、Pm型ということになる。

◆マネジリアル・グリッド

この頃、動態的な組織をつくる手法を研究していたテキサス大学教授で経営コンサルタントのロバート・ブレイクとジェーン・ムートンは、こうしたリーダーの特徴的な2つの行動スタイルに着目し、1962年に**マネジリアル・グリッド**というツールを考案した（図表1-4）。

リーダーが何らかの行動をとる際、その動機となる発想の要因を「人への関心」と「生産への関心」の2軸に置き、縦横9つ、合計81のマスをつくる。そして、リーダーが行動を起こすときに「何にどの程度関心を寄せていたか」を調べ、その結果をこのマネジリアル・グリッドにプロットしていったのである。そしてブレイクとムートンは、リーダーが最も優れた機能を果たすときは、（9, 9）のチーム・マネジメント型のスタイルをとることが多いという結論に達した。

小杉に当てはめるならば、PM理論からの結果と同様に、タスク志向ながら人への関心が薄いため、マネジリアル・グリッドの右下に位置づけられ、もっと人に対しても関

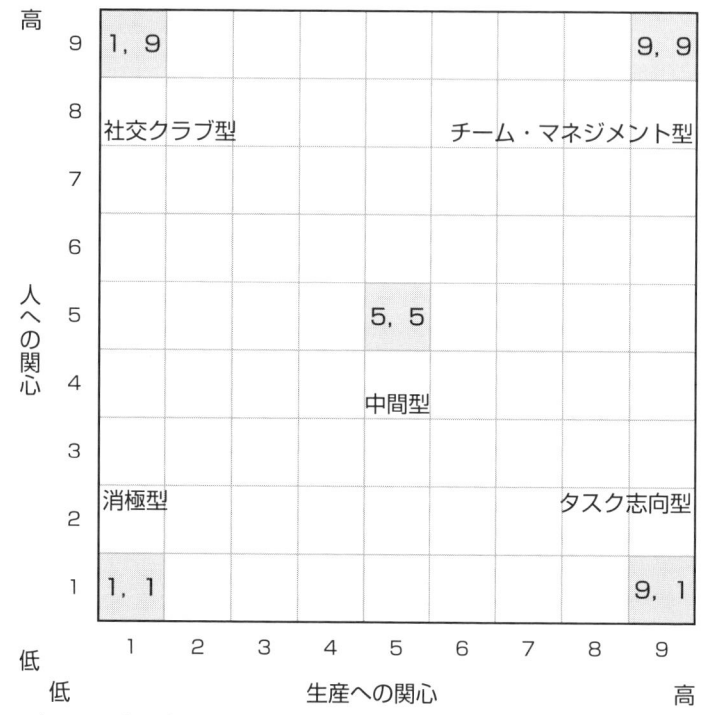

図表1-4 マネジリアル・グリッドの概略

出典:スティーブン・P・ロビンス『[新版]組織行動のマネジメント』ダイヤモンド社、2009年

心を払うべきだ(つまり、グリッドの右上を目指すべきだ)とのアドバイスを反町から受けているのである。

◆まとめ

リーダーの行動に着目した数々の研究によって、それは成果創出への関心に寄せた行動と、組織のメンバーの心理や関係性に関心を寄せた行動に分類されること、そして、両方への関心を持って行動するリーダーが大きな成果を残し、高く評価されていること

がおおよそわかった。

　しかし一方で、両方に関心を寄せた行動がいかなる状況下でも最も有効である、ということを証明することはできなかった。オハイオ州立大学の綿密な研究からも、構造づくりと配慮の両方に高い関心を示したリーダーは、一般的には良い結果を生むことが多いが、必ず良い結果が得られるとまでは言い切れなかったのである。

　こうして、行動だけに着目する方法では、正しく有効なリーダーシップを説明しきれないことが明らかになり、リーダーシップ研究はさらに精緻化していくこととなる。

　とはいえ、個人の特性にすべてを帰着させず、ごく普通の人物であっても適切な行動を意識すればリーダーたりうるという方向性を示した意義は大きい。今日においても、ある個人がリーダーとしていかに行動すべきかを知る大まかな指針として、ここで紹介した枠組みはしばしば用いられている。

【キーワード】

・リーダー行動記述質問票（Leader Behavior Description Questionnaire: LBDQ）：オハイオ州立大学による研究
・PM理論：三隅二不二ら
・マネジリアル・グリッド：ロバート・ブレイクとジェーン・ムートン

1-3 環境条件によって適するリーダー像は変わる
——条件適合理論

CASE

　桜井潤一は、その日もチーム懇親会でこまめにテーブルを回り、メンバーたちにビールを注ぎながら話しかけていた。部署横断の「業務改善プロジェクトチーム」が発足したのは3カ月前。以来、こうした懇親会が3回も開かれている。当初はぎくしゃくした空気も感じられたが、いまではメンバーたちも打ち解けてきて、プライベートなことでも話し合うようになっていた。チームリーダーの桜井は、普段の昼食時などにもなるべくメンバーを誘い、コミュニケーションをとるように心がけている。そのかいあって、チーム内の雰囲気はだいぶ和やかなものに変わってきていた。

　桜井は、電子部品メーカーの大手、ミクサス工業の九州工場に勤務している。ここ数年、海外企業との競争が激しさを増し、コスト削減と開発サイクルの短期化が至上命令となっていた。その課題に取り組むと同時に、開発、製造、品質管理など各部門の連携が必要だという経営判断から工場内に業務改善プロジェクトチームが設けられ、各部署からメンバーが集められた。開発部門のマネジャーだった桜井もその1人で、シュアな仕事ぶりで周囲からの信頼が厚いことと、抜本的な業務改善を進めるには社内管理体制に染まっていない人物が望ましいという経営陣の判断から、初代のチームリーダーを命じられたのだった。

　「会社としては大きな決断であるはずだし、自分にとっても大役だ。なんとしても成果を出すぞ」

　経営面にタッチするのは初めてだが、なんとか期待に応えたいと気負い込んで臨んだ桜井だった。しかしチームメンバーは必ずしも一枚岩ではなかった。くわしい説明もないままに異動させられてきたという感じの者が多く、スキルレベルにもばらつきがあるのだ。

　「意識面でも、スキル面でも、不十分なメンバーが多いな。このままじゃ満足のいくアウトプットは出せないぞ。少々手荒くなるかもしれないが、鍛えながらやっていくしかないな」

桜井は、まずはチームの意識を高めようと考え、メンバー一人ひとりにあえて多めのタスクを課した。市場の現状と動向、競合の動き、技術面の進化の方向など、調査・分析すべきことは次から次へと出てきた。そして、メンバーからの報告を聞く際には要求水準を高く設定し、不十分な点があれば容赦なく指摘し、再調査を命じた。もちろん、あまり厳しくしすぎるのも、チームとして良くないとは思っていた。そこで懇親会を頻繁に開き、メンバー全員に親しく話しかけるようにしたのだ。仕事では厳しくする代わりに、という思いからだった。

　こうして３カ月が経過したが、業務改善プランの作成にはいまだ進展が見えなかった。桜井の見立てでは、工場長や本社の部長たちに中間報告できるだけの質を伴ったプランができるには、もう少し時間がかかりそうだった。それでもメンバーの中には、20代の岡や綱島のように、積極的に桜井と議論して何かをつかみ取ろうとする姿勢を見せる者が徐々に出てきていた。

　「うん、こうした自発的な姿勢が大事なんだ。自分が入社したときも、上司から厳しい目標を与えられ、自分の責任でなんとか達成してみろと言われて頑張ったものだ。何をすべきかいちいち教えてくれることはなく、先輩たちの背中を見ながら自分で考え、がむしゃらに動いて成長してきた。自分もリーダーとしてそのスタイルを重んじよう。よし、ブレずに行くぞ」

　桜井は、ほかのメンバーにも自発性が出てくることを期待した。だが、その後数週間経っても、半数近いメンバーはまったく変わらないように見えた。彼らのスキルレベルは頑張っている者たちと大差ない。決定的な違いは、やる気の有無のように思われた。

　「ここまで待っているのに、彼らが出してくる分析や提案は依然としてお粗末だ。そもそも彼らには、業務改善プランの作成という仕事は無理なのではないだろうか？　これは、早めにメンバー交代を考えたほうがいいのかもしれないな……」

　翌週、経営企画部長の戸倉のところへ報告ミーティングに出向いた桜井は、冷汗の出る思いで進展の遅れを報告した。

　「申し訳ありません。努力してはいるのですが……。チームメンバーの半分はやる気もあり、今後の貢献も期待できますが、残り半分のパフォーマンスが芳しくありません。それで、そろそろメンバーチェンジを検討してはどうかと……」

　そこまで言いかけたとき、戸倉はさっと書類から目を上げ、桜井に鋭い視線を向けた。

　「君ね、そんなことしていたら、人材がいくらあっても足りないと思わないか？　そもそも、メンバーの半分のパフォーマンスが出ない原因はどこにあると思う？」

　「ええと、彼らのモチベーションの低さが……」

　「だから、なぜモチベーションが上がらないんだよ？」

「それは……」
「リーダーである君にも原因があるんじゃないのか？　君の話を聞いていると、自分の価値観一辺倒で部下に接しているようだな。それで部下のやる気が上がるわけがないだろう。メンバーが変われないなら、君が変わるんだ。相手や状況をよく見て、それに合わせて自分のやり方を変えていくんだよ」
　リーダーが相手によって行動を変える？　そんな軸のない、ブレまくるようなことでいいのか？　戸惑うばかりで言葉の出ない桜井を見て、戸倉は机の引き出しから１冊の本を取り出し、手渡した。
「君は初めてのリーダー職だったな。研究開発という仕事では、何か１つの判断軸にのっとって、ひたすらレベルを高めていくという方向でうまくいっていたかもしれない。でもな、会社っていうのは環境が刻一刻と変わるし、上に立つ人間はいろんな性格の人間を束ねていかねばならない。君もそんな立場になったんだから、そういうことも勉強しなくてはいけないぞ。ほら、これを読んでみろ」
　手渡された本の表紙には、「条件適合リーダーシップ」の文字があった。

理論

「普遍的に有効なリーダーの特性」も、「普遍的に有効なリーダーの行動」も定義できなかった1960年代の研究者たちに、「どういう条件下なら、どのリーダー行動が有効なのか」という新たな研究の枠組みを示したのは、アメリカのリーダーシップ研究者、フレッド・フィードラーである。

◆フィードラー理論

　フィードラーはまず、リーダーがもともとタスク（成果）志向なのか、それとも人間関係志向なのかを一風変わった方法で測定した。それは、**LPC**（Least-Preferred Coworker）**尺度**と呼ばれるもので、最も一緒に働きたくない仕事仲間をどう評価するかという心理テストである。そのテストへの回答から、当人の関心の傾向とリーダー行動のタイプを、タスク志向型と人間関係志向型に分けた。
　次に、調査対象となる集団が置かれた状況を、以下の３つの条件で類別した。

・リーダーと成員の関係（部下のリーダーに対する信頼度はどうか）
・タスクの構造（部下の職務が明確にされている度合いはどうか）

・地位勢力（リーダーが持つ報酬力や人事権の度合いはどうか）

　この３つの条件の組み合わせから、その集団がリーダーにとって「好ましい状況」「普通の状況」「好ましくない状況」のどれに当たるのかを判断した。さらにそこに、調査対象となる集団の業績がどうかというデータを加え、最後に、それぞれの状況ごとに、タスク志向と人間関係志向のどちらのタイプのリーダーが率いる集団が、高いパフォーマンスを発揮しているのかを調査したのである。膨大な調査データから、以下のような結果が示された（**図表１－５**）。

　集団が置かれた状況と、集団の業績、リーダーの行動スタイルとの関係を見たとき、「好ましい状況」と「好ましくない状況」においては、タスク志向型リーダーのほうが高い業績を上げることがわかった。そして、「普通の状況」と判断されるときにおいては、人間関係志向型リーダーのほうが、良い業績を上げることが判明したのである。

　こうして1967年、フィードラーによって、「リーダー行動には、やはり普遍的に有効なものはなく、どのような条件・状況下に置かれるかによって有効な行動は変わる」ということが明らかにされたのである。

　しかしフィードラーの考え方には１つの偏見があった。「リーダーの行動はリーダーの志向によって固定している」と捉えている点である。これに対し「リーダーのとる行

図表１－５　リーダーの志向、集団の置かれた状況と業績との関係

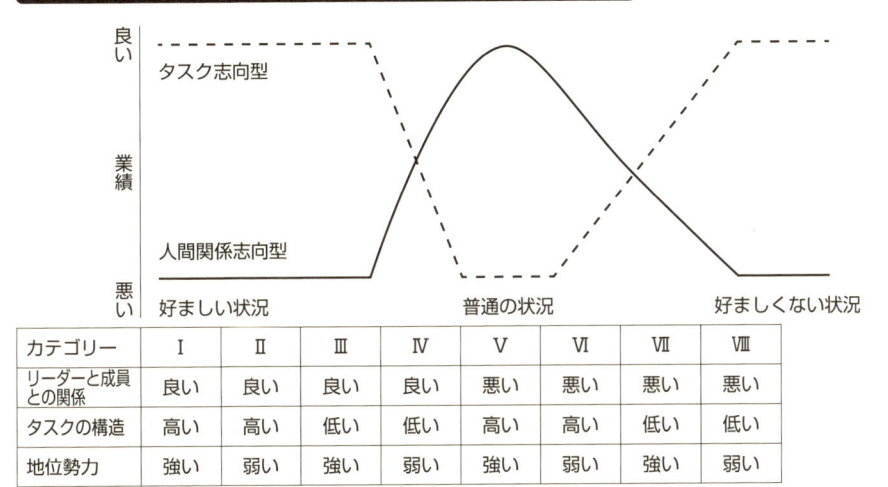

（縦軸：業績　良い／悪い。横軸：好ましい状況／普通の状況／好ましくない状況。実線：タスク志向型、破線：人間関係志向型）

カテゴリー	Ⅰ	Ⅱ	Ⅲ	Ⅳ	Ⅴ	Ⅵ	Ⅶ	Ⅷ
リーダーと成員との関係	良い	良い	良い	良い	悪い	悪い	悪い	悪い
タスクの構造	高い	高い	低い	低い	高い	高い	低い	低い
地位勢力	強い	弱い	強い	弱い	強い	弱い	強い	弱い

出典：スティーブン・P・ロビンス『[新版] 組織行動のマネジメント』ダイヤモンド社、2009年

動は可変的なのではないか」との考えを持ち込んだのが、ロバート・ハウスである。

◆パス・ゴール理論

　オハイオ州立大学の研究の流れをくむハウスたちは、「リーダーシップの有効性は、リーダーのとる行動によって、部下が動機づけられるかどうかによる」と考えた。また、部下が動機づけられるには、「部下がうまく目的・成果（ゴール）に到達するために、どのような道（パス）をたどればよいのかをリーダーが把握し、有効な働きかけをすることが必要だ」とした。リーダーシップを動機づけ理論、なかでも期待理論（努力をすれば成果が出て、成果が出れば魅力的な報酬がもらえる、とつなげてイメージできればモチベーションが高まるとするもの）と結び付けて考えたのである。1971年に発表されたこの理論を、**パス・ゴール理論**という。

　この理論では、達成したいゴールに向け、リーダーが部下に有効なパス（道筋）を示すときには、2つの条件を念頭に置かねばならないとしている。1つは、集団がどのような環境的条件（直面している課題、権限体系、組織等）下にあるか、もう1つは、部下の要因（能力や性格、経験等）である。これらの組み合わせにより、そのときに有効となるリーダー行動は変わるとした（**図表1-6**）。

　ハウスは、リーダーがとりうる主な行動には、「指示型」「支援型」「参加型」「達成志

図表1-6　リーダーの行動スタイルと影響を与える要素

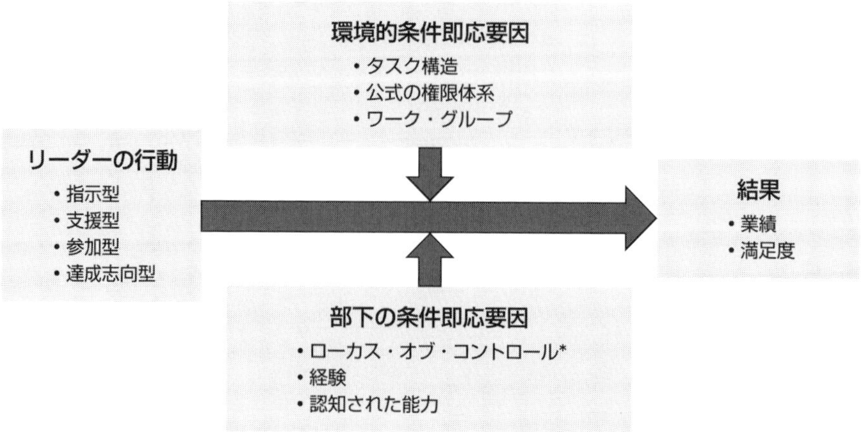

環境的条件即応要因
- タスク構造
- 公式の権限体系
- ワーク・グループ

リーダーの行動
- 指示型
- 支援型
- 参加型
- 達成志向型

結果
- 業績
- 満足度

部下の条件即応要因
- ローカス・オブ・コントロール*
- 経験
- 認知された能力

出典：スティーブン・P・ロビンス『[新版] 組織行動のマネジメント』ダイヤモンド社、2009年
＊引用者注：自己の行動の決定権限がどこにあるかという意識

図表1-7 リーダーの行動スタイルと効果的な条件

リーダー行動	内　容	どのような条件下で効果的か
指示型	与えられた課題を達成する方法や工程を具体的に示す	・タスクがあいまいだったり、チーム内にコンフリクトがある場合 ・部下の自立性や経験値が高くない場合 （逆に、部下が高い能力や豊富な経験を持つ場合は、モチベーションが下がる可能性あり）
支援型	部下の状態に気遣い・配慮を示す	・タスクが明確な場合 ・リーダー／部下間の公式権限の差が明確な組織の場合
参加型	決定を下す前に部下に意見を求め、活用する	・部下の能力や自立性が高く、自己解決意欲がある場合
達成志向型	高い目標を示し、部下に努力を求める	・困難であいまいなタスクでも前に進めたい場合、努力をすれば高業績につながるという期待で部下を動機づける

出典：スティーブン・P・ロビンス『[新版]組織行動のマネジメント』ダイヤモンド社、2009年を参考にグロービスで作成

向型」の4つのスタイルがあるとしている。そして、これら4つのリーダー行動が、それぞれどのような条件下で有効となるかは、**図表1-7**のように考えられている。

　桜井のケースに当てはめてみると、部下たちの報告に厳しく「ダメ出し」をするが、望ましいやり方を手取り足取り教えるでもなく、良い調査結果や提案を部下が上げてくるのを待つというスタイルは、しいて分類すれば達成志向型といえよう。しかし、部下の動機づけがうまくいっていないため、なかなか行動につながらないという状況である。

　桜井自身が若い頃に接した達成志向型のリーダーシップを良いものとして記憶しているのも、当時の彼は強い動機を持っていて、その状況にうまくはまったという面が大きい。それを普遍的なものとして捉えたところに問題があったのだ。

　ここでは、桜井チームのタスクは（困難ではあろうが）明確になっているので、もっと支援型の行動をとるべきだったということになろう。また、部下の自発性があまり高くない状況に着目すれば、指示型の行動も必要だったといえる。

　このように、1人のリーダーであっても、自分がとる行動を状況に応じて変えるべきだとするのが、ハウスらの主張である。パス・ゴール理論では、それを環境要因と部下の要因という2つの条件から導き出した。

　一方、部下の要因という条件をさらに深く掘り下げてリーダー行動を選択することを考えたのが、オハイオ州立大学のポール・ハーシーとケン・ブランチャードである。

◆シチュエーショナル・リーダーシップ理論

　1977年、ハーシーとブランチャードは、部下の「発達度」に注目した理論を発表

図表1-8 「SL理論」4つのリーダーシップスタイル

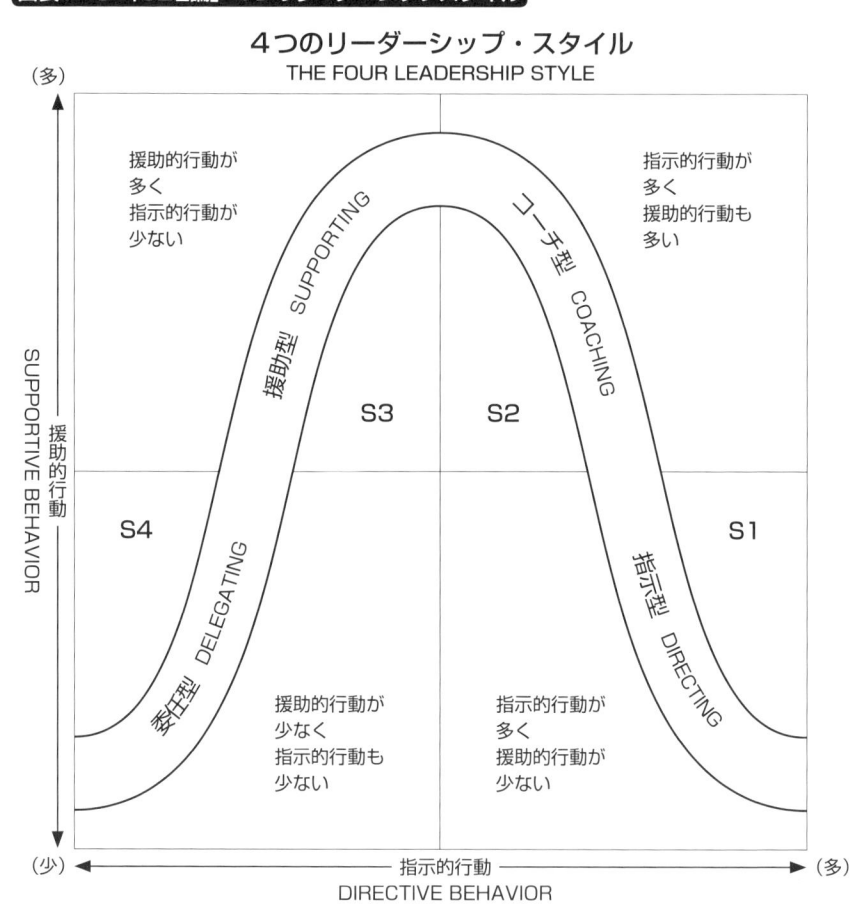

4つのリーダーシップ・スタイル
THE FOUR LEADERSHIP STYLE

(縦軸) SUPPORTIVE BEHAVIOR 援助的行動 (少)〜(多)
(横軸) DIRECTIVE BEHAVIOR 指示的行動 (少)〜(多)

- S3 援助型 SUPPORTING：援助的行動が多く 指示的行動が少ない
- S2 コーチ型 COACHING：指示的行動が多く 援助的行動も多い
- S4 委任型 DELEGATING：援助的行動が少なく 指示的行動も少ない
- S1 指示型 DIRECTING：指示的行動が多く 援助的行動が少ない

部下の発達度
DEVELOPMENT LEVEL OF FOLLOWER(S)

高 HIGH	中 MODERATE		低 LOW
D4	D3	D2	D1

発達済 ←———————————————→ 発達中

出典：ケン・ブランチャード『1分間リーダーシップ』ダイヤモンド社、1985年

した。まずは、部下を経験、能力といった職務発達度と、意欲や責任感といった心理的発達度から分析し、その発達段階をD1（Development Level 1）からD4までの4つに分けた。そして各段階に応じて、リーダーが接する際の有効な行動を選択しようと考えたのである。有効な行動を選ぶ際の軸は、これまでの理論と同様に、業務面での成果やタスクに比重を置く軸と、部下への接し方への配慮に比重を置く軸である。こうして考えられたモデルが、左ページの**図表1-8**である。

この**シチュエーショナル・リーダーシップ理論**（SL理論）に基づき、部下の発達度合いに応じて求められるリーダーの行動をまとめると、下の**図表1-9**のようになる。

このように、同じ部下に対しても、発達段階に応じてリーダーの行動スタイルを変えていくことが部下の育成に資するというのが、この理論の特徴である。ハーシーらはまた、この方法論を「目標による管理」（MBO：Management by Objective）の手法を用いる際に併用しても有効だとしている。

桜井のケースに当てはめると、意欲や責任感が高いとは言い難いメンバーに対しては、指示型や援助型の行動が適切だったのだ。本来は、経験の浅い若手にはコーチ型、ある程度経験のある社員には援助型というように、同じ課内の部下でも、相手によって行動スタイルを変えて接するのがセオリーである。

図表1-9 SL理論に基づくリーダーの行動

	部下の発達度	適したリーダーシップの型	部下に対する行動
S1	経験の乏しい新入社員や、異動したばかりで業務内容に対する知識が少ない段階	タスク面への関心に重きを置く「指示型」	具体的に何をしたらよいのかをしっかりと示す
S2	業務に少し慣れ1人でできる範囲が増えてきた段階	タスク面への関心にも部下への配慮にも比重を高く置く「コーチ型」	指示を少し減らし、指導しながら部下にも考えさせる。たとえば、こちらの考えを説明し、疑問に答えるなど
S3	スキルも身につき非定型業務にも対応できるようになってきた段階	タスク面への関心は最小限にし、部下への配慮に重きを置く「援助型」	考え方の方向を合わせたうえで、部下が意思決定できるよう仕向けていく
S4	リーダーの後任として考えられるほど発達した段階	タスク面での干渉も配慮も最小限とした「委任型」	権限委譲を大いに行い、できるだけ部下1人で業務を遂行させる

出典：ケン・ブランチャード『1分間リーダーシップ』ダイヤモンド社、1985年をもとにグロービスで加工

◆まとめ

　部下の発達状況や、上司と部下を取り巻く環境など、さまざまな条件下において有効なリーダー行動は変わるのではないかとする考え方は、1960年代から盛んになり、今日に至るまで広く支持されている。
　しかし、この条件適合理論にも問題がないわけではない。効果の検証が完全にはなされていない面があるし、リーダーと部下が一対一の場合、あるいは小集団の場合には説明できても、組織の規模が大きくなって一対大多数となった際の有効性はどうなのか、といった点で議論の余地は残っている。
　それでも、条件適合という新たな概念が提示されたことでリーダーシップ理論は大きな進化を遂げ、その後もさまざまな方向に展開されていくことになった。

【キーワード】
　・LPC（Least-Prefered Co-worker）尺度：フレッド・フィードラー
　・パス・ゴール理論、「指示型」「支援型」「参加型」「達成志向型」：ロバート・ハウス
　・シチュエーショナル・リーダーシップ理論、「指示型」「コーチ型」「援助型」「委任型」：ポール・ハーシーとケン・ブランチャード

1-4　リーダーとフォロワーの関係に着目する
──交換・交流理論

CASE

　「同期会のお知らせ」というメールを受け取った日から、羽賀希美は心の片隅でずっとその日を待ち遠しく思っていた。会社の細かな事情を共有していて、なおかつ気兼ねなく本音を吐露できる間柄というと、同期入社の仲間くらいしかいない。今度の同期会では、最近ずっと抱え続けているモヤモヤを、だれかに相談したかったのだ。
　羽賀は、損保業界中位のクオーツ損保で、城東支社長に着任して半年になる。城東支社はエリア内の販売代理店のサポートを主たる業務とし、総勢20名のスタッフがいた。羽賀も若い頃には支社で代理店営業を経験し、城東支社に来る前は本社のマーケティング部門に長く在籍して、メディア対応チームという小チームのリーダーを務めたこともある。それでも初めての支社長のポジションでは、ジェネラルに業務全般に目配りする必要があるだろうと考えて、かなり気を使ってスタッフを掌握することを心がけた。一人ひとりの特性や経験に応じて接し方や行動を変えるようにし、特に、経験の少ない若手社員に対しては、具体的に何をどうしたらよいのか丁寧に指導した。そのかいあって、若手のモチベーションは高く、自分を信頼してくれているのが目に見えてわかった。
　しかし、そうした細やかな配慮をして部下に接していてもなお、前向きに業務に取り組んでいるようには見えない者が数名いることが、目下の悩みの種だった。特に、事務担当のチーフである住吉と、総務担当で2番目にキャリアの長い大倉は、どこか自分に距離を置いているように見えた。
　支社長着任以来、彼らに対しては細かな指示や指導はせず、日常の業務フローの範囲であればその判断を尊重することにしていた。若手に対するのとは違い、彼らのプライドを損ねるような行動はとっていないはずだ。しかし、何事に対してもレスポンスが微妙に遅いと感じるし、支社内の定例会議で建設的な発言をしたこともない。着任当初はそんなすれ違いがあっても問題が生じることはなかったのだが、ここにきて弊害も顕在化してきた。本部からの重要な伝達事項が支社内の全員にうまく伝わっていなかったり、逆に、担当者レベルと本部とでは情報共有できているのに自分は知らない、ということ

があったりした。状況から推測すると、彼らが情報を止めたり、歪めて伝えたりしたせいだと思われた。自分が彼らよりも年下だからだろうか。あるいは、女性だからだろうか。釈然としない思いを抱くことが何度かあって、徐々に羽賀の内部でも、彼らに対してあきらめの気持ちが出始めていた。

　待ちに待った同期会当日、忙しい業務をやりくりして、羽賀は会場である中華料理店に向かった。懐かしい同期入社の面々とひとしきり挨拶を交わした後、会場の奥に横田卓也の顔を見つけた羽賀は、隣の席に腰を下ろした。横田も昨年、初めての支社長職に就いていた。

　再会を喜んで乾杯をした後、羽賀と横田の会話は徐々に、いまの仕事の話に移っていった。自分に馴染まない年長の部下のことを話す羽賀の口調は、つい愚痴っぽくなった。
「まったく、あの人たちはどういうつもりで仕事をしてるんだろう。上司を何だと思ってるのかしら。横田君のところには、そういう人いない？」
　静かに聞いていた横田は、やんわりと彼女を諭した。
「羽賀ちゃんの不満もわかるけどさ、やっぱりそれはどこか、上から目線ってやつじゃないかな。こっちは上司なんだから部下は従って当然だと思うかもしれないけど、実はそうじゃないんだ。僕たちは企画を立てるし、指揮命令もする。でも、実際に動くのはメンバーたちだ。メンバーが動いてくれない限り、仕事はまったく進まないんだよ。その意味では、上司と部下は対等な関係でもある。じゃあ、どうすればメンバーが動いてくれるか。どう思う？」
「そうねえ、……人事評価をするのは私だということをあらためて示すとか？」
「まあ、そういうのも効くかもしれないけど、そんなことはみんなもわかっていることだろう？　ほかに効果のあるものがあるんじゃないか？　仮に自分が部下の立場だとして、ある日突然見ず知らずの上司が来て、あれこれやり方を変え始めたらどう思う？　嫌だろう？　でも、そういう新しい上司でも、喜んでついていこうと思うとしたら、どういう場合だろうか？」
「うーん……、たとえば圧倒的に上司の能力が高くて、かつ、人格面でも素晴らしくて、私たちのことを大事にしてくれて、この人の言うとおりにしたら絶対に会社が良くなるって信じられたら、言うことを聞くかな」
「そう、そのとおりだよね。じゃあ、いま関係がギクシャクしているっていう人たちの、これまでの社内での実績とか、彼らが大事にしてる組織文化とか、羽賀ちゃんはわかってる？」
「わかってるわよ。でも、前例踏襲主義で、新しいことに取り組もうという積極性もないのよね。ストレッチした目標を達成しようという覇気がない。それにね、現場の情報

を本部には知らせて私には知らせないなんて、嫌がらせみたいでしょ。明らかに向こうに非があるじゃない。なんで私のほうが折れなきゃいけないのよ」

「ほら、そこがまさに上から目線なところさ。それはあくまで、羽賀ちゃんの目から見たらそう見えるっていうだけだろ。彼らだって城東支社でずっと仕事をしてきたわけだから、大切にしてきたスタイルや価値観があるはずだ。それもある程度は尊重する必要があるんじゃないか。そのうえで、みんなの意識や行動を変えていかなきゃいけないんだよ」

「ふうん……。まあ、私もね、このまま彼らをバッサリ斬ればいいなんて思ってはいないわよ。でも、このままじゃ、いつまでもらちが明かない。どうしたらいいの?」

「ベタに聞こえるかもしれないけど、貯金だよ。信頼っていうやつの。まずは少しずつでも、相手から信頼されるように努力する必要がある。だけどさ、ローマは1日にして成らずで、すぐには状況は変わらないかもね。俺だって、いまの部下たちと本当にいい関係を築くまでに、半年かかったんだからな」

「信頼の貯金に、関係の構築ね……。そうね、横田君の言うとおりかもね。小さくても、1つの組織を率いるのって、大変ね……」

「おいおい、さっきから脇で聞いてたけど、えらく真剣な話をしてるじゃないか。俺もまぜてくれよ」

やがてほかの同期仲間たちも話に加わり、組織やリーダーシップについての意見交換が夜遅くまで続いた。

理論

リーダーシップ研究がリーダーの行動に注目してきた過程で、部下に対する「配慮的行動」も重要とされたのは、前節で見てきたとおりである。だが、研究の過程で主に注目されてきたのは、あくまでもリーダー自身であり、部下はリーダーから影響を受けるだけの対象として扱われてきた。

そこに、リーダーシップ行動の有効性には、リーダーからの一方的な働きかけだけではなく、リーダーと部下(フォロワー)との相互の関係性による影響もあるのではとする新たな考えが生まれ、注目を浴びるようになった。それが1970年代頃から盛んに研究されることになる、リーダーシップの交換・交流理論である。

◆交換理論

　人間は物事を判断するとき、経済的な概念、つまり利益や損失といったものを基準とすることが少なくない。たとえば、他者からある行動を求められた場合、それをすることが自分にどれだけのメリット、デメリットをもたらすかを考えてから、どうするかを決めるだろう。逆に、他者に自分の望む行動をとらせたいときは、相手が欲しがるであろうもの、つまり報酬を提供することを相手に伝えるはずだ。もしくは、その行動をとらなければ罰を与えると告げることで他者を動かそうとする。つまり、人間は互いに何かを「交換」することによって互いを動かし、社会生活を成り立たせてきたのである。

　こうした社会的交換の観点からリーダーシップを捉えたのが、アメリカの社会学者、ジョージ・ホーマンズであり、その考え方は**社会的交換理論**と呼ばれている。

　ある組織において、リーダー以外の存在をフォロワーと呼ぶ。リーダーシップを、リーダーがフォロワーに下す指揮と捉えると、その指揮に対してフォロワーが服従してくれることで、初めてリーダーシップの有効性が成立する。ではなぜフォロワーは服従してくれるのか。それは、リーダーの指揮に従うことによって何らかの報酬が得られると考えるからである。つまり、そこにリーダーとフォロワーとの「交換関係」が成立しているからだといえる。

　また、この理論には「オペラント条件付け」のような効果も考えられる。オペラント条件付けとは、何か自発的に行動を起こしたときに、その直後に生じる結果に従って、次回以降その行動を起こす頻度が変わってくることを指す。たとえば、「このリーダーの指揮に従ったら、たくさんの報酬がもらえた（あるいは、価値ある結果に結び付いた）。きっとまたそうなるに違いない。だから次も従おう」という具合だ。それゆえに、実績のあるリーダーの指揮に対しては、フォロワーは信頼を寄せて服従しやすいと考えられる。逆に、実績のないリーダーの場合は、フォロワーは好ましい交換ができると期待しづらいので、積極的には従おうとしないだろう。

　さらに、アメリカの心理学者ジョン・ティボーとハロルド・ケリーは、この**リーダーとフォロワーの交換関係における相互依存性**に着目した。リーダーとフォロワーは、互いに相手に頼りつつ目的へと向かうというのである。

　彼らはまず、社会的相互作用の報酬価値を決定する基礎に、外生的な要因と内生的な要因があるとした。外生的要因には、交換相手の能力、類似性、近接性、相補性などが挙げられる。当然、相手が自分にない能力を持っている場合、協働することでより大きな成果が得られるだろうし、目標や価値観が類似していれば、協力することで互いに満

足する可能性が高まる。また、物理的な距離が近いほうが相互作用を促進しやすく、目的の相互補完性（たとえば、リーダーはだれかに影響力を発揮したい願望を持っている一方で、フォロワーはだれかに指導されたい願望を持っているといった状況）は、報酬と同時に情緒的な交換をも可能にする。

　一方の内生的要因とは、どちらかが他方の目標を追求するために自発的に行動を調整したり、同調したりすることである。良い成果を得たいリーダーは、フォロワーが自分に協力したくなるような雰囲気をつくる必要があるだろう。

　また、ティボーとケリーは比較水準（個人の中での過去の経験との比較、および他の選択肢との比較）という概念にも着目した。当然のことながら、比較水準を上回る成果や報酬を得られれば、人は満足する。その一方で、目の前の相手と価値を交換する以外にも魅力的な選択肢があるときは、たとえ良い関係を持っていても、相手に対する依存性は消失してしまう。人はこうして、絶え間ない相互作用の中で、どう行動するべきかを選択し続けているのである。

◆信頼性蓄積理論（特異性─信頼理論）

　ここまでの議論で、リーダーとフォロワーの関係性が相互作用的なものであることはわかった。さらに、フォロワーの影響力の大きさに、より重点を置く新たな理論も生まれてきた。この立場をとる心理学の大家エドウィン・ホランダーによれば、リーダーシップの有効性は、リーダーがいかにしてフォロワーから、リーダーシップを発揮する正当性、つまり「信頼」を獲得できるかによって決まるという。

　信頼を得るためには、リーダーはまずフォロワーに「同調性」を示す必要がある。同調性とは、両者が属する集団の規範を守るという意味だ。したがって、まずは早期にその集団の目的に忠実である姿勢や、それに沿う行動を示す必要がある。そして次の段階で、リーダーは自身の「有能さ」を示さなければならない。集団や組織が向かう目的に対し有効な貢献ができることをしっかりと示すことで、フォロワーからの信頼を得られるのである。

　この**信頼性蓄積理論**が興味深いのは、その後だ。こうしてフォロワーからの信頼を得たリーダーは、最終的にフォロワーから、集団を「変革する」ことを期待されるようになるのである。その変革行動が成功すれば、リーダーに対するフォロワーの信頼はさらに蓄積され、リーダーの影響力は大きくなる。しかし、失敗すれば信頼を失い、フォロワーがリーダーに従う動機は弱まることとなる。こうした、フォロワーからの信頼獲得を意識したリーダー行動をモデル化すると、**図表１－10**のようになる。

図表1-10 信頼獲得を意識したリーダー行動

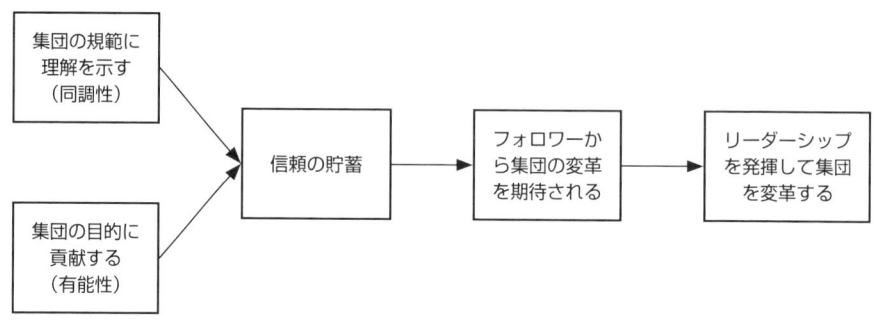

```
集団の規範に
理解を示す     ─┐
(同調性)        │
                 ├──→ 信頼の貯蓄 ──→ フォロワーから集団の変革 ──→ リーダーシップを発揮して集団を変革する
集団の目的に     │                      を期待される
貢献する       ─┘
(有能性)
```

出典：小野善生「リーダーシップ論における相互作用アプローチの展開」関西大学商学論集 第56巻第3号 2011年12月

　羽賀のケースに即して言うとこうなるだろう。条件適合理論などにのっとって部下に接する行動は変えていた羽賀であったが、部下たちからの信頼を十分に獲得するには至っていないことがうかがえる。同期の横田の発言を解釈すれば、信頼の貯蓄に至る道筋のうち「同調性」、つまり部下たちが大事にしてきた組織文化や価値観にも理解を示すなどの行為がまだ足りていないのだ。そうした面を地道に示していく必要があること、その後で「集団の変革を期待される」場面が来るので、そのときに実績を示すことが重要となってくるだろう。

◆LMX（リーダー・メンバー・エクスチェンジ）理論

　先の議論で、リーダーとフォロワーの間に交換や交流が存在することが明らかにされ、交換・交流が適切に機能するには、1つ条件があると考えられた。それは、リーダーがフォロワーに与える報酬の公平性である。自分の貢献に見合った報酬がちゃんと与えられること、他者との比較においても公平だと思えることが前提となっているのである。
　しかし、現実問題として、部下の貢献に対する上司の報酬の与え方は、本当に公正なのだろうか。また、リーダーとフォロワーの個別の関係性による差異や、関係性の変遷というものはないのだろうか。こうした問題意識に端を発し、1970年代以降、リーダーとフォロワーの交換関係の「質」にいっそう着目する、**LMX**（Leader Member Exchange）**理論**の研究が広範に行われるようになった。
　ジョージ・グレーンを中心とする研究者たちは、リーダーとフォロワー双方に対する調査により、実際にはリーダーとフォロワーの間に、関係性の違いによる交換の差が生

じていることを実証した。多くのリーダーは、新たに組織の上位者に就任すると、まもなく、フォロワーたちの中にリーダーに好意的に振る舞う集団（in-group）と、非好意的に振る舞う集団（out-group）が存在することを認識するという。そしてこの2つのグループが同じことを行ったとしても、リーダーはそれぞれのグループに異なる評価を下すのである。

たとえば、フォロワーが残業しているのを見たとき、それがイングループのフォロワーであれば「熱心に仕事をしているな」と評価し、アウトグループのフォロワーであれば「仕事が遅いから不要な時間がかかっているな」と評価するといった具合だ。

同様のことは、フォロワーの側からも起こりうる。リーダーが厳しいフィードバックを与えたとしても、イングループのフォロワーは、「自分のことを思って叱咤激励してくれている」と受け取り、アウトグループのフォロワーは「不当な扱いを受けている」と感じるのである。

また、こうしたリーダー／フォロワー間の価値交換の最終的な質は、関係のごく初期、数日から数週間の間に生まれる互いへの印象に大きく左右されるという。つまり、関係構築の初期に「信頼に足る相手だ」という印象をしっかりとつくることができれば、たとえその後の成果が予想ほど上がらなかったとしても、互いの関係性のほうを高く評価して、それに見合った活動を続けることができる可能性が高まるのだ。

羽賀の場合も、自分に距離を置きがちなメンバーに対しては、「あきらめの気持ちが出てきた」と述べている。無意識のうちに、社歴の長い住吉や大倉をアウトグループと見なし、彼女自身が否定的な見方を強めている可能性もある。このように、言葉には表れずとも何げない接し方が互いの人間関係に影響を及ぼしていく構図には、心当たりのある人も多いだろう。

また、LMX理論の興味深い点は、リーダーとフォロワーの交換関係に基づくリーダーシップ形成は、時間とともに成熟へと開発される段階があることを明らかにしたことだ。関係構築という観点からは、初期の、自分はリーダーである、あるいはフォロワーであるという役割の取得から、徐々にそれぞれの役割認識が形成され、浸透し、最終的には役割が習慣化する、という段階まで進化する。相手に対する認識という観点からは、他人→知人→成熟したパートナー、という段階を踏んで発展していく。

相互関係のタイプも、当初の段階では功利的なギブ・アンド・テイクを主とする関係からスタートしても、その後に行われるさまざまな相互交換を通じて互いへの認識が変わり、良きパートナーシップが醸成されれば、互いに信頼し、尊重しあうようになり、特にフォロワーには組織市民行動（組織に貢献しようと自発的にとる行動）が喚起されることが明らかにされた（**図表1-11**）。

図表1-11 リーダーシップ形成のライフサイクル

特徴	他人	知人	成熟したパートナーシップ
関係構築の局面	役割発見	役割形成	役割実行
相互関係のタイプ	金銭的関係	混合的関係	人間的関係
相互関係の時間的感覚	即時的	若干の遅れ	無期限
リーダーとフォロワーの社会的交換	低い	中程度	高い

出典：小野善生「リーダーシップ論における相互作用アプローチの展開」関西大学商学論集 第56巻第3号 2011年12月

　こうした、リーダーとフォロワーの交換関係の質によってリーダーシップの有効性を明らかにしようとする研究から、7つの質問によりその質を記述する、**LMX-7**という測定尺度（図表1-12）も作成された。そしてLMX-7は、かつてオハイオ州立大学で開発されたリーダー行動記述質問票（LBDQ）に代わって、使用されるようなっていった。

図表1-12 LMX測定尺度（LMX-7）部下向けの質問項目

1. あなたは上司の立場を理解していますか。すなわち、あなたは通常上司があなたの仕事ぶりにどの程度満足しているか知っていますか。
　　まれに　　時には　　時々　　しばしば　　いつも
2. 上司はあなたの仕事上の問題点やニーズをどの程度理解していますか。
　　ちっとも　　すこし　　過不足なく　　かなり　　非常に
3. 上司はあなたの潜在的可能性をどの程度よく理解していますか。
　　ちっとも　　すこしは　　適度に　　ほとんど　　確かに
4. 上司に与えられた権限とは関係なしに、上司があなたの仕事上の問題解決を支援するために権力を使う頻度はどの程度ですか。
　　全然なし　　少しは　　適度に　　高い　　大変高い
5. さらに上司がもつ公式の権限の量とは関係なしに、上司が自分の犠牲においてあなたを助ける頻度はどの程度ですか。
　　全然なし　　少しは　　適度に　　高い　　大変高い
6. 私は、上司がいなくとも、彼の決定を弁護し、正当化するほど自分の上司を信頼している。
　　全く同意できない　　同意できない　　どちらともいえない　　同意できる　　全く同感
7. あなたと上司の仕事上の関係はどのような現状であると思いますか。
　　全く効果的でない　　平均より悪い　　平均　　平均より良い　　非常に効果的

この他に、上司に対して部下との関係を尋ねる質問がある。質問内容は同様。

出典：松原敏浩「リーダーシップの文献展望8　Graenのリーダー・メンバー交換(LMXモデル)」経営管理研究所紀要　第5号
　　　愛知学院大学経営管理研究所、1998年12月

この交換という概念は、単純なリーダーとフォロワー間のものだけではなく、組織のメンバー間においても適用されうるのではないか、という仮説も成り立つ。こうした問題意識からリーダーシップ研究はさらに広がりを見せ、リーダーとフォロワーの関係だけでなく、フォロワー間の交換関係が成熟すると、フォロワーの積極的な意識の変化が生じて、チームの生産性が向上するという事例も研究されるようになっている。

◆まとめ

　交換・交流型のリーダーシップ研究が進むことにより、これまでのように、リーダーがフォロワーに与える影響に一面的に注目するのではなく、個々のフォロワーの存在がリーダーシップの有効性に影響を与えることに対しても理解が進んだ。また、よりダイナミックに、リーダーとフォロワー間の相互の関係性が成熟していく過程においても、リーダーシップの有効性が変化しうることが明らかにされた。人間は、一方的な刺激に反応するようなモデルではなく、相互の関係性の発達により有機的に変化していくことが、リーダーシップ研究においても明らかとなったといえよう。
　一方、交換・交流モデルには一定の限界も指摘されている。それは、基本的にリーダーとフォロワーの直接的な相互関係が前提とされていることだ。組織の規模が拡大すると、リーダーがすべてのフォロワーと直接的に交流を図れるわけではない。こうした観点から、リーダーシップ研究は新たな方向へと展開されていくのである。

【キーワード】
・社会的交換理論：ジョージ・ホーマンズ
・リーダーとフォロワーの交換関係における相互依存性：ジョン・ティボーとハロルド・ケリー
・信頼性蓄積理論（特異性-信頼理論）：エドウィン・ホランダー
・LMX（Leader Member Exchange）理論：ジョージ・グレーンら
・LMX-7：LBDQに代わって広く使用されるようになった質問票

1-5 組織を変革するリーダーとは

CASE

　これからプレゼンがあるというのに、熊木洋介はすでに一仕事終えたような達成感と疲労感に包まれていた。彼が勤める特殊工作機械メーカーの東亜マシナリーでは、業界環境の激変に対処するため、思い切った戦略転換を打ち出すことになった。経営企画部に所属する彼は、戦略立案の実働部隊として半年以上にわたって社内を調整し、ようやくその案をまとめたのだった。

　熊木は、1年前のプロジェクト発足以来、本件専任の課長として取りまとめに奔走し、いまでは「次期部長候補の一番手」と目されていた。

　東亜の業況は、けっして深刻な状態に陥っているわけではない。部分的には事業の撤退もあるが、基本的には時流に対して先手を打つかたちの、前向きなリストラといえた。改善策には大きく2つの柱があり、1つは全社施策にかかわること、もう1つは個別の生産・物流拠点の施策にかかわるものであった。前者には開発センターの統合や部品メーカーの買収、大規模なシステム投資、新規事業に関連する人材の採用強化など、後者には一部生産ラインの廃棄とそれに伴う人員の配転、調達先の集約と見直し、物流拠点の売却などが含まれていた。

　これから報告する執行役員の三輪常務とは、すでにプラン作成段階から意見のすり合わせを行っており、プレゼンは儀式的なものと思われた。

　熊木は自信を持って三輪常務にレポートした。

「常務、このプランが実現されれば、競合にはないユニークなポジションを築くことができます」

「ふむ、固定費をこれだけ削減して、そこで浮いたキャッシュを思い切って先行投資すると……。なるほど、これなら新事業の売上目標もクリアできそうだな。さて、このプランをどうやって実行する？」

「どうやって？　それは、各施策の終わりの部分に記載してありますように……」

「違う違う。これは、具体的作業とタイムラインを書いた実行計画だろう。そういう意

味で言ったんじゃない。この計画がちゃんと計画どおりに進むのか、どうやって結果を出していくのか、ということだ」
「……？　実行計画のところに担当者と責任者とをそれぞれ明記していますが、不十分でしたでしょうか」
「まだわかっていないようだな。今回の中期計画はわが社にとっては大きな勝負だ。もちろん、行けるという確信があるからやるのだが、そうは言ってもリスクはある。では、なぜリスクを冒してまでも、これをやる必要があるのか？」
「環境の変化を見通したところ、現状に留まるほうがリスクが大きいからです」
「そう、つまり時間との勝負だ。担当者や責任者を書いてあるといったって、仮に四半期やらせてみて、その時点で全然達成できそうになかったらどうする。『これはだれだれの責任です』『今後はもっと厳しく指導します』『次の四半期はしっかりやります』じゃあすまないんだよ」
　三輪はこれまで何度も聞いたことを繰り返したが、あらためて強くそう言われると、実際に施策を展開していく際の難所について、そこまで切実には捉えていなかったと思う。それまでのリラックスした気分は吹き飛び、熊木は思わず背筋を伸ばした。
「プランは紙に書いただけでは実現できない。今回の案を実行すると、一部の従業員にとっては痛みが生じる。だが、会社はそこまで深刻な状況に追い込まれているわけではないから、多くの社員にはまだ危機意識がない。だから油断すると、みんなにその気はなくても、先送りになったり、手ぬるくなったりするかもしれない。そうならないように常に気を配りながら、全社をまとめ、引っ張っていく存在が決定的に重要なんだ。もちろん、大きな方針は社長がそのつど示すし、各部門の長を動かすときには担当役員の私が出ていく。しかし、細かい現場の動きに目配りして対応する者も絶対に必要だ」
　三輪は熊木の目をじっと見つめ、続けた。
「これから行うことが、大変なこと、痛みを伴うことであっても、必ずこれをやり遂げたいと社員に思ってもらうために、君はどうしたらいいと思う？　そして、この改革の中核的なリーダーとなる君は、周囲にどう働きかけたらよいのだろうか？　私が聞いているのはそういうことだ。そのリーダーシップを君に期待しているんだよ」
「はい。よくわかりました。必ずやり遂げます」
「うむ。その意気やよし、と言いたいところだが……。いいか、こればっかりは単に覚悟を決めて、がむしゃらにやればどうにかなるというものでもないぞ。一方で、冷静に知恵を使っていかないとな。これからも打ち合わせを密にやっていこう」
　三輪に肩をポンと叩かれ、熊木は自席に戻った。
　なるほど、たしかに変革のための施策は、現場にとってみれば総論賛成、各論反対で、

放っておいたら実行されないかもしれない。計画を立案する過程でそこまで気が回らなかった自分の至らなさを悔いたが、同時に、今後の挑戦は大いにやりがいがあると思えた。熊木は熱いものが全身に満ちるのを感じた。

しかし一方で、三輪の「知恵を使っていかないと」という言葉も気にかかっていた。具体的に何をどうしていけばよいのか、現場に直接関与していない、スタッフ部門の一課長である自分に、いったい何ができるというのか。漠然としていて、具体的な考えが出てこないのも事実であった。

理論

企業を取り巻く環境が変われば、組織のあり方も変わり、リーダーには変革力が必要とされる。方向転換を組織に徹底させるのは至難の業だ。しばしば大型船の操縦にたとえられるほど、発進から実際に動くまでに時間がかかる。そこで求められるリーダーシップとはどのようなものか。

◆カリスマ型リーダー

1980年代、アメリカは時代の大きな変化の渦中にあった。それまで経済の中心であった製造業は往時の勢いを失い、日本企業を筆頭とする新興勢力が攻勢を強め、自国の市場を席巻しつつあった。新たな方向性の模索に翻弄される混迷の時代に求められたのが、強いリーダーの登場である。こうした時代背景の中で、カリスマ型のリーダーシップが脚光を浴びることとなった。

カリスマ的なリーダーによる支配については、1920年代にドイツの社会学者、マックス・ヴェーバーがすでに言及していたが、70年代になってロバート・ハウスがさらなる研究を始めた。カリスマ的なリーダーによる支配とは、当然、そのリーダーの「非凡な資質」によって成り立つものと理解されがちである。だがハウスは、それが成り立つにはフォロワーがリーダーに特別な資質があると「認知」し、信頼することが不可欠であると指摘した。つまり、カリスマとして影響力を及ぼすには、リーダーにはその資質があるとフォロワーにイメージしてもらい、認知してもらうための「行動」をとらねばならないということである。

では、どういう行動がリーダーをカリスマとしての認知に導くのだろうか。『カリスマ的リーダーシップ』(片柳佐智子ほか訳、流通科学大学出版、1999年)などの著書があるジェイ・コンガーとラビンドゥラ・カヌンゴの研究から、**カリスマ型リーダーの3つ**

の行動要素が見えてきた。1つ目は、現状の問題点を正しく評価すること。2つ目は、組織が追求すべき戦略的なビジョンを示すこと。そして3つ目は、目標達成のためにリーダー自らがリスクを取って自己犠牲的な行動をとることである。カリスマ性という資質は、実は行動によって認知されるイメージだとするところが興味深い。

◆リーダーシップとマネジメントの違い

同時代、カリスマ型リーダーの研究と並行して、「変革のリーダーシップ」についての研究も進んだ。その背景には、アメリカ企業を取り巻く環境の変化に伴い、多くの企業が大規模な変革に取り組んだことがある。変革のリーダーシップを考えるうえで、まずは「リーダーシップ」と「変革」について考えよう。

ハーバード大学のジョン・コッターは、**リーダーシップとマネジメント**は違うと主張する。「マネジメント」は複雑性に対処することであり、変革を推し進める「リーダーシップ」とは一線を画するとした。コッターは、リーダーシップとマネジメントには3つの点で共通点があるとしつつ、具体的な手法では違いが出ると言う（**図表1-13**）。そして変革を進めていくには、進路（将来ビジョン）を設定し、1つの目標に向けて組織メンバーの心を統合し、動機づけと啓発をしていくことが求められると言う。

それでは、リーダーシップによって推進する「変革」とは何だろうか。変革とは、既存のものを変化させ、改善するプロセスであると定義できる。変革は、大企業に限らず、中小企業、ベンチャー企業でも、ある期間が経過すると求められることだ。特に変化が

図表1-13 リーダーシップとマネジメント

共通点	リーダーシップの具体的手法	マネジメントの具体的手法
①課題の特定（アジェンダ設定）	進路を設定(将来ビジョン)	計画の立案と予算策定
②課題達成を可能にする 人的ネットワークの構築	1つの目標に向け 組織メンバーの心を統合	組織化と人材配置
③実際に課題を達成させる	動機づけと啓発	コントロールと問題解決

出典：ジョン・P・コッター『リーダーシップ論』ダイヤモンド社、1999年を参考にグロービスで作成

急な現代社会において、いかに環境変化を捉えるか、いかに自らが変化を起こしていくかが、企業が成長・存続していくために求められている。

◆変革への抵抗と落とし穴

環境に応じて既存のものを変化させ、改善していこうとすると、それを望まない個人、組織の反発を招く。**変革への抵抗**には、個人からの抵抗として5つ、組織からの抵抗として6つがあると、組織行動学の権威、スティーブン・ロビンスは整理している。

個人からの抵抗

個人からの抵抗としては、習慣、安全、経済的要因、未知に対する不安、選択的情報処理の5つがある。

①**習慣**：従来の慣れ親しんだ、プログラム化されたやり方から抜け出せない場合に起こる。
②**安全**：その変革によって自分の職務が危険にさらされることから起こる。
③**経済的要因**：変革により自らの収入が減るかもしれないという不安の高まりによって起こる。
④**未知に対する不安**：変革によって新たに始まる、うまくいくかどうか不透明な仕事の仕方よりも、自分が慣れ親しんでおり、そのやり方で行えばある程度の成果が期待できる方法を望む場合に起こる。
⑤**選択的情報処理**：変革が必要だとしても、自分を脅かすような情報は無視し、聞きたいこと、耳ざわりがよいことだけを聞いてしまう傾向がある。

組織からの抵抗

組織からの抵抗には、構造的慣性、変革の限られた焦点、グループの慣性、専門性への脅威、既存の権力関係に対する脅威、既存の資源配分の6つがある。

①**構造的慣性**：組織には自組織に合う人を採用する傾向があり、採用した後も特定の行動をとるように方向づけていく。そのため、変革に伴ってそれまでとは違う方向に進もうとしても、以前からの慣れ親しんだ方向へ向かおうとする慣性が働く。
②**変革の限られた焦点**：組織の一部だけに限定した変革を行った場合、全体の方向性とフィットせず、無に帰すことが多い。

③**グループの慣性**：ある一個人が変革に賛同し、変えたいと思ったとしても、所属するグループの規範がそれを拘束し、結局は賛同者が広がらないことになる。
④**専門性への脅威**：変革を行うことがある、特定グループの持つ専門性を不要にするなど、グループへの脅威につながる場合に抵抗が起きる。
⑤**既存の権力関係に対する脅威**：決裁権を他の組織などへ再配分する際、自組織の権力の減少を防ごうとして抵抗が起こる。
⑥**既存の資源配分**：多くの予算やスタッフを抱えている部門が変革により縮小される場合、その組織への脅威と見なされて抵抗を受ける。

このような個人、組織からの抵抗に対処しつつ、変革を成功させるためには何が必要か。クルト・レヴィン、ジョン・コッターは、変革をプロセスに分解し、それぞれの段階でなすべきことを提唱した。

◆クルト・レヴィンの変革プロセス

変革に関する議論は、1940年代のレヴィンの説にさかのぼる。社会心理学の父レヴィンは、変革の成功には**「解凍」「変革（移動）」「再凍結」**の3つのプロセスが必要であるとした。

前述した変革に対する抵抗は、現状が「均衡状態」にあるために起こる。このような均衡状態について、1981年にゼネラル・エレクトリック（GE）のCEOに就任したジャック・ウェルチは、その著書『ジャック・ウェルチ　わが経営（上）』（宮本喜一訳、日本経済新聞社、2001年）の中で、引き継いだばかりの組織の階層の多さを、セーターの重ね着にたとえてこう言っている。

「組織の階層もセーターと同じように遮断の役目をする。セーターを4枚重ね着して外に出れば、外がどれほどの寒さなのかを感じ取ることは難しい」

この均衡状態を打ち破るために必要なのが「解凍」である。解凍は、現状から離れた方向に行動を起こさせる「推進力」の増加と、既存の均衡した状態から離れることを妨害する「拘束力」の低下によって実現される（同時に行う場合もある）。これについてウェルチはこう言う。

「床が階層、壁が部署間の障壁である。組織の力を最大限に生かすためには、床や壁を吹き飛ばし、地位や部署にかかわりなくアイデアを自由にやりとりできる開かれた雰囲気の空間をつくらなければならない」

このような解凍を行うことで、「変革」を導入することが可能となる。しかし、変革

の導入だけでやめてしまうと、変革が短期に終わり、従業員が以前の均衡状態に逆戻りする。そこで、導入した変革を長期間維持するための「再凍結」を最後に行うことが求められる。

◆ジョン・コッターの8段階のプロセス

1980年代以降、アメリカの企業は、新技術の導入、戦略の大転換、リエンジニアリング、合併・買収、事業再編、技術革新の促進、社風の改革といった大規模な変革に取り組んできた。しかし、その多くが失敗に終わっている。

ジョン・コッターはその事例を分析し、大規模な変革が進まないのは、8つの「つまずきの石」が原因であると言う。すなわち、内向きの企業文化、官僚主義、社内派閥、相互の信頼感の欠如、不活発なチームワーク、社内外に対しての傲慢な態度、中間管理層のリーダーシップの欠如、不確実に対する恐れである。

そしてこれらのつまずきの石を乗り越え、大規模な変革を推進するために、以下の**8段階のプロセス**（図表1-14）が有効であると主張する。

図表1-14 ジョン・コッターの8段階のプロセス

1. 危機意識を高める
2. 変革推進のための連帯チームを築く
3. ビジョンと戦略を生み出す
4. 変革のためのビジョンを周知徹底する
5. 従業員の自発を促す
6. 短期的成果を実現する
7. 成果を生かして、さらなる変革を推進する
8. 新しい方法を企業文化に定着させる

出典：ジョン・P・コッター『企業変革力』日経BP社、2002年を参考にグロービスで作成

❶危機意識を高める

　市場と競合の状況を分析し、自社にとっての危機や絶好の成長機会を見つけ、検討していくことにより、変革に携わる関係者の間に「危機意識」を生み出すことができる。これがまず、変革を成功させる第１ステップになるとコッターは強調する。

　1993年、経営危機に陥っていたIBMに乗り込み、大規模な変革を成し遂げたルイス・ガースナーは、「私は危機感を持っていない。私が持っているのは緊迫感であり、事業が好調なときも不調なときも、いつも変わらず持っている」と語っている（ルイス・ガースナー著、山岡洋一・高遠裕子訳『巨象も踊る』日本経済新聞社、2002年）。

　コッターの言う"Sense of Urgency"を「危機意識」とする訳が定着しているので本書でもそうしているが、ガースナーのように「緊迫感」と捉えるほうがよいかもしれない。

❷変革推進のための連帯チームを築く

　変革をリードするための十分なパワーを備えたチームを築いていくために、変革の担い手を集める。変革推進チームには、変革の主導に必要となるスキル、人脈、信頼、評判、権限があることが望ましい。

❸ビジョンと戦略を生み出す

　変革に導くためにビジョンを生み出し、ビジョンを実現するための戦略を立案する。成功した変革では、変革推進チームが簡潔で心躍るビジョンや戦略を策定している。

　ビジョンとは何だろうか。コッターはビジョンを「将来のあるべき姿を示すもので、なぜ人材がそのような将来を築くことに努力すべきなのかを明確に、あるいは暗示的に説明したもの」と定義する。

　さらに、優れたビジョンに備わる特徴として、「目に見えやすい」（将来がどのようになるのかが、はっきりとしたかたちで示されている）、「実現が待望される」（従業員や顧客、株主などステークホルダーが期待する長期的利益に訴えている）、「実現可能である」（現実的で達成可能な目標から生み出されている）、「方向を示す」（意思決定の方向をガイドするために、明確な方向が示されている）、「柔軟である」（変化の激しい状況において個々人の自主的行動とさまざまな選択を許容する柔軟性を備えている）、「コミュニケートしやすい」（5分以内で説明することが可能である）の6つを挙げている。

❹変革のためのビジョンを周知徹底する

　シンプルで琴線に触れるメッセージをいくつものチャネルを通して伝え、ビジョンや

戦略を周知徹底する。あらゆる手段を活用して、継続的に新しいビジョンと戦略をコミュニケートすると同時に、変革推進チームのメンバー自らが、従業員に期待する行動のモデルとなることも重要である。

❺従業員の自発を促す
　ビジョンが周知徹底されることで自発的に行動する人が増えていくように、変革を阻む障害を取り除くことが重要である。障害となりうる組織構造やシステムを変革することで、従業員がリスクを取り、いままで遂行されたことのないアイデア、活動、行動の促進が可能となる。

❻短期的成果を実現する
　業績上で目に見える短期的成果を生む計画を立案し、実際に短期的成果を生み出す。これらの短期的成果に貢献した人々をはっきりと認知し、報酬を与える。

❼成果を生かして、さらなる変革を推進する
　短期的な成果をテコとして変革に勢いをつけ、変革のビジョンに馴染まないシステム、構造、制度を変革する。また、変革ビジョン推進に貢献する人材の採用、昇進、能力開発を行い、当初の変革を定着させる。

❽新しい方法を企業文化に定着させる
　変革ビジョンに基づいた新しい方法と企業の成功の関係を明確に示し、各階層のリーダーが変革を根づかせる。また、リーダーや後継者の育成を進めていくことで、変革を企業文化として定着させる。

　コッターはこの8段階について、第1段階から順を追って進めることが重要で、途中のプロセスを飛ばしてはいけないと強調している。
　ケースの熊木が率いたグループについて言えば、計画をまとめた段階で①から③までのステップは踏んだと思われるが、①メンバーの危機意識、②チームの連帯感、③ビジョンと戦略の理解、が本当に実現されているか、確認する必要があるだろう。そのうえで熊木のとるべき道として、④から⑥が必要とされる。

◆変革型リーダーの特徴・スキル

　変革のプロセスに関する分析が進む一方で、変革のリーダーシップを発揮できる人物像に光を当て、その特徴を明らかにすることにも関心が向けられた。1980年代のアメリカ企業の大変革、大改造遂行を担ったリーダーを、ミシガン大学のノール・ティシーとコロンビア大学のメアリー・ディバナが分析し、その結果から、**変革型リーダーの特徴**について7つを抽出している（図表1-15）。

　ティシーとディバナは、組織の大変革・大改造遂行のためには、単なるマネジャーではなく真のリーダーを必要とするとも述べており、この主張はコッターのリーダーシップとマネジメントの違いとも共通する。

　また、ハーバード大学のロザベス・モス・カンターは、1980年代から2000年代に至るまでのチェンジマスター（変革の名人）について研究している。その中で、イノベーションと変革を成功させるためには、いつの時代にも通用する7つの**変革型リーダーのスキル**（図表1-16）が必要であると説く。

　これらのスキルは、80年代のリーダーに求められたものだが、2000年以降のデジ

図表1-15　変革型リーダーの特徴

	特徴	
1	自ら変革の推進者を任じている	プロの再建屋として課題を片づけるというより、率先して組織を率い、変革を促進する役割をはっきり表明できる
2	勇気がある	組織としての利害を考慮し、断固とした態度をとり、危険を冒すことができ、現状に立ち向かうことができる
3	人を信じる	他人の気持ちに敏感であり、他の人々に力を付与することができる。組織をコントロールするのではなく、人間の動機づけを行っていける
4	価値によって動く	自らの価値観をはっきり表明することができる。また、各人の価値観と一致した行動をとることができる
5	生涯にわたって学び続ける	自らの犯したミスを失敗と見なさず学習経験と考え、自己学習と啓発に貪欲である
6	複雑さ、あいまいさに対処できる	組織を取り巻く政治・文化・技術面での変化と問題に対し、自らの理論と原則をもとに対処できる
7	ビジョンを追う	夢を見て、その夢やイメージを言語化し、他の人たちともそれについて話し合える

出典：ノール・ティシー、メアリー・ディバナ『現状変革型リーダー』ダイヤモンド社、1988年をもとにグロービスで加工

図表1-16 変革型リーダーのスキル

	スキル	
1	ニーズや機会を察知する（環境に波長を合わせる）	イノベーションは、だれか才気のある者が新しいニーズを察知するところから始まる。「才気のある」とは、周囲で起こっていることに時間と注意を振り向け、変化の時が来たと気づくことである
2	変幻自在の思考（画期的なアイデアを促す）	ニーズや機会に関する情報を集め、思いもよらない新しいパターンで組み立て、刺激的な新しいアイデアを考え出す。変幻自在の思考とは、組織や市場などの入手可能なデータをもとに、新しいパターンを組み立てることである
3	テーマの設定（鼓舞するビジョンを伝える）	変幻自在に思考し、考え出したアイデアを、変革の方向性を支える説得力のあるテーマにまとめあげる。特に、成功している組織に変革の必要性を認識させることは難しいため、説得力が求められる
4	後援者や支援者を募る（バイ・インを得て協力態勢を築く）	適切な後援者や支持者の心をとらえ、投資家や擁護者を魅了し、できるだけ多くの利害関係者の全面的な協力（バイ・イン）を得ることが必要である。アイデアが斬新であればあるほど、協力態勢を確立することが重要になる
5	夢を発展させる（作業チームの育成）	後援者による協力態勢ができあがれば、変革を現実のものにするために残りの者たちの協力を要請する。コミュニケーションを活発に行い、困難に遭遇しても相互に助け合っていく
6	難しい中間期を乗り切る（粘り強さと忍耐）	どんなに素晴らしいアイデアも、中間期を見ると失敗しているように見える。予測が外れたり、予期しない障害が生じる。当初の勢いが弱まったり、批評家たちが声高にもなる。この難しい中間期を粘り強さを持って乗り越えていくことで、成功に導くことができる
7	業績を称賛する（全員を英雄に祭り上げる）	成功したら、業績を忘れずに表彰し、報酬を与え、偉業を称えることが、リーダーシップの最後の重要なスキルである。表彰は激励となってやる気を起こさせるだけでなく、組織全体に、世界中に、成し遂げたことを知らしめる効果がある

出典： ロザベス・モス・カンター『企業文化のe改革』翔泳社、2001年をもとにグロービスで加工

タル・カルチャーの中でも有効であるとカンターは述べている。

◆まとめ

1980年代以降、特にアメリカの低成長時代を契機として、巨大な企業が戦略や組織を大きく変革する事態が頻発し、巨大な組織を動かすための手段として、カリスマ型リーダーシップや変革のリーダーシップに焦点が当てられるようになった。

とりわけ変革のリーダーシップの研究においては、リーダー個人の属性や行動、あるいはフォロワーとの関係といった、それまでのリーダーシップ論が主に扱っていた面に加えて、そのときそのときの企業の置かれた状況によって、リーダーはどんなことをすべきかという点について、多くの知見が蓄積された。

いわば、リーダーとフォロワーとが日常的に目の届く範囲におさまっているようなミ

クロの視点にとどまらず、大組織の変化を一定以上の時間軸を取って見渡し、インプット（リーダーの行動）とアウトプット（企業が残す成果）との関係を探るマクロな視点がより強くなったのである。

　ビジョンや戦略といった企業戦略論や、危機感を醸成したり成功体験を積ませたりといった人間の集団心理に着目した組織行動論と、リーダーシップの融合が図られた点が特徴である。

【キーワード】

- カリスマ型リーダーの３つの行動要素：ジェイ・コンガーとラビンドゥラ・カヌンゴ
- リーダーシップとマネジメントの違い：ジョン・コッター
- 変革への抵抗：スティーブン・ロビンス
- 「解凍」「変革（移動）」「再凍結」：クルト・レヴィン
- 変革の８段階のプロセス：ジョン・コッター
- 変革型リーダーの特徴：ノール・ティシーとメアリー・ディバナ
- 変革型リーダーのスキル：ロザベス・モス・カンター

1−6　倫理観に基づくリーダーシップ論

CASE

　新沼美紀は、首都圏を地盤とする介護サービス企業、ジュゲム社のコールセンターに勤務している。当初はサービス提供の現場で働いていたが、その後コールセンターのオペレーターに異動し、そこでの経験のほうが長くなった。真面目な性格で仕事ぶりも堅実なことから、センターでの評価も高く、異動からほどなくオペレーターチームのリーダーとなり、その後、オペレーターの教育や品質管理を担当するチームのリーダーを務めていた。そして先月、長い間センター長を務めていた笹野が病気療養のために退職することになり、後任のセンター長に選ばれた。彼女の人柄はセンター内でも広く知られていたので、この人事を意外とする向きはなかった。

　笹野がいた頃のコールセンターは、オペレーターのチームが3つと、教育・管理担当と総務担当の計5チームで構成され、毎週1回開かれるチームリーダーとセンター長による「リーダー会議」によって、さまざまなことが決められていた。新沼もその仕組みをそっくり引き継ぎ、自分以外のリーダーたちは全員留任させた。

　着任後、1カ月は特に何事もなく過ぎた。新沼と、残りの4人のリーダーたち、そして新沼の後任として教育・管理担当リーダーに昇格した大竹とは、何年も前から顔を合わせてきた仲だ。あうんの呼吸でスムーズに物事が進んでいた。

　そんなある日、来年度の予算計画を立てる時期になって本社で部長会が開かれ、新沼も呼び出された。役員や各部の部長たちが顔をそろえる、この手の会議に出席するのは初めてだった。経営の中枢にかかわる話題の連続で、新鮮な驚きがあった。特に、チームリーダーの立場ではわからなかった会社の財務状況なども知ることができ、あらためてコールセンター長という立場の重さをかみしめたのだった。最後に、列席者の前で社長から紹介された。

　「みなさんご存じのように、長くコールセンター長を務められた笹野さんが、体調を崩されて退職なさいました。後任がこちらの新沼さんです。センターでの経験は豊富で、とても頼りになる方です。では、新沼さん、一言お願いします」

「ただいまご紹介にあずかりました新沼です。2カ月前にコールセンター長を拝命し、着任いたしました。若輩者ではございますが……」
　緊張で思わず声が上ずったが、なんとか挨拶を終えた。

　翌週のリーダー会議の議題は、今後提出すべき予算計画についてだった。総務担当リーダーの船山が素案を作成し、みんなに回覧した。
「何かご意見はありますか？」
　リーダーたちからは何も意見は出なかったが、新沼には気になるところがあったので発言した。
「オペレーターの採用について、2名純増で計画しているけれど、本当にこれでいいのかしら？」
　オペレーターAチームのリーダー、三崎が答えた。
「笹野さんがいた頃から、来期に要望してみたらと言っていた件ですよね。本当に予算要求するかどうかは決まっていなかったけれど、実際のところ人員の不足感は強いですし、それでいいんじゃないですか」
「実は、先週の部長会でも議論になっていたけど、会社の利益環境はかなり厳しいようで、今回は凍結の公算が大きいのよね」
「そういうことなら仕方ないですかね……」
　船山が話を収めようとしたが、三崎は納得しなかった。
「たしかに、このご時世、2名増員するのも大変かもしれませんが、こちらの人繰りも苦しいんですよ。オペレーターはみんな、かなり無理してやってくれているんです。新沼さんだって、事情はよくご存じでしょう」
「大変なのはわかるけれど、それはコールセンターだけではないし、ビジネスで判断するしかないのよ」
「……」
　沈黙で気まずくなった雰囲気をとりなすように、教育・管理担当リーダーの大竹が口を開いた。
「今回は計画の提出ですから、仮にダメでも要求だけはしてみるというのはどうでしょう。実際、不足感はあるのですから、無理な要求と言うほどでもないのでは」
　こう言われて新沼は一瞬迷ったが、頭の中に部長会でのシビアな議論がよみがえった。ここでブレた姿勢を見せてはしめしがつかないという思いから、あえて強い口調で言い返した。
「そりゃあどんな案件だって、必要な理由はいくらでもつけられるでしょう。でも、そ

れをいちいち要求していたら切りがない。とにかくいまの会社には、そんな余裕はないんです」
　三崎が、独り言のようにつぶやいた。
「新沼さんだって、以前は必要だとおっしゃっていたのに」
　新沼はこれを聞き逃さなかった。
「そのときは経営に関する情報をいまほど持っていなかったのだから、そう考えても仕方ないでしょう。でも、いまは違います。センター長としての経営判断というのはこれからも出てきますので、理解してください」
　断固とした口調でこう言うと、ほかに口を開く者はもういなかった。
　会議が終わって、チームリーダーたちがいなくなった会議室に1人残り、新沼は考えていた。
（さっきは勢いでああ言ってしまったけど、あの話題から後の、会議の冷たい雰囲気はまずいな。せっかくチーム一体となった感じが出ていたのに、これがきっかけで関係が崩れたらどうしよう。冷静に考えてみれば、大竹さんの言うとおり、計画には載せてみて、部長会で私が議論を戦わせた結果ならば、仮にそれでゼロ回答となってもみんなは納得したかもしれない。どうして、あそこで「私が判断を下さなくては」という思いにとらわれてしまったのだろうか……。
　ただ、自分でも思わず言ったように、これからもこの手の、「現場のリーダー視点からの判断」と、「センター長としての判断」が対立する案件はたくさん出てくるわけよね。よほど、自分の中に確固たる原理原則を持っていないと、その場その場で適切な判断ができないということが身にしみてわかった。しかも、自分なりに判断を下したからといって、そのまま「答えはこうだ。こうしろ」と、部下に指示すればいいというものでもないこともよくわかった。そんなことをしていたら、みんな今日のように、自分の顔色ばかりうかがって黙ってしまう。それだけは、なんとしても避けなければいけないな……）

理論

　成熟化社会を迎えるにつれて、さまざまな欲求が満たされやすくなり、金銭的報酬だけでは社員のモチベーションを上げることは難しくなってきた。また、数々の企業不祥事が明るみに出たことで、倫理的でない企業への反発心も高まってきている。複雑な時代、これからのリーダーシップはどうあるべきか。

◆倫理観・精神性重視への環境変化

　1991年のソビエト連邦の崩壊によって、長きにわたった東西冷戦が終結すると、アメリカが世界に覇権をとどろかせるようになった。市場原理主義や新自由主義が世界に広がる時代の幕開けである。こうした背景から企業のグローバル化が進み、テクノロジーの進化も相まって、時代は経営にさらなるスピードを求めるようになっていった。やがて、限られたリーダーだけがすべてをコントロールすることは不可能となり、必然的に**エンパワーメント**を加速する必要が生じてきた。

　エンパワーメントとは、直訳すれば「パワーのある状態にする」という意味である。この言葉は、もともとは17世紀に公的な権威や法律的な権限を与えることとして使われ始め、1950年代の公民権運動を機に社会で本格的に使われるようになった。

　経営の世界では、グローバル競争の広まりとともに取り入れられるようになってきた。競争のために意思決定のスピードを上げ、遠隔地であっても社員が自律的に動き、環境変化に創発的に対応していくためには、巨大な官僚組織のままでは難しい。そこで、上司は部下に権限を移譲し、部下が自力で目的を達することができるよう動機づけし、実行を支援するリーダーシップ行動をとる必要が生じたのである。これが、経営におけるエンパワーメントの考え方である。このエンパワーメントが、目的達成に見合う潜在能力を持った部下に対して適切に行われると、成果創出までのプロセスで部下の能力開発もなされ、組織全体としての競争力が高まると考えられている。

　一方、市場原理主義が広まるのに伴って株主、証券アナリストらの影響力はどんどん強まっていった。また、企業の経営者が莫大な報酬を得るようになり、その立場に執着しようとする動機から、自社の会計を粉飾する事件が発生するようにもなっていった。なかでも、アメリカを代表する大企業のエンロンが2001年に、ワールドコムが02年に、粉飾の露見によって破たんに追い込まれたことは、ビジネス界に大きな衝撃を与えた。さらに、これらの企業や監査法人の経営層に、ハーバードをはじめとする名門ビジネススクールにおいてMBAを取得した者が多くいたことから、ビジネススクールにおける教育のあり方や倫理観を見直すべきだという機運が高まった。

　こうした時代背景から、これまでの潮流とは一線を画す、倫理観や精神性に軸足を置くリーダーシップ理論が注目されるようになっていった。リーダーは何をすべきなのかという「行動」から、リーダーとはどうあるべきなのかという「あるべき姿」に、その視点が移っていくのである。

◆サーバント・リーダーシップ

　倫理観や精神性に軸足を置くリーダーシップの代表は、**サーバント・リーダーシップ**である。その意味するところはこうだ。

　リーダーはサーバント（奉仕する人）であり、その時代や局面において、人々が最も求めているものを与えるために尽力する。そのためには、時に方向を指し示して導き、どうすればメンバーが持てる力を十分に発揮できるか考え、そのための環境を整えることが必要となる。まずは、「奉仕する」気持ちが先に立ち、「そのために導く」という順番で考えるのである。

　初めてサーバント・リーダーシップという言葉を聞いた人の中には、意味がしっくりこない人もいるだろう。リーダーシップには、ぐいぐいと力強くメンバーを引っ張っていくイメージが強いせいかもしれない。しかし、リーダーシップの真髄を考えたとき、そこにさまざまなスタイルがあることを、この概念は我々に教えてくれる。

　この考えは、実は1970年代にロバード・グリーンリーフによって提唱されたものだ。グリーンリーフは、AT&Tマネジメント研究センターに籍を置き、MITやハーバード大学などでも講師を務めた人物である。当時のアメリカはベトナム戦争が泥沼化し、ウォーターゲート事件の勃発、ニクソン大統領の辞任など、混迷の時代が続いていた。国家や社会を導くリーダーに対する不信感が募り、特に若い世代が、リーダーというものについての幻滅をあらわにしていた。そんな時代背景の中でグリーンリーフは、ヘルマン・ヘッセの短編小説『東方巡礼』から着想を得た。小説には、巡礼の一団に加わった旅客が快適に過ごせるよう、細やかに心を尽くす召使いが登場するが、実はその召使いこそが、東方巡礼を導く結社のリーダーであったという話である。

　権力や物欲への執着から動くのでなく、人々が望む素晴らしい目標や社会を実現するために立ち上がるこうしたリーダーは、その高い倫理観や精神性によって人々から信頼を得るのだとグリーンリーフは考えた。

　サーバント・リーダーシップ論は、その後80年にアメリカン・リーダーシップ・フォーラムを創立したジョセフ・ジャウォースキーなど、多くのリーダーや研究者に影響を与え続けてきた。そしてこのリーダーシップ論が再度大きく注目を集めたのは、エンロン事件が起き、リーダーの倫理観や姿勢が強く問われるようになった2000年代初頭である。サーバント・リーダーシップのアイデアを紹介した小冊子が初めて世に出てから25周年に当たる2002年に、再編集され出版されたのだった。

◆サーバント・リーダーの特性

　サーバント・リーダーシップが時代を超えて今日再び注目されているのには、社会的な不安や腐敗から、リーダーに倫理的な信頼感を求めたいという社会的風潮が強まったことに加え、ITの発達や、急激に広がるグローバリゼーションも影響していると考えられる。

　世界中で動くビジネスにスピード感を持って対応することが必要とされる現代においては、当然、1人のリーダーがすべてを把握し、決断し、メンバーに指示を与えるプロセスを踏んでいては間に合わない。そこで重要になるのが、効果的なエンパワーメントをどれだけ行えるかということである。それぞれの現場において、メンバーが持てる力を十二分に発揮し、成果を上げながら成長し、さらに業務の精度とパフォーマンスを上げていくためには、リーダーがメンバー個々の資質を正しく理解し、存分に活躍できる環境を整え、教え導いて動機づけできることがカギとなる。

　また、世界中の多様な社員が心を1つにして同じ方向へ力を発揮するには、全員が共有できるビジョンや価値観が必要となる。つまり、企業理念はもとより、現場でみんなを束ねるリーダーにも、確固とした信念、価値観があることが求められるのである。そこに私利私欲や反倫理的な思惑が感じられるようでは、メンバーの心の結集はとてもできない。権力欲や支配欲、物欲や保身から動くのではなく、社員、顧客、社会に奉仕するために立ち上がるサーバント・リーダーでなければ、多様な社員の信頼を集めることが難しくなっているとも考えられよう。

　ケースの新沼も、自分で何事も判断して指示するスタイルの限界と、部下の判断を尊重しつつ望ましい成果を出していくことの必要性を痛感している。これに付け加えるならば、メンバーの信頼を集めて組織の結束力を高めるには、「会社の上層部で決まったことだから」とか「ビジネス上メリットがあると判断されたから」という理由でメンバーを説得しようとするのではなく、より共感を得られる価値観の提示が求められていることを理解する必要がある。

　では、世の中の多くの組織にまだまだ見られる、組織を支配するタイプのリーダー（支配的リーダー）と、サーバント・リーダーは何が違うのかをあらためて見てみよう。グリーンリーフの意志を継ぎ、世の中にサーバント・リーダーシップの概念を伝える活動をしているNPO法人、サーバント・リーダーシップ協会では、支配的リーダーに従う際のメンバーの行動と、サーバント・リーダーに従うときのそれがどう違うのかを、**図表1-17**のように整理している。

図表1-17 サーバント・リーダーに従うメンバー行動

支配的リーダーに従うメンバー行動	サーバント・リーダーに従うメンバー行動
主に恐れや義務感で行動する	主にやりたい気持ちで行動する
主に言われてから行動する	主に言われる前に行動する
言われたとおりにしようとする	工夫できるところは工夫しようとする
リーダーの機嫌を伺う	やるべきことに集中する
役割や指示内容だけに集中する	リーダーの示すビジョンを意識する
リーダーに従っている感覚を持つ	リーダーと一緒に活動している感覚を持つ
リーダーをあまり信頼しない	リーダーを信頼する
自己中心的な姿勢を身につけやすい	周囲に役立とうとする姿勢を身につけやすい

出典:NPO法人サーバント・リーダーシップ協会　ホームページより

　支配的リーダーの下では、メンバーは表面的には従順に仕事に向かっているようだが、面従腹背になる可能性があり、リーダーの目が届かないところでも同じ姿勢で仕事に向かえるかは疑問が残る。一方、サーバント・リーダーの下で働くメンバーには、内発的動機による、自発的な行動が見られる。また、興味深いのは「周囲に役立とうとする姿勢を身につけやすい」という点で、これはメンバー自身も、だれかにとってのサーバントとして奉仕しようとする姿勢が身につくとも解釈される。つまり、サーバント・リーダーの下には、将来のサーバント・リーダーが育ちやすいといえるのである。
　では、こうした前向きなフォロワーを育てることのできるサーバント・リーダーは、どのような特性を持っているのだろうか。
　グリーンリーフの考えを継ぐグリーンリーフ・センター（元は応用倫理研究センター）の前所長であるラリー・スピアーズは、1998年に「**サーバント・リーダーシップの10の特性**」を発表した。サーバント・リーダーシップ協会の紹介を引用すると、**図表1-18**に示した特性を備えた人物である。
　環境の変化が激しく、グローバル化の進む現代においては、サーバント・リーダーシップを社内に根づかせることで躍進する企業も少なくない。その一例に、エアライン・オブ・ザ・イヤーに幾度も輝いている、サウスウエスト航空が挙げられる。
　同社は長年にわたり、「従業員第一」のポリシーを掲げてきた。もちろん、顧客に高品質なサービスを提供することをミッションとしつつ、それが可能となるのも、従業員が素晴らしい仕事をしてくれてこそという姿勢を貫いているのだ。企業理念として明確に、学習や成長への均等な機会のある安定した労働環境を提供することをコミットし、従業員が社内で尊敬され関心を寄せられる存在であることを示している。また、CEO

図表1-18 サーバント・リーダーシップの10の特性

サーバント・リーダーシップの10の特性
傾聴：相手が望んでいることを聞き出すために、まずは話をしっかり聞き、どうすれば役に立つかを考える。また自分の内なる声に対しても耳を傾ける。
共感：相手の立場に立って相手の気持ちを理解する。人は不完全であることを前提に立ち相手をどんなときも受け入れる。
癒し：相手の心を無傷の状態にして、本来の力を取り戻させる。組織や集団においては、欠けている力を補い合えるようにする。
気づき：鋭敏な知覚により、物事をありのままに見る。自分に対しても相手に対しても気づきを得ることができる。相手に気づきを与えることができる。
納得：相手とコンセンサスを得ながら納得を促すことができる。権限に依らず、服従を強要しない。
概念化：大きな夢やビジョナリーなコンセプトを持ち、それを相手に伝えることができる。
先見力：現在の出来事を過去の出来事と照らし合わせ、そこから直感的に将来の出来事を予想できる。
執事役：自分が利益を得ることよりも、相手に利益を与えることに喜びを感じる。一歩引くことを心得ている。
人々の成長への関与：仲間の成長を促すことに深くコミットしている。一人ひとりが秘めている力や価値に気づいている。
コミュニティづくり：愛情と癒しで満ちていて、人々が大きく成長できるコミュニティを創り出す。

出典：NPO法人サーバント・リーダーシップ協会　ホームページより

のゲイリー・ケリーも同社ウェブサイトのトップページにおいて、「我々の従業員こそが、最大の強みであり、永続的な長期競争優位性である」と明言している。

こうして、個々の従業員が持てる力を最大限に発揮できる環境を整え、仕事上の裁量を大きくする同社は、従業員が現場で職責を越えて助け合ったり、現場の判断で顧客満足につながるサービスを自主的に行うといった、好ましい行動を引き出している。まさに、サーバント・リーダーシップの実践例といえるだろう。

◆オーセンティック・リーダーシップ

オーセンティック・リーダーシップという概念が広く知られるようになったのは、2000年代初頭からと考えられる。その提唱者の1人とされるのが、アメリカに本拠地を構えるメドトロニック社の元ＣＥＯ、ビル・ジョージだ。彼はメドトロニック社を世界の最先端医療テクノロジー企業に押し上げた人物であり、彼がCEOを務めた11年間で、同社の業績は大きく向上した。2001年には権威ある学会、アカデミー・オブ・マネジメントから、エグゼクティブ・オブ・ザ・イヤーにも選出された。

そのジョージが2003年に著した本が、*Authentic Leadership*（邦訳は『ミッショ

ン・リーダーシップ』梅津祐良訳、生産性出版、2004年）である。彼は、エンロン社とその不正に加担したアーサーアンダーセン社を名指ししつつ、「ビジネス企業が見当違いの英雄を崇め、破壊への道を突き進んできた現実」に言及している。

株式市場からのプレッシャーや自らの富の増大に目を奪われたCEOたちの倫理観や道徳観に危機感を強めたジョージは、いまこそ本物の、新しいリーダー像が必要とされていることを主張した。その新しいリーダー像とは、「高度なインテグリティー（統合性）を備え、永続する組織を築くことに献身する」「しっかりとした目的意識を備え、自らのコアの価値観に忠実な」「すべてのステークホルダーのニーズに応える企業を築き上げる気概を備え、かつ社会に奉仕することの重要性を理解した」人物、つまり、オーセンティック（真正の）・リーダーだと言うのである。

オーセンティシティという概念はギリシャ哲学にその源があり、「自分自身に正直であれ」という格言に由来する。では、自分自身に正直であるとは、どういうことか。当然、本来の自分の価値観や信念に沿って行動することが大切だという意味ではあるが、さらに、その自分自身の価値観や信念の根底にあるべきものとは何か、という点が重要となろう。

株主からの利益に対する強いプレッシャーに屈し、粉飾決算を行うようなリーダーは、当然、オーセンティシティの概念からは外れている。また、自身のよこしまな欲望の赴くままに強力なリーダーシップを発揮し、周囲を破滅へと導くリーダーもまた、オーセンティシティの範疇外である。つまり、そこには倫理観や誠実さ、他者に対する真の愛などがなければならないのだ。自分自身の心に本当に正直であることが倫理的に正しい行動を選択することにつながり、他者との信頼関係を築く要因となり、良き結果をもたらすのだとするこの考え方は、ある意味、人間の根本に「善」を見るスタンスであり、人間性心理学やポジティブ心理学の考え方に通じるところがある。

こうした流れから考えても、ジョージがオーセンティックという言葉に、「本物の」「真正の」という意味のほかに、「信頼できる」「頼りになる」「信念に基づく」という意味が含まれると主張するのもうなずける。

◆オーセンティック・リーダーの特性

では、オーセンティック・リーダーとはどんな人物なのか。その研究者として著名なワシントン大学のブルース・アボリオらの定義によれば、自分がどのように考え、行動するかについて深く自覚しており、リーダー自身と他の人々の価値観・倫理観、知識と強さに気づいていると、他者から見られている人であって、彼らが対処する状況を理解

し、自信があって、希望に満ち、楽観的で、回復力があり、そして高い倫理観を持つ人、である。

さらにビル・ジョージは、オーセンティック・リーダーには、以下の5つの特性が備わっているとする。

- 自らの**目的**をしっかり理解している
- しっかりした**価値観**に基づいて行動する
- **真心**をこめてリードする
- しっかりした**人間関係**を築く
- しっかり**自己**を律する

たしかに、こうした特性がすべて備わっていれば、理想的なリーダーといえよう。しかし、何の努力もせずに、ある日突然、このようなリーダーになれるはずもない。リーダーたちは、人生でのさまざまな経験を通して自分自身を成長させ、能力や特性を開発する必要があるのだ。したがって、リーダー自身が、私生活も含めたトータルな人生の中で自らを高めていくことも、オーセンティック・リーダーシップの特徴の1つとして重視する考え方もある。

オーセンティック・リーダーがいる組織において注目すべきことは、フォロワーシップへの影響である。オーセンティック・リーダーの発揮するリーダーシップに触れて日々を過ごすフォロワーたちは、リーダーの姿に模範を見て、共感・信頼を覚え、リーダーのさまざまな支援を受けながら、幸福感に満ちた職場で仕事に励むことになる。その結果、フォロワーのパフォーマンスは継続的に活発化し、組織としての成果に結び付きやすくなる。

また、こうしたポジティブなリーダーとフォロワーとの交流の繰り返しの中で、組織風土も倫理的で相互支援の精神にあふれ、長所を生かすようなものへと強化されていく。オーセンティック・リーダーシップにおいては、リーダー自身の人間的な成長が、フォロワーの育成にも大きく貢献するのである。**図表1－19**に、オーセンティック・リーダーシッププロセスの全体像を記しておく。

図表1-19 オーセンティック・リーダーシップ・プロセス

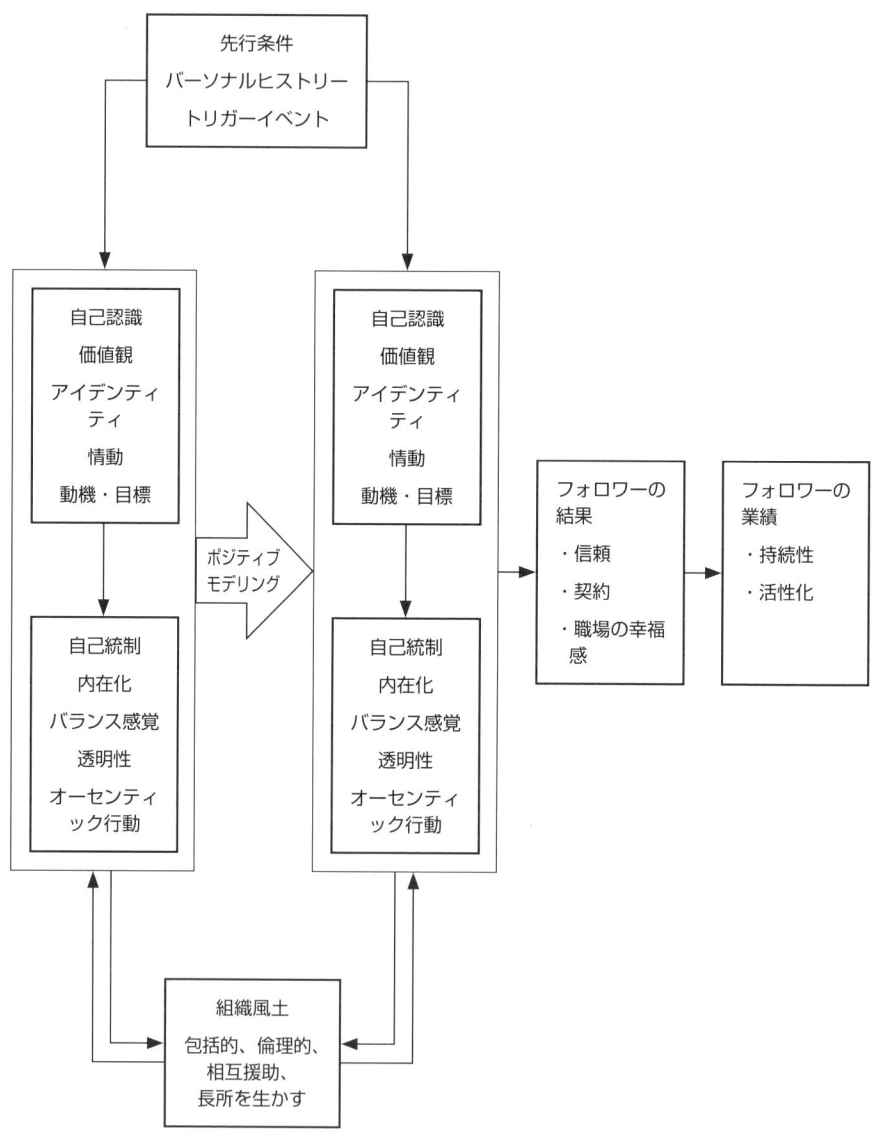

```
           ┌──────────────────┐
           │   先行条件        │
           │ パーソナルヒストリー │
           │  トリガーイベント  │
           └──────────────────┘
            │                │
            ▼                ▼
    ┌──────────┐      ┌──────────┐
    │ 自己認識  │      │ 自己認識  │
    │ 価値観   │      │ 価値観   │
    │アイデンティ│ ポジティブ│アイデンティ│
    │ ティ    │ モデリング│ ティ    │        ┌────────┐  ┌────────┐
    │ 情動    │ ═══════▶│ 情動    │        │フォロワーの│  │フォロワーの│
    │動機・目標 │      │動機・目標 │        │ 結果    │  │ 業績    │
    ├──────────┤      ├──────────┤  ─────▶│・信頼    │─▶│・持続性  │
    │ 自己統制  │      │ 自己統制  │        │・契約    │  │・活性化  │
    │ 内在化   │      │ 内在化   │        │・職場の幸福│  │        │
    │バランス感覚│      │バランス感覚│        │ 感      │  │        │
    │ 透明性   │      │ 透明性   │        └────────┘  └────────┘
    │オーセンティ│      │オーセンティ│
    │ ック行動  │      │ ック行動  │
    └──────────┘      └──────────┘
            │                │
            ▼                ▼
          ┌──────────────────────┐
          │     組織風土          │
          │ 包括的、倫理的、       │
          │ 相互援助、            │
          │ 長所を生かす          │
          └──────────────────────┘
```

出典：William L. Gardner T, Bruce J. Avolio, Fred Luthans, Douglas R. May, Fred Walumbwa "Can you see the real me?" A self-based model of authentic leader and follower development, The Leadership Quarterly 16 (2005)

◆オーセンティック・リーダーへの成長ステップ

　オーセンティック・リーダーシップ論の特徴は、リーダー自身がさまざまな経験を経て、本物のリーダーに成長していくという点にある。つまり、リーダーシップの開発に主眼が置かれているのだ。それゆえ、ハーバードをはじめ複数のビジネススクールでは、オーセンティック・リーダーシップ開発のコースを設け、学生自身のキャリア上の目的、自身の価値観の理解、モチベーションの源泉、人生の統合などを見つめる内容のプログラムを展開している。

　その教室でもテキストとして取り上げられているのは、ビル・ジョージとピーター・シムズの共著である、*True North*（邦訳は『リーダーへの旅路――本当の自分、キャリア、価値観の探求』梅津祐良訳、生産性出版、2007年）である。125人もの多方面のリーダーたちへのインタビューをもとに、オーセンティック・リーダーにふさわしいリーダーをさらに厳選し、彼らの今日までの歩みから、「最高の自分」を開発するための具体的なプログラムを提示している。

　基本的には、段階を追って自問を続けるなかで、4つの角度から自己認識を深め、真の目的、リーダーシップの目標へと方向性を見出していく、という手順を踏む。その大本ともなるものが、前述したオーセンティック・リーダーの5つの要件（目的、価値観、真心、人間関係、自己統制）である。**図表1－20**には、自分らしさを貫くリーダーへの成長ステップとして、自問自答のための8つの質問を紹介しておく。

　オーセンティック・リーダーになる道は長い旅のようでもあり、人生における人間的成長そのものともいえる。さまざまな経験をどのように自身の血肉にし、不要なものをそぎ落としていけるか。その次に、自分の経験や知恵を生かして、メンバーの成長にどう寄与できるか。そして自己を磨き上げ、さらに影響力を及ぼして組織に成果をもたらせるか。そのことを常に自問自答しながら、成長していかなくてはならないのである。

　ケースの新沼に関しては、「自社の経営環境が厳しいので、少しでもコストは節減しなくては」という外発的な動機でリーダーシップを発揮しようとするのではなく、ジュゲム社の事業はなぜ必要なのか、コールセンターの業務は何のために必要なのか、だれにどんな価値を提供していくのか、という問題を自分の価値観に照らして熟考し、内発的な動機と結び付けていくことが課題となろう。そして、その価値観や動機を周囲に伝え、巻き込んで組織を動かしていくことができれば、彼女がリーダーとして成長した証になるのである。

　オーセンティック・リーダーシップとは、人生を通した壮大なアクション・ラーニン

図表1-20　自分らしさを貫くリーダーへの成長ステップ

①	これまでの人生を振り返って、自分が最も影響を受けたのは、どのような人物、あるいはどのような経験か。
②	自己認識力を高めるために、どのようなことを心がけているか。本当の自分はどのような人間か。本当の自分だと思えるのはどのような瞬間か。
③	自分の奥底にある価値観はいかなるものか。それは何に起因するのか。子供の頃に比べて価値観は大きく変わっているか。その価値観がどのような行動に結びついているか。
④	自分を動かす外発的な動機は何か、あるいは内発的な動機は何か。人生において外発的な動機と内発的な動機をどのようにバランスさせているか。
⑤	周囲にどのような応援団があるか。自分らしさを貫くリーダーシップを実現するために、応援団はどのような役に立っているか。視野を広げるために、チームの多様性を高めるにはどうすればよいか。
⑥	自分の生活態度は一貫しているか。生活のあらゆる場面、たとえば職場、職場以外、家族の前、コミュニティのなかで、いつも同じ人間でいられるか、そうでないとすれば何が障害となっているのか。
⑦	自分らしくあることは、人生においてどういう意味があるか。自分自身であることでリーダーとしての能力が高まっているか。自分らしさを貫くリーダーであることで、何かを犠牲にしたことはあるか。その価値はあったか。
⑧	自分らしさを大切にしたリーダーとして成長していくために、今日、明日、そして今後1年の間に何ができるか。

出典：ビル・ジョージ、ピーター・シムズ、アンドリュー・N・マクリーン、ダイアナ・メイヤー「自分らしさのリーダーシップ」『DIAMONDハーバード・ビジネス・レビュー』2007年9月号

グ（現実の問題に対処するための行動を通じて、個人・集団が学習していくこと）だともいえるだろう。

◆まとめ

　リーダーシップ理論の変遷は、時代を映す鏡である。市場経済が広がって企業規模が急拡大したり、日本企業などの新たなプレイヤーの台頭が競争のルールを大きく変えたりした時代には、不特定多数のフォロワーに影響を及ぼして変革を促すための、カリスマ性やビジョン構築力が求められた。

　しかし、21世紀に入って我々は、市場原理主義の下での人間の弱さや、虚構の中で繰り広げられる経済の暴走を目の当たりにした。エンロン事件はもとより、2008年にはリーマンショックが起こり、世界的金融危機の時代を迎えたのである。一方でグローバル化はますます広がり、多様な国や人々を巻き込んで混迷は深まるばかりだ。

　日本においては2011年の東日本大震災により、多くの人々が生きる意味や価値観を大きく揺さぶられた。こうした時代においては、リーダーシップのあり方を考える際にも、既得の知見や技術はそれとしながら、「多くの人々に影響を与えるであろうリー

ダーとは、いったいどうあるべきなのか」「そもそも1人の人間として、どうあるべきなのか」「良い社会、良い未来を創るとは、どういうことなのか」という根源的な問いにぶつからざるをえない。

　いま、リーダーへの期待は、指導者としての力量に加えて、人間としての本質、品格、精神性へと比重を移しているのである。

【キーワード】
　・エンパワーメント
　・サーバント・リーダーシップ：ロバード・グリーンリーフ
　・サーバント・リーダーシップの10の特性：ラリー・スピアーズ
　・オーセンティック・リーダーシップ：ビル・ジョージ

第2章
リーダーシップと関連する組織行動

第2章の概要と構成

◆概要

　第1章では、リーダーシップ理論の歴史的変遷を概説した。個人的属性から組織全体を変革する動力に至るまで、スケールは違えども、議論の焦点は一貫して「リーダーその人」に当てられていた。
　一方で、今日ではリーダーシップを理解するのに、リーダーのみに着目していては不十分なほど、組織行動全般や人間の行動・心理などの理論も、重要度を増してきている。言ってみれば、より大きく「組織とは」「人間心理とは」といった問いから洞察や法則性などを導き出し、それをリーダーシップに当てはめてみる試みが必要なのである。
　第2章では、こうした組織行動学的論点の中から、いくつかの主要な論点を取り上げていく。

◆ポイント

2-1　パワーと影響力
　多様性と相互依存性が増す現在のビジネス環境においては、従来の上司―部下の関係だけでは仕事を完結できない。そこで求められる、自分の周囲や他部門、組織を動かすためのさまざまなパワーや影響力について解説する。

2-2　フォロワーシップ
　フラット化した組織の中では、フォロワーが自律的に考え、積極的に組織に関与していくことが重要である。将来のリーダーシップ発揮に備える意味でも、フォロワーの段階からどのように仕事に取り組むべきかを解説する。

2-3　ネットワーク
　インターネットやソーシャルメディアの普及で、人と人との「つながり」にも変化が起きている。さまざまな人やアイデア、ビジネスとのつながり、変革を起こしていくう

えでのポイントを押さえる。

2-4　非常時のリーダーシップ

　不確実性の高い時代と言われて久しい。アメリカの9・11テロや、日本における東日本大震災といった未曾有の事態は、予期せぬ危機への対応という意味でビジネス界にも貴重な教訓を残した。激動する環境下で非常時にいかに対応すべきかを解説する。

2-1　パワーと影響力

CASE

　馬場拓海は、大手システム会社であるパワフルシステム社の営業マネジャーである。同社はこれまで、業界内でも圧倒的に強いプロダクトを抱え、その単品売りで業績を拡大してきた。近年、競合がサービスを多様化させたことを受け、同社も事業買収を通じて多角化を進め、提供できるソリューションの幅を広げてきた。

　だが、事業買収の効果はいまだに出ておらず、ソリューションの幅が広がった割には、売上げ、利益ともに低迷したままである。これに危機感を持った経営陣は、今後の営業戦略として、顧客へのトータル・ソリューションの提供を前面に打ち出すことにした。

　こうした状況の中で馬場は、営業企画から実際に顧客を担当する営業部門へと異動し、それに伴ってマネジャーに昇進したのだった。トータル・ソリューションは営業企画にいたときから提唱されているものの、なかなか実現できていない。そこで馬場は、自分のチームで積極的に推進するべく、メンバー10人を集めてレクチャーをした。戦略自体は筋が良いので、馬場の論理的なプレゼンテーションによってメンバーの理解も促進された。

　しかし、それから1カ月経っても、メンバーたちの顧客への提案は以前と変わりばえしない。馬場は、具体的にどのような提案をすればよいのか、彼らはわからないのではないかと考え、営業企画時代に作成した資料を使って勉強会を開催してみた。だが、こうした努力にもかかわらず、効果はなかなか表れなかった。

　そんなとき、大口のクライアントであるロイヤル百貨店から、新たな提案をしてほしいというリードが舞い込んだ。これを大きなチャンスと見た馬場は、トータル・ソリューションを提案して受注につなげ、成功事例として全社的に広めたいと考えた。

　ところが、ロイヤル百貨店のメイン担当である杉山の提案書を事前にチェックすると、単品のプロダクトを中心とした内容で、従来の提案と大差がない。たしかにこの内容でも受注はできるかもしれないが、それだけでは全社の売上げ・利益への貢献は小さい。馬場は、「トータル・ソリューションの観点で考えてみてはどうだろう。この資料が参

考になると思うんだが」と営業企画時代の資料を渡し、杉山にアドバイスをした。

1週間後、提案の期日も迫ってきたので、杉山を呼んで再度提案書をチェックしたが、依然として馬場が意図したものにはなっていない。杉山に問いただすと、こう答えた。「ウチとロイヤル百貨店とは長いおつきあいで、これまでにしっかりと関係を築いていますから、いまさらゼロベースで話をし直すような、トータル・ソリューションの提案はしづらいんですよ。それに、先方もそれを求めてはいないと思います。それを無視してこちら都合の提案を行えば、今後、両社の関係がこじれる恐れもありますよ」

たしかにロイヤル百貨店は杉山が過去5年にわたって担当し、大口クライアントに育ててきた。向こうの事情や考えには、社内のだれよりも彼が通じている。馬場は新任の挨拶で訪問したきりで、くわしい状況はわからない。

できるだけ穏やかに意向を伝えてきた馬場だが、このままではいつまで経っても杉山の提案は変わりそうにない。部下である杉山に対し、自分の意向を汲んだ提案にするよう命令すべきだろうか。それとも杉山の言うとおり、今回はトータル・ソリューションにこだわらずにいくべきだろうか。自社、そして自分の意向を無視する部下に、どう対処すべきなのだろうか。

理論

ビジネスを進めるうえで、自分が実現したいことに、必ずしも周りの賛同を得られるわけではない。そのような状況の中で、周りを巻き込み、物事を成し遂げるために必要なことは何だろうか。優れたビジョン、正しい戦略、論理的なコミュニケーション、さらには指揮命令を発する権限は重要である。だが、それだけで人や組織は動くのだろうか。また、強引に進めることで、デメリットが生じないのだろうか。人や組織が動くのは、どのようなメカニズムによるのだろうか。

ここでは、一般に「人を動かす」メカニズムとして、「パワー」と「影響力」という概念を紹介し、それらを「組織を動かす」ためにどう活用していけばよいのか検討してみたい。

◆パワーとは何か

同じ内容のことを同じ役職の人が指示するとき、A部長が言えばスムーズに進むが、B部長が言ってもあまり進まない、といったことがよくある。一口に「人を動かす力」と言っても、そこにはさまざまな要素が絡み合っている。

スタンフォード大学のジェフリー・フェファーは、「行動に影響し、出来事の流れを変え、抵抗を乗り越え、これがなければ動かない人々に物事を実行させる潜在的能力」をパワーと定義し、詳細な分析を行った。彼によれば、パワーは大きく、**公式の力**、**個人の力**、**関係性の力**の３つに分類でき、それぞれをさらにいくつもの要素に還元できる。人・組織を動かすには、これらパワーの微妙な差異を理解し、使い分ける必要がある。

❶公式の力
　公式の力は、強制力、報酬力、正当権力、情報力の４つを源泉とする。
　強制力とは人の配置を決めたり、降格させたりする権限で、報酬力とは人を昇進、昇給させる権限である。そして、強制力と報酬力を含む組織上の権限を正当権力という。さらに情報力とは、人事情報など限られた情報にアクセスし、コントロールする力のことをいう。
　これら４つの公式の力は、人間の合理的な判断のみならず、感情面での判断にも働きかける。たとえば、絶大な権限を持つ経営幹部の決定に（本音は違ったとしても）だれもが反対できないのは、公式の力に対する恐怖の感情と、追従することで得られる利益（合理的判断）を背景としている。
　公式の力があれば人・組織を容易に動かせると思われがちだが、そうではない場合も多い。たとえば新任管理者は、管理職としての権限を持ってはいるものの、その権限で人・組織を動かそうとしても、組織や部下の抵抗に阻まれてうまく動かせないことが多い。そこで公式の力以外のパワーである、個人の力、関係性の力が重要となる。

❷個人の力
　個人の力は、専門力、同一化力、カリスマ性の３つを源泉とする。
　専門力とは、専門的な知識や技術、特殊なスキルによる力をいう。同一化力とは、尊敬する上司のように、自分も同じようになりたいと思わせる力である。そして、同一化力の極端なかたちとして、カリスマ性がある。たとえば、社内でその技術に関しては右に出る者がいないエンジニアの意見が通るのは、当人に専門力があるからだ。直接のレポートラインにないリーダーに広く人望が集まるのは同一化力が働いており、創業者や中興の祖が経営に影響を与えるのはカリスマ性による力が働いているためと考えられる。
　こうした個人の力は、業務に深く精通したり、高い実績によって社内で確たる地位を築いたりした場合に持てるものであり、これを獲得するには、集中力、活力とスタミナ、対立に取り組む意欲といった、競争の激しい場で生き残る能力、特性が求められるとフェファーは説明している。

❸関係性の力

　公式の力、個人の力は、あくまでもその個人に帰属するパワーであるが、人・組織を動かす際にそれだけに頼るのではなく、ほかの人のパワーにも頼るのが関係性の力である。自分への支持を取り付けたり、ネットワークを構築することで自らの基盤を強化したりするわけである。たとえば、政治や企業における派閥は、パワーを持つネットワークの一員であることで、他者を動かそうとするものである。
　関係性の力を得るためには、他者に対する感受性や、自らの主張に対する柔軟性、時には自分のエゴを隠すことができる力といった能力、特性が求められる。

◆影響力とは何か

　同じ役職に就いているとか、同程度の知識量があるからといって、「人を動かす力」が同じとは限らないことはわかった。では、同じ程度のパワーを持つ人が同じ相手にパワーを行使すれば、常に同じように相手を動かせるかというと、必ずしもそうではない。すなわち、「力の使いよう」が重要になるということだ。フェファーはそれを影響力と呼び、「潜在的なパワーを活用し実現することからなるプロセスであり、行為であり、行動である」と定義した。
　影響力を考察するには、人間の心理に関する知識が必要となる。そして、心理学の研究では、人間は何か行動を起こすとき、ある引き金となる特徴が見つかれば、無意識にその特徴に対して反応することが明らかになっている。社会心理学者であるロバート・チャルディーニは、その著書『**影響力の武器**』（社会行動研究会訳、誠信書房、第2版、2007年）の中で、人が無意識に行動を決定してしまう引き金として、返報性、コミットメントと一貫性、社会的証明、好意、権威、希少性の6つを挙げている。
　この6つをもとにした影響力は、自身に十分なパワーがない場合でも、うまく使えば人・組織を動かすことができるため有用である。しかし、その効果の強さゆえに、影響力の行使に関しては特別に配慮すべき重要な点がある。それは単にテクニックに走ったり、悪意を持って影響力を行使したりしては断じてならない、という点だ。
　影響力を利用してマネジメントを行ったり、営業活動をする企業やセールスパーソンもあるが、それが行き過ぎると、相互不信や悪徳商法にもつながりかねない。相手が影響力の何らかの手法を利用していると気づけば、人間関係が損なわれる恐れもある。
　また、たとえ目的は間違っていなくても、相手をだましたり操作したりするような行為には倫理的な問題があり、慎重な判断が求められる。

❶返報性

　返報性とは、相手に対して何らかの価値のあるものを提供することで、相手が自分に対して報いなければならないと強く感じることを指す。先に何かを提供しておいてから、相手に物事を依頼すると、依頼を聞いてくれる確率が高まるのだ。

　相手に提供するものは、自分にとって不要なものでもよいし、提供するものがない場合は譲歩することでも効果がある。この返報性は、ギブ・アンド・テイクという言葉で、有益で持続的な人間関係を築くルールとして幼少時から教育されている。返報性は極端なまでに強い力を持っており、他の影響力を凌駕する場合もある。

❷コミットメントと一貫性

　コミットメントと一貫性とは、自分が一度コミットしたことや、自分の価値観と一貫性のある行動をとろうとすることである。人間は自分の言葉・信念・態度・行動を一貫したものにしたいと考え、他者からも一貫した人間であると見られたがる傾向がある。そのため、最初にコミットした内容と合致した要求に同意しやすくなるのだ。

　その背景には、心理学で言う認知的不協和がある。つまり、自ら発表した目標を守れなければ、自分は一貫した人間ではないと思えてストレスになる。それを避けるために目標を達成しようと努力するのである。

　この心理を交渉術に応用したのが、セールスの世界などで知られている、フット・イン・ザ・ドア・テクニックだ。いったん小さな要請を承諾した人は、その後のより大きな要請も承諾してしまうというものである。

❸社会的証明

　社会的証明を示すためにアメリカの心理学者、スタンレー・ミルグラムらが行った実験がある。１人の研究助手がニューヨークの雑踏でふいに立ち止まり、60秒間空を眺め続ける。ほとんどの通行人は彼が何を見ているか気にも留めず、避けて通っていく。次にミルグラムは、空を眺める助手の数を４人に増やした。さて、通行人はどのような反応を示しただろうか。

　４人に増やした結果、研究助手と一緒になって空を見上げる通行人の数が、４倍以上に増えたのである。ここで働いている原理が社会的証明である。

　社会的証明とは、ある状況下での他者の判断・行動に基づいて、自身の判断・行動を決めるというものである。特に自分が確信を持てないときや、自分と似た他者をまねる傾向にある場合、これは有効である。たとえば、売上げNo.1といった宣伝文句や、店舗における行列によって、多くの顧客がそれを購入しているのだから、きっと良いもの

だと無意識のうちに判断してしまうことが挙げられる。

❹好意

これは、自分が好意を感じている人の要求は受け入れやすい、という傾向である。好意を感じさせるのは、次の5つのタイプである。

- 才能、知性などを感じさせる身体的魅力を持つ人
- 自分と類似性のある人
- 自分に称賛を与える人
- 互いに協力し成功させたなどの親密性を感じる人
- 好ましい事象と自分を結び付けている人

ポイントは、魅力や親密さといった、一般的に好意と結び付きやすい要素ばかりでなく、「自分と似たところがある」「しばしば見かける」程度の事柄でも、心理的には効くという点だ。たとえば、政治家や企業のトップが工場を訪問するとき、現場の作業員と同じユニフォームを着ることがある。これは服装によって類似性を演出し、好意を形成する行動でもある。

また、当初は人間関係がしっくりいかなかったチームでも、会合を重ねるごとに一体感が出てくることがある。これは、単純に接触回数を増やすことで、互いに親密性を感じるようになるからである。

❺権威

心理学の研究者であるチャールズ・ホフリングが、次のような実験を行った。ある病院の、さまざまな入院病棟にある22のナース・ステーションに、自分がその病院の医師であると名乗って電話をかけた。そして、特定の患者にアストロゲン薬剤を20mg投与するよう看護師に指示を出した。この薬剤は病院での使用が許可されておらず、かつ20mgの投与は通常の1日分の2倍に相当するものであった。看護師も、この量を投与すると危険であることは知っていた。この実験では、どの程度の看護師が薬品戸棚からアストロゲンを取り出し、病室に向かおうとしたのだろうか。

結果は、95％の看護師が、医師を名乗るホフリングの指示に従い、患者に投与しようとしたのである。この結果が示しているのは、病院における医師といった、権威と専門性を持った人物の判断や要求に人は服従しがちである、ということだ。

優れた知識・力がある本当の権威者に従うことは本人の利益につながるので、人は幼

少時から、親や教師などの権威者に従うよう教育されている。そのことが影響して、権威の実態がない、単なるシンボル（肩書き・服装）に対しても、反応してしまう傾向がある。

❻希少性
　希少性とは、人が機会を失いかけると、その機会をより価値のあるものと見なす傾向のことである。実際に入手しにくいものは貴重なものであることが多いが、入手が困難だと知ると、さらに欲しくなってしまうのだ。これは、新たに制限が加えられた場合や、他者と競い合っている場合に、特に強く作用する。
　たとえば、人材などのリソースを他社や他部門と取り合う場合など、本来の価値以上に貴重であると思い込んでしまうことがあるので、注意が必要である。

◆人・組織を動かすためのアプローチ

　ケースの馬場のように、人・組織を動かすための手立てをこれから考えようというとき、どうすればよいだろうか。筆者らは、**図表２−１**のように、大きく５つのステップを踏んで立案すると有効だと考えている。まずはこの、**人を動かすための５つのステップ**を概観し、その中のいくつかについてくわしく解説していくこととする。
　第１ステップは、自らの「ありたい姿を描く」ことだ。自らが抱いている志や、長期視点でのゴール、目的を具体的に描くことである。影響力を行使する際には、この「ありたい姿」をあらためて意識してほしい。自分が使おうとしている影響力はどのような

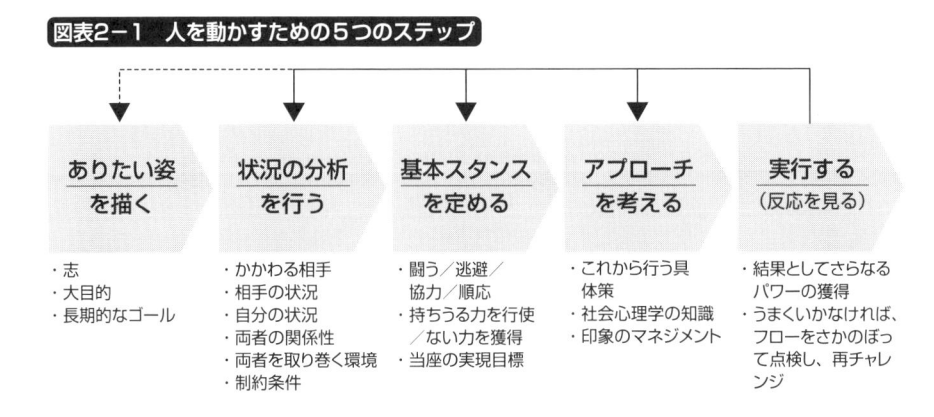

図表２−１　人を動かすための５つのステップ

ありたい姿を描く	状況の分析を行う	基本スタンスを定める	アプローチを考える	実行する（反応を見る）
・志 ・大目的 ・長期的なゴール	・かかわる相手 ・相手の状況 ・自分の状況 ・両者の関係性 ・両者を取り巻く環境 ・制約条件	・闘う／逃避／協力／順応 ・持ちうる力を行使／ない力を獲得 ・当座の実現目標	・これから行う具体策 ・社会心理学の知識 ・印象のマネジメント	・結果としてさらなるパワーの獲得 ・うまくいかなければ、フローをさかのぼって点検し、再チャレンジ

「志」に根差しているのか。どのような「大目的」を達成するためなのか。どのような「長期的なゴール」に近づくためなのか。これらの質問に明快に答えられないようなら、第1ステップに戻ることが望ましい。

ありたい姿が大きければ大きいほど、すぐに実現するのは難しい。そこで、第2ステップの「状況の分析」が重要となる。かかわる相手の状況がどうなっているのか。それに対して自分の状況を考え、相手と自分の関係性を見る。自分の言うことを相手が聞いてくれるかどうかを確認する。ここでは相手の関心や、相手との依存関係を見ていく必要がある。

そして第3ステップで、「基本スタンス」を定める。相手との関係性を踏まえ、自らの意見を主張するのか、相手の意見を受け入れるのか、どのような対応をするのか、という自分のスタンスを決定するのだ。どのようなスタンスをとるべきかは、第2ステップの「状況の分析」の結果による、ということに注意してほしい。その分析が甘ければ、第3ステップにおいて有効なスタンスをとることができなくなる。

自らのスタンスをうまく機能させるために、次の第4ステップで具体的な「アプローチ」を考える。社会心理学の知識に基づいて、どのように相手に働きかければ、自らのありたい姿の実現に向けた協力を得やすいかを考えるのである。

最後の第5ステップは「実行」である。実行することによって得られる反応によっては、再度ありたい姿や状況分析など、前のステップに戻ることが必要となる。

◆状況を分析する視点

第2ステップの「状況の分析」で分析の対象となるのは、①相手の状況、②パワー、③相互の依存関係である。それぞれについて見てみよう。

❶相手の状況を分析する

まずは、相手のことをよく知ることが必要だ。いくら自分から働きかけをしても、最終的に動くのは相手なのだ。相手の置かれている状況を分析し、相手の物事の見方・考え方、性格、意思決定するときのクセなどを、できる限り把握しておきたい。

その際には、一面的な見方や先入観に左右されないよう、さまざまな角度から見ることが重要になってくる。たとえば、バブソン大学のアラン・コーエンとスタンフォード大学のデビッド・ブラッドフォードは、共著書『影響力の法則』(髙嶋薫、髙嶋成豪訳、税務経理協会、2007年)の中で、「"相手の世界"理解度チェック」と題して、相手を分析するときの手がかりを以下のように列挙している。

- 主要な役割と責任範囲
- 仕事上のプライオリティ
- 評価される基準
- 主要な関係部署、関係者
- キャリアの方向性
- ワークスタイル、コミュニケーションスタイル
- 気がかり、プレッシャー
- これまでの仕事上の経験
- これまでの教育訓練
- 仕事外の興味関心事
- 大切にしている価値観

　これらの項目について、いま自分が知っていることを確認し、知らないことを把握するための方法を検討しなくてはならない。

❷パワーを分析する

　相手と自分がどの程度のパワーを持っているかを分析する。自分のパワーを過信したり、相手のパワーを過小評価したりすると、人・組織を動かそうとしてもまったく動かないことになる。パワーの分析結果を踏まえて、どの程度主張が通りそうか、通りそうにないかを、冷静に判断することが必要である。

❸相互の依存関係を見極める

　相手と自分の間に相互依存関係があるかどうかを見極めることも大切だ。たとえば、自分が相手の主張を聞くかどうかを決めるのは、その主張を聞かざるをえない理由の有無によるだろう。同様に、相手が自分の話を聞いてくれるかどうかは、自分に対する相手の依存度合いによって違ってくる。

　依存というと、部下が上司に依存する関係だけを想起するかもしれないが、上司が部下に依存していることもけっこう多い。煩雑な事務手続きやスケジュール管理を部下に任せている場合、上司は部下に依存していることになる。経験の豊富な部下ならば、上司よりも職務内容を熟知していることがしばしばある。

　依存を生み出す源泉は、重要性（組織が直面する課題を解決できる重要な資源を持っていること）、希少性（重要性のある資源の供給が希少であること）、非代替性（重要かつ希少な資源を代替するものが少ないこと）の3つである。

動かしたい相手に対し、自分が依存の源泉を持っている場合には動かしやすくなるし、逆の場合は動かしにくくなる。新任の管理者が部下を動かそうとしても、依存の源泉が少なかったり、経験豊富な部下のほうが重要性や希少性を持っていたりすると、上司として苦労することになる。

◆基本スタンスの選択肢

　第3ステップの基本スタンスの決定では、自分が実現したいことに対し、関係する人々の意見が異なったり、賛同が得られなかったりする場合、すなわち何らかのコンフリクトがある場合に、どのように対応するかが大きな問題になる。コンフリクトの解消について、自分がとりうるスタンスは2通りある。1つは自分の意見を主張するかしないかで、もう1つは相手に対して協力的になるか非協力的になるかである。

　これらを**図表2-2**のようにマトリクスにすると、それぞれの態度の強弱によって、逃避、競争、適応、協働、妥協と、5つのとりうる選択肢があることがわかる。

　ケースの馬場が置かれた状況に当てはめれば、トータル・ソリューションの提供という、自分が実現したい考えを部下の杉山に押し付ける（競争）、自分の考えは主張せず、杉山の言うことを聞き入れる（適応）、自らの考えを主張しつつ、杉山の意見も聞いてより良い解決策を探る（協働）、といった選択肢がありうるのだ。どのオプションを採用するか検討する際には、相手の何に働きかけるかがカギとなる。具体的には、合理性に働きかけるか、あるいは感情に働きかけるかだ。

　合理性に働きかけるとは、正しいビジョンや戦略、論理的なコミュニケーション、ま

図表2-2　コンフリクト・スタイル

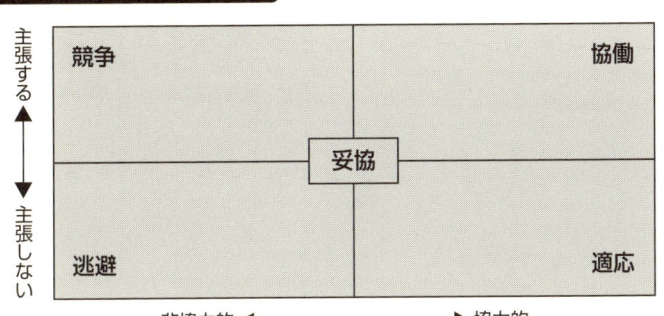

	非協力的 ←	→ 協力的
主張する ↑	競争	協働
	妥協	
↓ 主張しない	逃避	適応

出典：スティーブン・P・ロビンス『新版　組織行動のマネジメント』ダイヤモンド社、2009年

たは正式な権限によって働きかけることである。損得勘定も合理的な判断に入る。人・組織を動かすうえでは、合理的に説明することが不可欠である。しかし、正しいことを主張しさえすれば、相手が納得し、行動に移すわけではない。自分にとって正しいことでも、相手にとってはそうではないこともある。また、正しいことは1つだけではなく、複数の場合もある。合理的に説明するだけでは物事が進まないことは多いのだ。

　そこで、合理性に加えて感情面にも働きかけ、理と情の双方から相手を押さえることが必要になる。感情面への働きかけとは、魅力的なビジョンによってモチベートするだけではない。尊敬するリーダーに対する好感もそうだし、信頼されるように振る舞うことも働きかけになる。逆に、恐怖心を植え付けて従わせてしまうこともある。

　また、情と理への働きかけは、常に意識的に行われるとは限らない。無意識のうちに、ついつい動かされてしまった、という経験を持つ方も多いのではないか。したがって影響力に代表されるような、無意識のうちに人を動かすメカニズムについても、理解を深めることが大切になる。

◆どんなパワーをいつ行使するか

　基本スタンスを定めたら、次にはパワーをどのように使うかを考える。前述した、公式の力、個人の力、関係性の力といった、種類の異なるパワーをどう使い分けるか。また、いつもパワーを行使するとは限らない。当面はパワーを行使せず、その獲得・蓄積に注力するとか、パワー以外の要素（影響力）を使って物事を動かしていくことも、選択肢の1つになる。

　では、パワーを行使するほうがよいと判断されるのは、どのような場面か。それを考えるには、まず、自分が持っているパワーが、動かしたい相手のニーズや感情に有効かを判断しなければならない。自分より職位が上の人に対して公式の力を使うことはできないが、個人の力、関係性の力などで相手に有効なパワーを持っていれば、それで相手を動かすことができるだろう。特に専門性や実績などは、上司に対しても強力なパワーとなる場合がある

　パワー行使のスタイルには、相手に直接、「この人に依存している」と自覚させたり、その自覚を盾に公式の力を使う、豊富な経験や知識の持ち主と認められたり、「この人とは波長が合う」と思われることで個人の力を使う、といったケースがある。また、本人ではなく周囲の人たちにそうした方法で働きかける、間接的なやり方もある。

　いずれにせよ、どのようなパワーを使うべきかを吟味する必要がある。特に公式な権限に基づくパワーを使う場合は注意が必要であり、強引にやりすぎると相手の反発を買

うことになる。

　ハーバード大学のリンダ・ヒルは、パワーを持ち始めた当初は、部下、同僚、そして上司からの信頼を勝ち得なければならず、そうすれば後から権威がついてくるとして、とりわけ新任管理職は、公式な権限以外のパワーすべてを使って組織を動かすべきだと主張する。

　20世紀最高の経営者といわれたGEのジャック・ウェルチからCEOの座を引き継いだジェフリー・イメルトは、2004年、シニア経営陣の反対を押し切って「エコマジネーション」という、太陽光発電や風力発電をはじめとする環境ビジネスを加速させた。CEOとしての権限を濫用したようにも思えるが、イメルトはこう語っている。「年に5回程度は、私がシニアエグゼクティブに向かって『言うとおりにしてほしい』と言うことがある。これが6回になると、辞める人間が出てくる。3回だと、コントロールがきかなくなる」（デビッド・マギー著、関美和訳『ジェフ・イメルト　GEの変わりつづける経営』英治出版、2009年）

　動かしたい相手に有効なパワーを持っていないなら、必要なパワーを獲得する必要がある。公式の力はすぐには得られないかもしれないが、個人の力、関係性の力については努力次第で獲得できる。また、現在持ちうるパワーによって成果を上げたら、その実績が新たな個人の力を生み出す源泉にもなる。

　コンフリクトがある場合、安易に相手との競争に持ち込まず、場合によっては適応、妥協も選択肢となりうることにも、留意しておきたい。

コラム◎相手のパワーが強い場合の動かし方——ボス・マネジメント

　成し遂げたい仕事や動かしたい相手に対して、相対的に弱いパワーしか持っていない場合、時間をかけてパワーを獲得する以外に方法はないのだろうか。特に、自分よりパワーを持っている上司を動かそうとするときや、自分の権限が直接及ばない他部署を動かしたい場合、短期的に成果を出すためのアプローチとして、どのようなものがあるのだろうか。

　上司を動かす場合は、上司との良い関係を構築し、上司の期待をコントロールしつつ、自らの成し遂げたいことを実現したり、協力を取り付けたりする、**ボス・マネジメント**が有効である。

　ジョン・コッターは、ボス・マネジメントの方法には、主に以下の3つがあると言う。

①**上司を理解する**

　上司の持つ目標や目的、さらには上司が受けているプレッシャーを理解することである。上司があなたに賛成しないのは、これらが影響しているからかもしれない。また、上司の強みや弱み、ワークスタイルも理解する必要がある。上司に協力してもらいたいことが、上司の強みを生かせることであればよいが、弱みにかかわることでは動いてもらいにくい。ワークスタイルとは、報告の受け方の好みとして、文書でのまとまった報告を求めるのか、口頭でもよいので頻繁でタイムリーな報告を求めるのか、ということだ。

②**自分自身を理解する**

　上司の理解と同様に、自分自身についても理解しておきたい。自分の強み・弱みが上司のそれと重なっていないこと、ワークスタイルが上司と合っていることがポイントとなる。さらに、上司への依存傾向も理解する必要がある。自分は、権威を振りかざす上司に反発しがちな反依存型なのか、上司は自分を守ってくれる存在と考えて、自分の意見や感情を押し殺して従おうとする過剰依存型なのか、あるいはどちらの傾向が強いのか、理解しておく必要がある。

③**関係構築のあり方を探る**

　上司と自分自身の理解を踏まえて、関係構築のあり方を検討していく。ワークスタイルが違うのであれば上司に歩み寄り、上司が求めるスタイルで情報を提供することも必要となるだろう。また、上司に依頼するときは、上司が時間や資源を有効に使えるように配慮する。互いに期待を伝え合って信頼関係を築けることが理想である。

　一方、上司を動かすうえで効果的なこととして、コーエンとブラッドフォードは以下の5つを挙げている。

- 確実にやり遂げること：任された仕事で上司を不安がらせず、期待を上回る成果を上げることが重要である。
- 上司のディスカッション・パートナーになること：相談相手として頼りにされるよう、ディスカッションに際しては新しいアイデアのヒントを提供できるとよい。
- 信頼できる情報源になること：問題を漏らさず報告し、現場に関して頼りにな

> る情報源となることである。
> ・上司の味方・支援者になること：部門の外でも上司を立て、上司の味方として支援し、勇気づけることが求められる。
> ・判断を代行し自律的に動くこと：問題が起きてから動くのではなく、自律的に問題の芽を摘み、また自らリスクを取って新しいことにチャレンジする姿勢が求められる。

◆パワーと影響力を適切に使いこなす

　ここまで、パワーと影響力について詳細に解説してきたが、これらの政治的なニュアンスに嫌悪感を抱き、パワーに頼らずとも、正しいことをすれば人はついてくると考え、行動する人もいるかもしれない。

　しかし、ビジネスを取り巻く環境は常に変化している。従来の上下の関係だけでなく、組織のフラット化や部門横断的なチーム編成によって、自らの権限が及ばない人たちと協働する機会も増えている。また、自社内だけにとどまらず、社外のパートナーや、海外のパートナーともビジネスを進めていくことが求められる。

　特に機能が専門分化している今日では、上位の主導的なポジションにあったとしても、専門能力を持つ下位のメンバーに依存しなくては、仕事を進められないことも多い。上司―部下の関係は、人事考課の権限によって部下が上司に一方的に依存するのではなく、上司もまた部下の能力に依存するという、相互依存性を持つようになっている。

　このような状況の中では、いかに有能なビジネスパーソンであっても、1人で成し遂げられることには限りがある。部下、同僚、上司、さらに他部門や他組織の人々の協力なくしては、目標を成し遂げられない。

　したがって、ビジネスにおいて自ら行いたいことを実現し、成果を上げるためには、自らの持つパワーを適切に生かし、他者に対して効果的に影響力を行使することが重要になる。

　パワーに従う者を「権力者に媚を売っている」とシニカルに眺めていても何も始まらない。ナイーブになるでもなく、シニカルになるでもなく、パワーや影響力の行使は、自分が成し遂げたいことを実現していくために必要なことだと考えるべきだ。

　パワーと影響力という言葉を聞いて、マキャベリの『君主論』を思い浮かべた読者も多いと思うが、マキャベリは、成功するリーダーには「力量」（ヴィルトゥ）が必要であると言っている。ヴィルトゥは、マキャベリの造語であり、活力、自信、創造力、抜け

目なさ、大胆さ、実用的なスキル、個人としての力、決意、自己規律などを組み合わせた概念である。まさに、パワーと影響力を包含した概念であり、相互依存性が高く、多様性に富んだビジネス環境の中で、ビジネスを進め、自分のありたい姿を実現していくために求められる力であるといえよう。

◆まとめ

　パワーにせよ影響力にせよ、コッターやフェファーらが提唱したことで企業社会に定着したというより、もともと組織の中に存在したものを、概念として「発見」「整理」したという面がある。パワーで言えば政治力やいわゆる寝業師、影響力なら人たらしなどと呼ばれて、属人的なノウハウのように見なされていたものを、人や組織を動かすメカニズムとして体系的に分析するフレームワークが提供されたと捉えることもできる。
　だが、では実際に組織を動かすセオリーは何かということについては、いまだ定説的なものが出ていないのが現状である。
　本節では、組織・人を動かそうとする際に考えるべきステップを示したが、今後さらに研究や新たな解釈が待たれる分野だといえよう。特に影響力については、悪徳セールスからの自己防衛や、「苦手な人とつきあう」といった一般的な処世術の文脈では、概念が広く浸透しつつあるが、そこからさらに進んで、ビジネスにおいてありたい姿を実現するスキルとしていかに活用するか、これからの展開が注目される分野である。

【キーワード】
　・公式の力、個人の力、関係性の力：ジェフリー・フェファー
　・影響力の武器：ロバート・チャルディーニ
　・人を動かすための5つのステップ
　・ボス・マネジメント：ジョン・コッター

2-2　フォロワーシップ

CASE

　1999年9月30日、茨城県東海村にある株式会社JCO（住友金属鉱山の子会社）の核燃料加工工場において、国内初の臨界事故が発生した。臨界事故とは、放射性物質の核分裂反応が意図せずに、連鎖的に起こってしまうことである。この結果、施設周囲に大量の中性子線が放射され、作業員2名が死亡し、多くの被曝者が出たほか、近隣住民が一時避難や屋内退避を余儀なくされる事態になった。

　事故は、核燃料として使用されるウラン溶液の製造過程のうち、溶液の濃度を均質化する工程で起こった。同工場では、通常は低濃度のウラン燃料を製造していたが、年に何回か高濃度ウラン燃料を製造しており、設備は通常のものを転用していた。事故が起きたのは、その高濃度ウラン燃料の製造においてである。

　原子炉用核燃料の製造過程には、臨界事故を防ぐために質量制限と形状制限という2つの制限がかかっていて、同工場においても監督官庁に届け出て承認された規程があった。ところが同工場では、本来の製造規程では作業がしにくいからといった理由で、事故が起きる何年も前から「裏マニュアル」がつくられており、質量制限の7倍もの処理を行うような違反が常態化していた。それでも形状制限がかかっていたので事故が起こらずにいたが、事故発生時は、裏マニュアルにも定められていない、形状制限よりも大きな容器が使用され、そこで臨界状態が起こって大事故につながってしまったのだ。

　畑村創造工学研究所「失敗知識データベース」によれば、事故原因は「一言で言うと、『本来、使用目的が異なり、また、臨界安全形状に設計されていない沈殿槽に、臨界質量以上のウランを含む硝酸ウラニル溶液を注入』したこと」だとされている。

　報道によれば、通常の7倍を同時に扱う質量制限違反の裏マニュアルは、同施設の正規の会議で決められており、また、政府に提出する議事録では会議のその部分が削除される隠ぺいが行われているなど、組織全体として黙認されていたことが示唆されている。これに加えて、形状制限にも違反する当日の作業工程変更は作業ラインの発案によるものとのことだが、担当者の間では危険性がさほど認識されないまま承認されていたのだ

った。

　この事故は、人間であればだれしもつい起こしてしまいがちなヒューマンエラーを、いかにしてシステムによって防ぐかという視点から語られることが多い。だが、それだけでなく、チームメンバーをいかに動機づけ、本来有している能力を適切に発揮できるようマネジメントしていくかという視点からも、示唆に富む事例だといえよう。

　核燃料加工施設ともなれば、安全性に関する意識が高く専門知識も有する人物は、ごく一部のリーダークラスだけでなく、広範囲に存在したはずだ。にもかかわらず、規程違反で危険度の高い作業工程が常態化し、黙認されていた。挙げ句の果てには、当日のさらに危険な工程変更もスルーされてしまった。この背景には、どのようなメカニズムがあるのだろうか。

理論

　第1章では、特に交換・交流理論の中で、リーダーとフォロワーの関係について解説した。しかし、それはあくまでもリーダーの視点に立った、フォロワーとの関係の築き方や、フォロワーから受ける影響に関するものである。

　しかし、いまリーダーの立場にある人でも、キャリアの初期段階からリーダーのポジションに就いていた人はきわめて限られよう。組織の大部分の人は、リーダーとしてよりも「リーダーではない存在」としてキャリアを送る時間が長い。つまり、組織にはリーダーとフォロワーという異なる役割・立場が存在するのである。

　これに関して、フォロワーシップを研究するリーダーシップ・コンサルタントのアイラ・チャレフは、組織は、共通目的、リーダー、フォロワーの3つの要素からなると捉え、共通目的によりリーダーとフォロワーが結び付けられ、行動につながっていくとしている。

　とすれば、自分がフォロワーであるときに組織にとって「良きフォロワー」であることは、いざリーダーになったときに有益な経験となりうるのではないか。フォロワーシップを学ぶことは、フォロワーの立場から主体的に物事を進めること、さらには将来リーダーシップを発揮する立場になったときに求められることを習得する助けになるのではないかと考えられる。

　そこで本節では、リーダーシップと不可分のフォロワーシップについて検討していく。

◆フォロワーシップに関する研究

　リーダーシップに関する研究と比較して、フォロワーシップに関する研究ははるかに数が少ない。初期の研究には、フォロワーを、上司に対しての軸（上司に対して支配的か、それとも服従的か）と、自分の行動軸（能動的に行動するか、受動的に行動するか）の２軸で分け、直情家、強迫神経症、マゾヒスト、無関心という４つのグループに類型化した、ハーバード大学のアブラハム・ザレズニックのものがある。

　この分類は、企業のリーダーにはどんな種類のフォロワーがいて、それぞれにどう対処すべきか、という実用的情報を提供することが目的であった。1965年の発表であり、フォロワーを分類した点においては先駆的な研究だったが、当時の企業組織の実態を背景に、大勢の肉体労働者に一部の管理者がどう対処するかという視点に立っている。現代では、文化、組織、技術面の変化から肉体労働者が減り、知識労働者が増えたことで、マゾヒスト、無関心といった分類は当てはまりにくくなっている。

❶模範的フォロワーを抽出する分類

　知識労働者からなる現代の企業組織のフォロワーを分析するという意味で興味深いのが、1992年にカーネギーメロン大学のロバート・ケリーが発表したものだ。

　この研究では、フォロワーを単に分類するだけでなく、模範的フォロワーとはどういう条件を満たすものかという視点から、クリティカル・シンキング（リーダーがとろうとする行動を無批判に正しいものとして受け入れるのではなく、独自の視点で考えているか）と積極的関与（自ら考えたことのイニシアティブを取り、積極的に参加し、自発的に担当業務以上の仕事をしているか）の２軸に基づく分類を行った。そして、**孤立型フォロワー、順応型フォロワー、実務型フォロワー、消極的フォロワー、模範的フォロワーの５タイプ**を抽出している（図表２−３）。

　ある組織を見たとき、それぞれのタイプの割合は、孤立型フォロワーが15〜25％、順応型フォロワーが20〜30％、実務型フォロワーが25〜35％、消極的フォロワーが5〜10％ぐらいになるとされている。

　フォロワーのときに模範的フォロワーを目指すことで、いずれリーダーの立場に立ったときに効果的なリーダーシップを発揮できるのである。

図表2-3 フォロワーの分類

独自のクリティカル・シンキング

孤立型フォロワー

リーダーの努力を辛辣に批判する一方で、自分は努力しないことも多々ある。徐々に不機嫌な服従へとはまり込んでいく、有能だがシニカルな人々。最終的にはリーダーや周囲の人々の怒りを買い、自分を取り巻く環境を居心地の悪いものにしてしまう。

模範的フォロワー

独自のクリティカル・シンキングを持ち、リーダーやグループを見極め、自主的に行動する。リーダーや同僚たちの目には、独立心が旺盛で、独自の考えを持ち、革新的かつ独創的で、建設的な批評を生み出し、リーダーに物おじせずに接する人物と映る。
組織による抵抗にあっても、組織の利益のために積極的に取り組んでいく面も持ち合わせている。イニシアティブを取り、オーナーシップを引き受け、意欲的に参加し、自発的で、仲間やリーダーをサポートし、有能で、守備範囲以上の仕事をこなす。

消極的関与 ←→ 積極的関与

実務型フォロワー

リーダーの決定に疑問をはさむが、そう頻繁ではないし、批判的でもない。要求される仕事はこなすが、要求以上の冒険をすることはまずない。

消極的フォロワー

考えることをリーダーに完全に頼り、仕事に対する熱意はゼロ、イニシアティブと責任感に欠け、与えられた仕事は指示がなければできないし、自分の分担を超えるような危険は冒さない。

順応型フォロワー

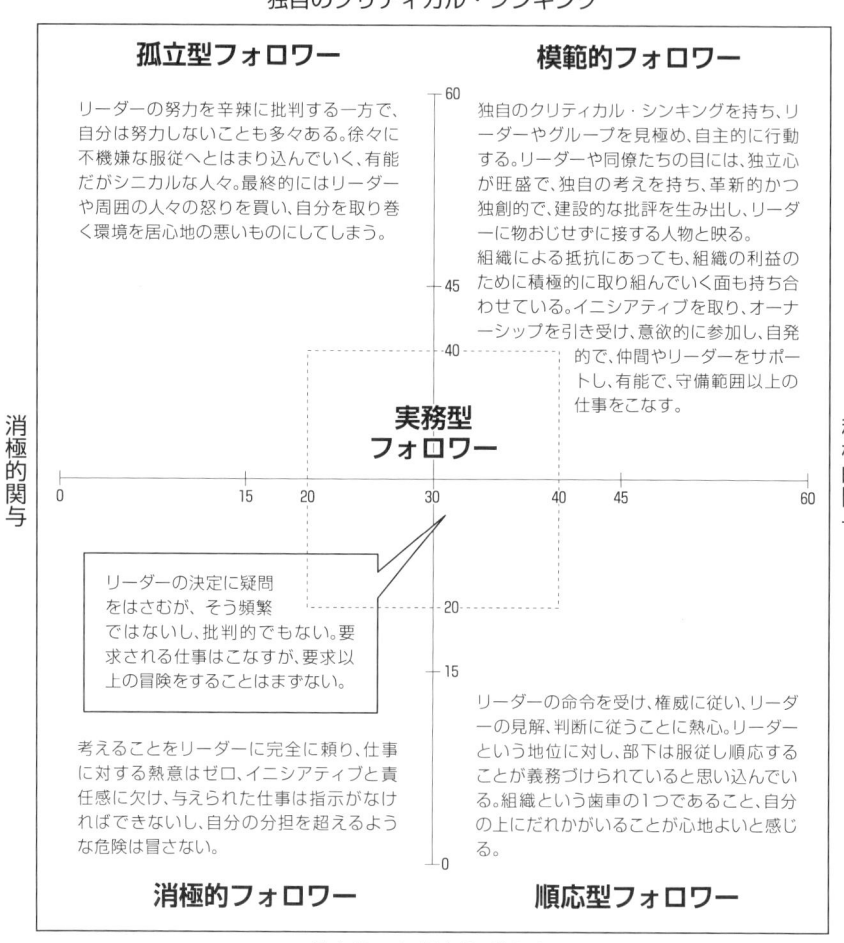

リーダーの命令を受け、権威に従い、リーダーの見解、判断に従うことに熱心。リーダーという地位に対し、部下は服従し順応することが義務づけられていると思い込んでいる。組織という歯車の1つであること、自分の上にだれかがいることが心地よいと感じる。

依存的・無批判な考え方

出典:ロバート・ケリー『指導力革命』プレジデント社、1993年をもとにグロービスで加工

❷リーダーに従うか反発するかに着目した分類

　優れたフォロワーは、必ずしも「リーダーを立てる存在」ではない。仕事ができ、道徳心も強い理想的なリーダーには味方するが、仕事ができず道徳心に欠けるリーダーには反発するという傾向もあろう。こう主張したハーバード大学のバーバラ・ケラーマンは、フォロワーを「献身度」の尺度を用いて、**孤立者、傍観者、参加者、活動家、硬骨漢の5つのグループ**に分類している。

　リーダーと意見が合わなければ、フォロワーは反発したり、リーダーを無視して自分の価値観で動いたりすることもある。いわば、フォロワーには自らの献身度についての決定権があるのだ。その意味で、リーダーに対するフォロワーの立場は、単純な上下関係ではなく、対等に近い面もある。

◆フォロワーシップとリーダーシップとの関係

　リーダーシップの発揮とフォロワーシップの発揮は、どのように違うのだろうか。リーダーシップを発揮する場合、リーダーはあるべき姿に向けて、いくつかの選択肢の中から選ぶことができる。事業の環境を認識し、ビジョンを打ち立て、何をすべきかを自ら意思決定できる。

　フォロワーはどうか。フォロワーにとっての意思決定は、どのオプションを選ぶかではなく、リーダーの決定に（積極的に）従うか、従わないかの選択である。これにはフォロワーに特有のジレンマが生じる。リーダーの決定が自らの行いたいこと、行うべきことと合致していれば、フォロワーのジレンマは少ない。だが現実問題として、リーダーの決定はフォロワーが積極的に支持できるものばかりではない。

　リーダーの決定が何らかの過ちを犯しそうな場合、どの程度のフォロワーが異議を唱えるのだろうか。

　南カリフォルニア大学のウォーレン・ベニスによると、フォロワーの70%は異を唱えないという。この背景には、パワーのところで解説した「権威」が関係している。だれでも幼い頃は、生きていくために親にすべてを依存しており、親に従わなかったらどうなるかわからないという大きな不安を経験する。私たちが所属する組織は、こうした不安の上に成り立ち、故意かどうかはわからないが、その不安をますますあおるので、結局フォロワーは、意に反して意気地のない人間になってしまうことが多い。

　ケースで取り上げたJCOの事例で、規程違反の作業手順が是正されないまま常態化していった背景には、こうした構造があったのではなかろうか。

◆良きフォロワーに必要なスキルと価値観

　フォロワー特有のジレンマを克服し、将来優れたリーダーシップを発揮できる良きフォロワーとなるために必要なものは何だろうか。模範的なフォロワーは独立心が旺盛で、守備範囲以上の仕事をこなし、仲間やリーダーをサポートするとされる。
　ケリーの調査によれば、以下の3つの**スキルや価値観**を模範的なフォロワーは持っているという（ロバート・ケリー著、牧野昇訳『指導力革命―リーダーシップからフォロワーシップへ』プレジデント社、1993年）。

❶仕事において付加価値を生み出す
　良きフォロワーは、何より付加価値を生み出すことに熱心である。そのため、自分がその組織で達成したい目標を絞り込み、明確な目的意識を持って仕事に打ち込むのが常である。さらには、目標達成に向け"肝心なこと"（＝クリティカル・パス）は何か、だれがどのようにそれを定めているかを見出す。
　目標達成までの全工程を把握し、確実に、重要な仕事をこなす。さらに、組織内でイニシアティブを取り、専門技術・知識をさらに磨き上げ、視野を広げ、新しいアイデアに挑戦していく。そうした一連のことをこなしているのである。
　たとえば、工場の現場を想定してみよう。多くの場合、生産性を向上させるために、身の回りの作業手順やレイアウト等について提案する活動が奨励されている。これなどは、こうしたフォロワーシップの醸成をねらったものといえるだろう。

❷組織において人間関係を育む
　一般的に組織では意識的であろうとなかろうと、さまざまな人間関係が構成されているが、大きく言えば以下の3つのタイプが想定される。
　第1に、**チームにおける人間関係**である。まず、チームに参加する前に、そのチームの必要性、任務やクリティカル・パス、付加価値が何であるかを確認する。そして全メンバーが、それらの目的と目標に共通の理解を示しているか確認し、メンバーとよく話し合う。深刻な仕事でもみんなが明るい見通しに目を向けるように振る舞い、最後は互いの功績を認め合う。
　第2に、**組織的ネットワークにおける人間関係**である。部署の垣根を越えて、組織の中の人々と横断的なつながりをつくるために、ネットワークに加えるべき人物を特定する。ネットワークに加えたい人物としては、たとえば、自分を支援してくれる、ないし

は邪魔や妨害ができる地位や力を持つ組織内のキーパーソン、反対に、自分が直接的または間接的に支援したり邪魔したりできる人物、仕事が自分の手から離れた後に助けになる人物や邪魔になる人物、重要な議題をよく知っていそうな人物、尊敬を集めている人物、自分に情報を求めてくる人物、などである。

　ネットワークのリストに加えた人々には、自己紹介し、顔見知りになっていることが望ましい。さらに深く相手との関係を築きたい場合は、専門知識を提供するなど、自分から相手の役に立つように努力する。

　第3に、**リーダーとの人間関係**である。有能なフォロワーはリーダーのニーズ、目標、制約をリーダー本人に直接確かめ、また、リーダーが何に心血を注いでいるかを観察することで理解しようと努める。リーダーに対して協力的態度で仕事に臨み、自分のエゴを抑え、リーダーやほかの有能なフォロワーと衝突しないように心がける。

　一方で、重要な問題について賛成しかねる場合は、堂々と、弁解がましくなく、リーダーに異を唱えるという面も併せ持つ。

　ただし、リーダーと意見が一致しないときでも、公の討論の場で反対意見を表明したり、議論の俎上に載せたりするのではなく、なるべく個人的に話をするよう努める。リーダーが耳を傾けられる頃合いを見計らい、議論の余地のある共通の問題として話を持ち出すようにする。その際は自分の意見を簡潔明瞭に述べ、正確な事実・ファクトを準備する。問題を指摘するときは、代わりに実行可能な解決策も用意しておく。選択肢を上司の視点で考え、相手は許可するかしないかを決めればすむ程度に整理されたかたちで解決策を提示することが望ましい。

❸人間関係を円滑に運ぶ、「勇気ある良心」を身につける

　時としてリーダーは、フォロワーの理解を超える指示を出す。フォロワーが間違っていると確信しているにもかかわらず実行しろと命令したり、組織のためによかれと思っていることをやめるように指示したりすることがある。

　上司、先生、医者など権威ある地位の人物から命令された場合、明らかにその指示が間違いだとわかっていても上司の命令を実行するかどうか。ケリーは250名に及ぶ専門職、マネジャー職を対象に調査を行った。その結果では、30％の対象者が"いつも"または"たびたび"従うと答えている。

　一方で、上位者からの指示であっても、間違っていると思ったらあえて従わない判断をし、結果的にはそれがよかったということも起こりうる。このとき模範的フォロワーが、リーダーの間違った決定にノーを言うためには、「勇気ある良心」が必要になる。これは、事の善悪を判断する能力であり、自分が信じる道に向かって積極的な手段を講じ

ていく不屈の精神でもある。ケリーは勇気ある良心を発揮するために、以下の10のステップがあるとしている。

①**前向き思考を心がける**：リーダーをモラル上の敵と見なさない。もしリーダーが倫理的に許されない行動をとろうとしたら、リーダーは第一線から遠のいているため、しばしば倫理上のトラブルの芽を見落としがちなのだと理解し、リーダーも倫理的な行動と結果を望んでいると仮定する。

②**事実を収集する**：事実を収集して整理し、リーダーも同じ事実を把握しているかを確認する。事実について意見の一致が得られれば、モラル論争の芽を摘み取れる場合がある。

③**態度を決める前に、賢明な助言を求める**：あなたがこれからとろうとする行動に対して、信頼できるメンターなど、周囲の人々から寄せられる意見に耳を傾ける。

④**忍耐心を養う**：リーダーに立ち向かおうとすれば、保守的な人々の流れから離れて「孤独な道」を1人で歩くことになる。これを歩むための忍耐は実践を通じて身につけられる。厳しい状況になるかもしれないことを想定して勇気を振り絞る実践、練習が重要である。最初のステップとして、リーダーや自分のグループに対して、些細な、取るに足らない問題で異を唱えてみるとよい。

⑤**組織の枠内で活動する**：たいていの組織には、意見の不一致を発表する際の規範と慣習がある。行動を起こす前にそれを確認する。

⑥**注目を集める立場づくりをする**：組織が望む方向に進むのに、いかに自分の立場が役立っているか、自分の助言がなければ組織がいかにまずい方向に進むかを示す。

⑦**自分の意見の良さを納得させる**：自分の見解の正当性を裏づける事実をいつでも示せるようにしておき、自分の見解のほうが理にかなっていることを客観的な見地からリーダーに納得させる。

⑧**集団で行動を起こす**：同じ意見の人たちが団結し、声を合わせて訴えることで、リーダーや組織の注意を引くことができる。

⑨**リーダーが反発したら、より権威ある人物、機関の助けを仰ぐ**：自分の誠意ある行動が役立たないとわかった場合は、直属のリーダーよりも権威ある人物、機関の助けを仰ぐという手もある。だが、これは組織の上下関係を乱すため、かなりのリスクを覚悟する必要がある。

⑩**お金と心にゆとりを持ち、行動の幅を広げる**：内部告発をした人たちは、告発の結果、精神的にも経済的にもボロボロになってしまうことが多い。彼らはいまでも勇気を持って行動することには賛成するが、今度告発するときは、新しい職を手に入れてから

にする、と言う。

コラム◎東日本大震災における東京電力福島第一原発

　2011年3月11日に発生した東日本大震災で、東京電力福島第一原子力発電所は危機的な状況に直面した。地震に伴う大津波により全電源を喪失し、原子炉を冷却するための注水ができなくなり、放射線量が増加し、水素爆発も起きた。そんな極限状況の中で、吉田昌郎所長以下、福島第一原発にいた作業員たちの懸命の努力で、原子炉格納容器爆発による放射能飛散という最悪の事態だけは避けることができた。彼らはなぜそれができたのだろうか。

　吉田は全電源喪失後の早い段階で、消防車の手配を行った。消防車からの注水で原子炉を冷却しようと考えたのだ。迅速な手配だったので自衛隊から消防車の支援を得られ、複数の消防車をつなぐことで注水が可能となった。これが事故拡大をぎりぎりで食い止めることにつながったのである。

　大津波襲来の1時間15分後、全電源を喪失した現場では、原子炉冷却のための水流を確保するラインづくりに着手していた。その6時間後には線量が高くなり、原子炉建屋内への立ち入りが禁じられたのだから、現場判断による早期のラインづくりが、のちの冷却にとって重要な意味を持った。

　3月12日、現場では海水を注入して原子炉の冷却を開始した。そこに東京電力本店から、海水注入中止命令が下った。総理官邸の意向を受けたものだった。冷却中止により原子炉のコントロールがきかなくなることを懸念した吉田は、命令が出る直前に先回りして、「本店から海水注入の中止命令が来るかもしれない。そのときは、本店に（テレビ会議で）聞こえるように俺が中止命令を出す。だが、それを聞き入れる必要はないからな。おまえたちはそのまま海水注入を続けろ。いいな」と担当者に言い含めていた。結果、海水注入は止まらず、原子炉の冷却が続けられた。

　この福島第一原発における一連のやりとりの中に、フォロワーシップのポイントが見える。原子炉を冷却するしかない状況で、海水注入を停止するという本社の命令が間違っていると吉田が考えたのは、まさにクリティカル・シンキングである。また、現場の判断で、水流を確保するためのラインを自発的につくったり、消防車を手配したりしていたことも、理想的なフォロワーの条件に当てはまる。

ケリーは、重大局面や非常事態の際にいちばん頼りになるのは絶対的命令系統を持った強いリーダーである、というのはまったくの間違いだと言う。多くの組織では、平常時にはリーダーはリード役、技術スペシャリストはフォロワー役を務める。しかし、福島第一原発の全電源喪失といった緊急事態では、その役割は入れ替わる。そうした場面で統率をとり、計画を立て、状況に応じた適切な指示を即座に出せるのは、総理官邸や東京電力本店といった正式な組織上の上位者ではなく、日々鍛え上げられている現場の人たちなのである。ケリーはこうも言う。「前線の活動から遠く離れた最高幹部たちが、まったくもって非現実的な命令を出した場合、システムは極度の緊張下に置かれることになる」。まさにそれこそが、福島第一原発がすんでのところで回避した危機にほかならない。

◆まとめ

　学生ベンチャーで起業した人でもない限り、今日の会社組織でリーダーの立場にある人はみな、かつてはフォロワーだった。だから、良きリーダーの条件の１つとして良きフォロワーであることが注目されるのは、自然な流れだろう。
　また、企業を取り巻く環境を見渡すと、組織図上でピラミッドの上にいるリーダーが、下にいるフォロワーを常に指揮・監督するという垂直統合的な組織運営で、事業を展開していけるような状況ではないとわかる。階層の少ないフラットな構造で、俊敏に動ける組織が強みを発揮する時代なのだ。そうした組織の運営においては、現場の所長が本社をリードするなど、状況によってリーダーが入れ替わる柔軟性が求められる。
　したがって、良きリーダーだけでなく良きフォロワーを多く育てることも、今日の組織の課題となっているのである。第３章でも触れるが、そのことはリーダーシップ開発の潮流にも反映されている。

【キーワード】
- 孤立型フォロワー、順応型フォロワー、実務型フォロワー、消極的フォロワー、模範的フォロワーの５タイプ：ロバート・ケリー
- 孤立者、傍観者、参加者、活動家、硬骨漢の５タイプ：バーバラ・ケラーマン

2-3　ネットワーク

CASE

　1971年、32歳でジュネーブ大学ビジネススクールの経済学教授の職に就いたクラウス・シュワブは、ヨーロッパの企業経営者400人ほどをスイスに招き、ヨーロッパ経営者フォーラムを開催した。当初は経済・経営問題を討議する場であったが、回を重ねるごとに政治・社会問題も議題にのぼるようになり、政治関係者も参加するようになっていった。

　やがて、ヨーロッパ経営者フォーラムは「世界経済フォーラム」と名前を変え、大きな非営利財団に発展した。会長はシュワブ、理事には彼の妻子が名を連ね、年間予算は1億ドルを上回る。毎年スイスのダボスで開かれる年次総会は、通称「ダボス会議」として知られる。2500人ほどの総会参加者は事務局からの招待者のみで、その半数は世界を代表する企業のCEOや会長であり、そのほか多くの国家元首や大臣、さらにはNGOやメディア、学術機関、宗教団体等のリーダーも含まれる。

　世界経済フォーラムは非営利法人で、運営費は会員企業の年会費や会議参加費でまかなわれている。ダボスでの年次総会のほかにも、中国で夏季に開催される会議（通称「サマーダボス」）をはじめ、世界の各地域でダボス会議のミニ版的な会議が毎年開かれている。また、「ヤング・グローバル・リーダーズ」と称して40歳以下の各界のリーダー同士のコミュニティをつくったり、シンクタンクとしてさまざまなテーマでの調査報告を発表したりしている。

　このように世界経済フォーラムは、国連の一機関でもなく、サミットやG20といった各国政府の首脳会議でもない。さまざまなテーマについて議論し、その結果が宣言や提言として発表されることもしばしばであるが、あくまでも参加者の自発的な意志に基づくもので、何らかの強制力を有するわけでもない。しかし、まさにその政治的中立性ゆえに、国家間や企業間で利害が対立するような微妙な問題についても、自由に意見を開陳できる場としての価値を有してきた。ダボス会議の全体セッションは、YouTube

などを通じて世界中に同時中継されるほか、各国のマスメディアが集まり、連日のように報道される。

　もちろん、こうした賢人会議的な意味合い以外にも、政界、実業界、学界などのリーダーたちが交流を深め、自身たちの活動に資するネットワークを築く場として、大いに利用されていることは言うまでもない。参加条件に招待制をとっていることが、場としての価値を薄めずに維持できている大きな理由である。

　71年にシュワブが経済フォーラムをスタートさせた時点から拡大が始まり、いまではこの種のフォーラムに参加しようとする人が最優先する場として、唯一無二の規模にまで成長した。一介の若手大学教授が世界中のVIPを呼び込んだ強大なネットワークを構築したのである。

理論

　洋の東西を問わず、時代を問わず、リーダーにとって人脈は非常に重要なものとされてきた。インターネットやSNSなどソーシャルメディアの発展により、情報収集方法から影響力の及ぼし方まで、その様相はさらに複雑化した。新たなネットワークの構築、維持の仕方が求められるようになっている。

◆リーダーシップとネットワーク

　ネットワークという言葉に意味合いの近い日本語に「人脈」がある。たしかに、人脈の豊富なビジネスパーソンは、人脈から得た人間関係、予算、情報などを駆使して、課題に関係する人々や状況に影響を及ぼすことができる。また、人脈に連なるメンバーの「強力さ」によっては変革を推進できるだろうし、多様なアイデアを結び付けてイノベーションを起こすことも可能になる。自分のパワー基盤を強化したり、より有利な地位を得ることもできる。

　そう考えると、リーダーシップの発揮とネットワークづくりとの間には、何らかの相関がありそうに思われる。ハーバード大学のジョン・コッターの研究によれば、優秀なゼネラル・マネジャーは、平凡なゼネラル・マネジャーよりもネットワーク構築に時間をかけるという。優秀なゼネラル・マネジャーは、そのポジションに就任してから1カ月、長い場合は6カ月をかけて人的ネットワークを構築する。それは直属の部下だけを対象にしたものではなく、同僚、部外者、上司の上司、部下の部下すべてを含めたものになる。また、正式な組織構造とは違ったネットワークも形成し、その人数は数百人、

場合によっては数千人にもなるという。
　このように、ネットワーク構築は、リーダーシップを発揮するうえで無視できない要素なのである。

◆ティッピング・ポイント

　ネットワークの影響力を理解するうえで有用な概念に、**ティッピング・ポイント**がある。これは、あるアイデアや流行、社会的行動が、閾値（クリティカル・マス）を超えていっきに普及し始め、野火のように広がる劇的瞬間のことをいう。アメリカの人気作家、マルコム・グラッドウェルが紹介し、広く知られるようになった。
　1990年代前半のニューヨークは、殺人件数が史上最悪を更新するなど、かなり無秩序な状態だった。ところが、94年2月、ニューヨーク市警察（NYPD）の本部長に任命されたウィリアム・ブラットンは、予算の増額もないまま、ニューヨークを安全な大都市に変貌させたのである。
　この劇的な変革では、ブラットンのとったさまざまな施策が奏功したのはもちろんだが、彼の組織の動かし方にも特徴があった。ブラッドンは、NYPDの中で、周囲の心を動かす力にあふれ、尊敬を集めている中心人物にアプローチした。76人の分署長たちである。彼らはそれぞれ200～400人の部下を直に監督しているので、76人のやる気に火をつけたことで、おのずと3万人もの警官たちの心を動かすことができたのだった。
　W・チャン・キムとレネ・モボルニュが著した『ブルー・オーシャン戦略』（有賀裕子訳、ダイヤモンド社、2013年）では、このブラットンの変革事例を「ティッピング・ポイント・リーダーシップ」として取り上げている。それによるとティッピング・ポイント・リーダーシップとは、「ある組織において、信念や内的エネルギーの強い人の数が一定の臨界点を超えると、その瞬間、組織全体に新しい考えが急速に広がり、きわめて短期間で抜本的な変化が起こる」とする考え方である。
　グラッドウェルは、ティッピング・ポイントに到達し、社会にムーブメントを起こすために必要な要素として、**少数者の法則**、**粘りの要素**、**背景の力**の3つを挙げている。

❶少数者の法則
　情報は、最初は少数の限られた例外的な人々の努力によって広まっていくものである。その少数の人とは、メイブン（それに精通した人。俗に"通"と呼ばれる人）、コネクター

（媒介人）、セールスマン（説得のプロ）などのキーパーソンであり、彼らが起点になり、多くの人々に情報を広げていく。

❷粘りの要素
　アイデアや情報を広げるためには、人々の記憶に残り、思考に影響を及ぼすようなメッセージを使うことである。粘りの要素を掘り下げた研究に、チップ・ハース、ダン・ハース兄弟によるものがある。彼らは、ジョン・F・ケネディ大統領のスピーチや、都市伝説などを取り上げ、記憶に残る（＝粘りつく）メッセージの特徴を、「単純明快である」（Simple）、「意外性がある」（Unexpected）、「具体的である」（Concrete）、「信頼性がある」（Credentialed）、「感情に訴える」（Emotional）、「物語性がある」（Story）の６つのポイントにまとめた。そして頭文字を取りSUCCESsと呼んでいる。

❸背景の力
　人々が自然に一定の行動をとりたくなるような、無言の圧力を与える状況を設定すること、あるいはそうした環境・状況を利用することである。

◆ネットワークの規模

　我々はふつう、どのくらいの人数のネットワークを持っているのだろうか。社会学者の推定によれば、たいていの人は200人から5000人の名前を（面識がなくてもよければ）挙げられるという。だが、名前を知っている人物のすべてが友人ということは、まずない。オックスフォード大学のロビン・ダンバーによれば、集団のサイズには、脳の新皮質のサイズと強い相関が見られるという。1人の人間が社会的関係を結べる人数は、サルや類人猿よりも多く、150人までだという。これを**ダンバー数**と呼ぶ。
　ビジネスにおいても、1950年代から、組織の規模が150人ぐらいまでなら一人ひとりの顔がきちんとわかるレベルで仕事が回るが、それ以上になったら序列構造を導入しなければ効率が落ちるとされてきた。ゴア・テックスの製造・販売を行うゴア・アソシエイツ社は、1つの工場の規模が150人を超えると工場を分割するという。
　軍隊の編成でもダンバー数が生きている。近代的な軍隊の最小の独立単位である中隊は130〜150人だ。古代ローマ軍も、基本部隊である重装歩兵中隊はおよそ130人の編成であった。

◆ネットワーク間のつながり

　個人がそれぞれに持つ200〜5000人のネットワークを介して、どのように情報が伝わるのだろうか。家族や親友など、比較的近い人たちの結び付きならば、情報やネットワークが劇的に広がることはない。社会にムーブメントを起こすほどに広めるためには、自分とは直接的に重ならないネットワークに情報を広げていくことが求められる。
　情報の伝播に関しては、スタンフォード大学のマーク・グラノヴェッターの研究が知られている。人生における重要な意思決定は、身内や親友などつながりの強い人たちの影響を受けると思われがちだが、実は、友だちの友だちといった、自分とは弱いつながりの人物の影響を受けることも多い。強いつながりでは距離が近く、行動範囲が重なりやすいため、同じような情報しか持ち合わせていない。ところが弱いつながりでは、これまで知らなかった人や情報と結び付く可能性が高い。このため、新しい職を見つけたり、情報を得たり、流行を生み出したりすることに関しては、強い友人関係よりも弱い社会的絆（「弱い紐帯」と呼ばれる）のほうが重要だというのである。
　では、弱いつながりは、どこまで広げられるのだろうか。見ず知らずの者の間に何人の隔たりがあるかを、1967年にハーバード大学のスタンレー・ミルグラムが研究している。ミルグラムは何人もの人に、ネブラスカ州オハマからボストン在住の見ず知らずの株式仲買人まで、知り合いを介して手紙を届けるよう依頼し、ボストンまで何人を経由してたどりつくかを調べた。その結果、平均6人を経たことがわかった。これは**6次の隔たり**と呼ばれている。

◆社会的ネットワークの広がり

　我々の持つ人的ネットワークは200人から5000人までの幅があるが、5000人もの多くの友人を持つ人と、そうではない人との分布は、正規分布ではなく「べき乗則」で表される。べき乗則の例としては、上位20%で全体の80%を占めるというパレートの法則が有名だが、それと同様に、5000人もの巨大なネットワークを持つごく一部の人と、200人強の少ないネットワークを持つ大多数の人という構成になるというのだ。中央値である2000人台が多くなるということはない。
　こうした二極化の傾向が起こる理由として、ネットワークには「成長」と「優先的選択」の2つの特徴があると、物理学者のアルバート・ラズロ・バラバシは言う。
　成長とは、ネットワークは少人数のつながりからスタートし、新たな知り合いを増や

していきながら、徐々に成長して現在のサイズになるということである。したがってネットワークを大きくするためには、初期の段階でネットワークをつくり始めるのがよいとされる。そうすればネットワークを広げるための時間が長く使えるからだ。このようにしてネットワークをしっかり構築すれば、ネットワーク上にハブをつくり、そこからさらにネットワークを広げていくこともできる。

　2つ目の特徴は、優先的選択である。初めてネットワークに参加しようとする人は、すでに多くのネットワークを持っている人にまず接触を図る傾向がある。すると、古くからある大きなネットワークほど、新しい参加者から参加したいネットワークとして優先的に選択され、ほかの若いネットワークや小規模のネットワークよりも成長機会が大きくなる。つまり「金持ちはさらに金持ちに」なっていくのである。ケースで紹介したクラウス・シュワブの世界経済フォーラムは、その典型である。

◆ネットワークのつくり方

　ネットワークづくりでは先行者に優位性があるため、後発者にはネットワークを拡大する見込みがないのかというと、けっしてそうではない。これを覆すものとして、「適応度」という概念がある。

　世の中には、ふとした出会いを永続的な社会的つながりにするのが得意な人もいる。平凡な消費者を忠実なパートナーに変える企業もある。友だちをつくる能力や、人に好かれたり、覚えられたりする能力があれば、たとえ先行者になれなくても、逆転は可能なのである。特に競争的な環境にある場合、適応度の高い人物ほどネットワークを広げやすいとされる。

　では、適応度を上げていくには、日々、具体的にどのような行動をとればよいのだろうか。ドイツの心理学者ハンス・ゲオルグ・ウォルフとクラウス・モーゼルは、ドイツにおいて200人以上を対象とした行動観察を行い、ネットワーク構築に求められる行動をまとめた。以下の6つである。

- 社内に知り合いをつくる（例：社内行事を利用する）
- 社内の人脈を維持する（例：他部署に異動した同僚にときどき声をかける、一緒に食事をする）
- 社内の人脈を活用する（例：他部門の同僚に仕事上の悩みを打ち明けてアドバイスをもらう）
- 社外に知り合いをつくる（例：社外団体の仕事を引き受ける、興味のある講演会やセミ

ナーに参加する）
- 社外の人脈を維持する（例：部下や同僚が社外の知人に会うときに「よろしく伝えて」と頼む）
- 社外の人脈を活用する（例：社外の知人と互いの役に立つ情報を交換する）

　ネットワークを構築する際には、だれをネットワークに組み込むかも重要である。知り合いになりたい人、なっておくべき人、コネをつくっておきたい組織のリストやマップを作成するとよい。キーパーソンを探すには、上司から推薦してもらったり、顧客やサプライヤーの力も借りて特定したりするとよい。
　一方で、ネットワークをつくるうえで必要なマインドとして、成功するために人に対抗するのではなく、人と協力すること、自分が得た以上のものを相手に与えようとすることが重要であろう。

◆インターネット時代のネットワークづくり

　前述したダンバー数や、ミルグラムの実験による6次の隔たりなどは、インターネットが出現する前の研究である。インターネットや電子メール、さらにはフェイスブックやツイッターなどソーシャルメディアの発展によって、これらはどのように変化したのだろうか。
　インターネット上では、ヤフーやグーグルを利用すれば6次の隔たりもなく、ほとんどが2〜3回のクリックで行きたいページ（情報）にたどりつける。つまり、情報自体は「3次の隔たり」になった。では、人と人の隔たりは何次ぐらいだろうか。
　2002年に、ダンカン・ワッツ、ピーター・ドッズ、ロビー・ムハマッドの3人は、ミルグラムの実験を電子メールを使って世界規模で再現した。アメリカを中心に9万8000人を超える被験者を募り、目標人物に向けて電子メールによってメッセージを送るように依頼した。その結果は、ミルグラムの実験同様に平均6人を経て、電子メールが目標の人物に届いたのである。電子メールを使った実験でも「6次の隔たり」であった。
　友人の数についても、フェイスブックなどソーシャルメディアにおける友人の数は、150人というダンバー数に近いという調査結果もある。
　このように、オンライン上の人的ネットワークはリアルなものと比べて、隔たりや友人の数で大きな違いは認められない。ただし、情報伝播のスピードや盛り上がり方においては、特徴的な変化が見られる。

たとえば、第44代アメリカ大統領のバラク・オバマは、最初の大統領選に立候補したときには、ほとんど勝ち目はないと思われていた。他の候補者たちと違い、オバマは上院議員を1期務めただけであり、全米レベルの政治経験も行政経験も圧倒的に不足していた。民主党ではヒラリー・クリントン上院議員という強敵が出馬を表明しており、オバマは知名度も資金力も支持基盤も圧倒的に不足していた。
　この差を埋める働きをしたのが、「バラク・オバマを支持する学生たち」というフェイスブックのグループをはじめとする、ネット発の動きだといわれる。このグループは、オバマのスピーチに感銘を受けた一学生が、大統領選への出馬を彼に促すために始めたもので、後にオバマ陣営から公式に認められた。また、オバマの演説は動画共有サイトのYouTubeに投稿され、その動画はすぐにさまざまなSNSに転載され、メールでもばらまかれた。その結果、オバマの演説を聞いたことがあると答えるアメリカ人は、85％にも達したのである。
　さらに公式のSNS、My.BarackObama.com（MyBO）を使って、登録者から小額献金を募ったところ、共和党陣営を上回る巨額の献金が寄せられたのだった。
　もちろん、オバマ自身が相応の魅力を備えていたからこそ、支持の輪がここまで広がったわけだが、インターネット上の自発的なネットワークが、支持運動を短期間かつ低コストで拡散する力を発揮した好例といえるだろう。

◆まとめ

　ネットワークにより、リーダーと認められるまでのプロセスや、リーダーが周囲に対して及ぼすパワーの源泉に、新しい潮流が生まれている。
　従来、ある人が集団の中でリーダーになっていくときは、何らかの分野で実績を残し、それが集団の構成員に認められ、さらには集団内の他分野の人々にも認められてリーダーになる、というプロセスを踏むことが多かった。しかし、ネットワークを利用して先に「多くの人につながっていて、多くの人を動かしうる」状態を築けば、従来リーダーとなるために必要だったステップを、大幅に短縮することが可能になったのだ。
　ネットワークの力がものをいう状況は、リーダーとしてのパワーの大きさにもかかわってくる。ネットワークが大きいほど、パワーも大きくなる。そして、インターネットの普及によって、それが短時間のうちに実現されるようになった。
　ネットワークのつくり方については、ティッピング・ポイントなど、ヒントとなる事例研究が浸透しつつある。ネットワークを活用してリーダーシップを獲得する手法は、これから注目を集めていくことだろう。

【キーワード】
- ティッピング・ポイント（少数者の法則、粘りの要素、背景の力）：マルコム・グラッドウェル
- ダンバー数：ロビン・ダンバー
- 6次の隔たり：スタンレー・ミルグラム

2-4　非常時のリーダーシップ

CASE

　2001年9月11日、世界を揺るがす大事件がアメリカで起きた。同時多発テロである。なかでも、ニューヨークの世界貿易センタービルに対する自爆テロは、世界中に大きな衝撃を与えた。テロリストたちにハイジャックされた民間航空機が2機、超高層ビルの上層階に突っ込み、ニューヨークのシンボルでもあったツインタワービルが跡形もなく崩壊して、多数の犠牲者が出た。

　ニューヨーク市の消防・警察は、初動としては、1機目の激突により炎上したビルに対する消火・救助活動に尽力していたが、そのさなかに2機目も突っ込み、事態がどんどん悪化していく過酷な状況下での活動を強いられることになった。炎上する高層ビルの各階に取り残された人々の多くは、彼らの英雄的な働きによって建物が崩落する前に脱出できたが、救助活動中に起きた2機目の激突やビルの崩落に巻き込まれて殉職した隊員も多数にのぼった。

　また、世界貿易センタービルの現場だけでなく、市内の交通の整理や、次なるテロの脅威に備えた警備活動も、混乱の中で遂行しなくてはならなかった。

　当時、ニューヨーク市長として陣頭指揮をとり続けたルドルフ・ジュリアーニは、自身のリーダーシップを語った自伝的著書（『リーダーシップ』楡井浩一訳、講談社、2003年）において、当時をこう回想している。

　「これから述べる指針の一つ一つが、世界貿易センターへの攻撃から数時間以内に、すべて試されることとなった。優れた人材で周りを固めよ。信念を持ち、それを伝えていけ。自分の目で見よ。みずから範を示せ。弱いものいじめを許すな。重要なことから始めよう。忠誠心は最大の美徳である。準備は怠りなく。低く約束して高く実行せよ。何事も決めてかかるな（後略）」

　「リーダーというのは、追い詰められても自分の感情をコントロールしなければならない。わたしは市長として、危機的状況に見まわれた部署の人間が、『パニックに陥った』と言う言葉を口にしたとき、二度とその言葉を使わないように申し渡した。（中略）い

かなる状況におかれても、判断力をなくしてはいけない。リーダーにはそうした平衡感覚が要求される」

つまり、それまでのリーダー経験で培ってきたすべてのものを総動員し、次々に変わる局面の中で、精神的にもぎりぎりに追いつめられる状況にあっても、冷静に決断を下し続けるのが、非常時のリーダーだということであろう。

理論

リーダーシップは日頃からさまざまな場面で求められるが、時として切実に必要とされる場面がある。それは危機に陥ったときなどの非常時である。

非常時には未経験のことが多発的に起こるため、対応方法がわからなかったり、情報が足りずに（さらには錯綜して）事態を把握できなかったり、事態が急変する（不確実性が高い）ため予測がきわめて困難だったりする。

つまり、非常時とは、優先順位を決めたり、物事を判断したりすることがきわめて困難な状況である。そう考えると、大地震やハリケーンなどの天災や、重大な事件・事故の発生はもちろんのこと、政治的変動、企業の経営危機、突然のスキャンダルや不正の発覚など、我々の身近なところでも、非常時といえる状況は起こりうることがわかる。

では、そうした非常時に求められるリーダーシップとは、どのようなものなのだろうか。平時とは何が違うのだろうか。

◆非常時を乗り越えたリーダーたちの言葉

古来、未曽有の事態の中でリーダーとして立ち続けた人々は、その経験をどのように捉えているだろうか。文献等で調べると、その考えが驚くほど類似していることがわかる。まずは近年のリーダーたちの言葉から、非常時に求められるリーダーシップの大枠をつかんでみよう。

アメリカ沿岸警備隊の司令官として、テロ事件やメキシコ湾岸原油流出事故、ハリケーン・カトリーナの被害等に対応し続けたタッド・アレンは、ハーバード・ビジネス・レビュー誌のインタビューに答えて、「優れたリーダーシップに必要なのは、柔軟性と機敏さと好奇心です」と述べている（「非常時のリーダーシップ」『DIAMONDハーバード・ビジネス・レビュー』2011年2月号）。

彼の考えを整理すると、以下のようになる。

まず、予測不能な非常時においては柔軟な対応が求められるため、１つの目的に向けてみんなの能力を統合すること、努力の結集を図ることが重要だ。そのためにも、関係者全員が承諾できる「共有された価値観」をつくり出し、それを伝えることが重要になる。現場で対応にあたる隊員たちが求めているのは、船の舵取りをするときの北極星のように、「簡単明瞭で核となる価値観」なのだ。それが彼らの判断軸となり、不安を感じずに現場で動けるようになるのである。
　そして、リーダーは自分のモラルに責任を持たなければいけない。感情にのまれてはいけない。冷静になればなるほど、より多くのことを成し遂げられる。

　さらに、「ぎりぎりの非常時の最中でも、部下を育て、指導することはできる」と彼は言う。みんながリーダーの姿を真剣に見ている状況だからこそ、危機に立ち向かう自分の行動、つまりその背中を見せることで、非常時にはどういう行動をとるべきなのかを指導していることになるのだ。こうしてアレンとの仕事を通して人材が育っているので、さらに多くの力が必要な非常事態が発生しても、彼が一声かければ優秀な人材が数多く集まってくる。
　つまり、早期に判断軸となる価値観を打ち出すこと、冷静さを保つこと、そして自らの行動を通して危機に立ち向かうリーダーのなすべきことをメンバーに教えることが、非常時のリーダーには必要なのである。

　ペンタゴン等で働き、陸軍次官を経て、ロッキード・マーチン社CEO、そしてアメリカ赤十字の理事長を務めたノーマン・オーガスティンは、数々の非常時を乗り越えた経験から、不測の事態に対処する心得を、わかりやすく以下の６つにまとめている（「クライシス・マネジメントはリーダーの仕事」『DIAMONDハーバード・ビジネス・レビュー』２０１１年５月号）。

　①**見えざる危機を予防する**：普段からリスクを見逃さず、しかるべきヘッジ手段を講じる
　②**迫りくる危機に備える**：前もって危機対応プランを立て、訓練を重ねておく
　③**危機の存在を認識する**：希望的観測は捨て現実を直視する。専門家の目も借りる
　④**危機が広がるのを食い止める**：リーダーが現場に立ち、素早く決断し、伝える
　⑤**危機を回避する**：とにかく機敏に動き対応する
　⑥**危機を利用する**：非常時に優れた対応をすることで、評価や信頼を得る

そして、さまざまな危機を乗り越えたことで見えた危機管理の要諦は、「真実をただちに語ることに尽きる」と言う。

この心得の④、⑥を見事に成し遂げた事例としては、ジョンソン・エンド・ジョンソン社が1982年に遭遇したタイレノール事件が挙げられよう。市販薬であるタイレノールに何者かが毒物を混入し、服用した購買者が次々に死亡するという事件が起こった直後から、同社は製品を回収すると同時にマスコミを通じて積極的な情報公開を行い、専用フリーダイヤルの設置、新聞の一面広告による告知、TV放映などの対応策を敢行した。さらに事件の再発を防止するためタイレノールのパッケージを3層密閉構造に変えた。こうした結果、事件の2カ月後には、事件前の売上げの80％まで回復することができたのである。

この話が非常時のリーダーシップの例としてしばしば取り上げられるのは、対策が好結果をもたらしたこともさることながら、事件発覚後ごく短期間のうちに、多額の追加費用がかかる（それは短期的には会社にとって大きな損失となる）諸施策を、社内にあったであろう反対の声や現状維持的な動きを押さえて意思決定し、実行に移した手腕が見事だったからである。

当時、社長として陣頭指揮にあたったジェームズ・バークは、単なる危機管理としてではなく、「消費者への責任」を第一に考えた体制をとったのだと言う。これは同社の企業理念である「我が信条」（Our Credo）の「第1の責任」に立ち返った意思決定であり（同社が果たすべき責任の優先順位を第1に顧客、第2に社員、第3に地域社会、そして第4に株主としている）、マニュアル等がないなかで社員一丸となった対応が迅速に実行されたのは、日頃から社員への理念浸透が徹底されていたからである（参照：ジョンソン・エンド・ジョンソン社ホームページより「ジョンソン・エンド・ジョンソン100年史」、タイレノール社ホームページより「タイレノールものがたり」）。

日本の例も見てみよう。福島県を地盤とする地銀の東邦銀行は、東日本大震災の直後、津波によって家財が流されたり、原発事故に伴う避難指示によって家を出てきた人々に対して、印鑑やキャッシュカードといった本人確認の手段がなくても預金を払い戻す決断をした。当然ながら、同行の店舗も被災したところが多く、満足な環境ではなかったが、緊急払い戻しは迅速に、大きなトラブルなく行われた。

このとき、同行の北村清士頭取は行内テレビ会議で、「事故を起こさないことよりも、被災者の役に立つことを優先してほしい」と支店長に語りかけ、それが行内の態勢に大きく影響を与えたという。また、「すべてを地域のために」というコーポレート・メッ

セージが行内に浸透していたこと、北村が普段から「三振してもいいから、まずはバッターボックスに立つこと」と前向きな行動を奨励していたことが、こうした柔軟な対応を可能にした下地としてあったようだ（参照：田久保義彦著『日本型「無私」の経営力』光文社新書、2012年）。

　このように、非常時に立ち向かったリーダーたちの考えや行動からは、非常時だからこそリーダーが現場に立ち、現実を直視して素早く決断し、大きな方針を伝え、機敏に対応し続けることの重要さが伝わってくる。一方で、予防や備え、部下育成、信頼関係の構築、そして良き理念の浸透など、平常時から意識しておくべきこともわかる。

　さらに、ジュリアーニも、アレンも大事にしていた習慣がある。それは、日頃から読書に親しみ、新しいことを学び、自分を客観視すること、そして過去のリーダーたちの言葉から勇気や教えを得ることである。自身を鍛錬しない限り、ぎりぎりの状態でリーダーに踏みとどまることはできない、ということかもしれない。

◆非常時のコミュニケーション

　リーダーたちの経験談から、非常時に求められるリーダーシップの全体像が見えてきた。次に、いくつかの重要な点にフォーカスを絞って、さらに深く考察してみたい。

　非常時においては、組織内のコミュニケーションが特に重要になる。もちろん、社外への対応も迅速に行わなければならないが、まずはその前に社員の意欲や士気を回復させる必要がある。経験したことのない非常事態に直面した人の多くは、自分ではどうしてよいかわからず、だれかに導かれることを望むものだという。したがって、組織のリーダーが現場に駆けつけ、社員たちに自分の存在を示して、状況や方針を説明する必要がある。ダートマス大学のポール・アルジェンティは、2001年のアメリカ同時多発テロにおけるさまざまな企業の事例を調査し、組織が非常に深刻な事態に見舞われたとき、最優先されるべきは社内コミュニケーションだとしている（「非常時こそ企業文化が問われる」『DIAMONDハーバード・ビジネス・レビュー』2011年5月号）。

　次には、社員たちの気持ちを発露させる機会を用意することが必要になる。実は、非常時に置かれた社員たちにとっては、仕事に集中することが精神的な支えとなり、落ち着きを取り戻す一助ともなるのだ。また、だれもが「だれかの役に立ちたい」という気持ちを持っている。だから社員たちに、大変な状況の中でも自社のサービスを必要とする顧客のために貢献するのだという、使命感を発揮する機会を設けることが、結果的に社員と顧客の絆を深めることにもつながる。

　そしてやはり、非常時に社員たちが素早く、臨機応変に判断し、適切な行動がとれる

ようになるためには、事前のトレーニングに加え、日頃からの社内コミュニケーションが重要である。すなわち、企業のミッションや価値観を社員に浸透させておくことである。揺るぎない企業文化が背景にあれば、非常時においても、何に集中すべきなのかがなおざりにされることはない。

たとえば、スターバックスのミッションステートメントには、地域社会や環境保護に積極的に貢献する、という一文がある。アメリカ同時多発テロの発生直後、スターバックスの北米の店舗にはすぐに閉店するよう指示が出された。しかし、被災地近くで被害をまぬがれた地域の店長たちは、独自の判断で営業を続け、救助員や医療関係者に飲食の場を提供し、店は負傷者の応急処置所の役割を果たした。こうした経験を通じて、組織はいっそう絆を強くし、社外からの信頼を厚くするのである。

◆リーダーによるチーム効力感の醸成

非常時にリーダーが迅速に方向性を示すことの重要性は、すでに述べた。では、その後も引き続き、現場の社員たちが迅速かつ自発的に、目前の困難な状況に対応していくために必要なものは何だろうか。

地下鉄サリン事件に遭遇した乗客が次々と運び込まれて野戦病院のようになった聖路加病院や、阪神淡路大震災時の住友電気工業、そしてユナイテッド航空の事故のケースを丹念に分析した、法政大学教授の高田朝子らの研究によると、そこには**チーム効力感**が機能していたという(高田朝子著『危機対応のエフィカシー・マネジメント―「チーム効力感」がカギを握る』慶應義塾大学出版会、2003年)。

効力感とは、ある結果を達成するために自分が首尾よく行動できる、という予期に関する人間のプラスの心理的感覚とされる。つまり、効力感を持ちえていれば、難しい状況でも行動しようという動機が生まれやすく、達成につながる可能性が高まるということだ。

また、効力感を持つ人間のほうが、持てない人間よりも目標達成率が高いことも、さまざまな研究で実証されている。つまり、こうした効力感が、個人だけでなく、チームや集団として持てるようになると、非常時のような困難な状況でも、組織として目的や目標に向かい、果敢に行動するようになると考えられる。

効力感は、2つの心理的プロセスから構成されている。1つは、「Aという行動をとったら、Bという結果が得られる」とイメージできる「結果予期」。そしてもう1つは、「自分(たち)には、Aという行動がとれる」とイメージできる「効力予期」である。この2つがそろって、人間は自己効力感を感じることができるのである(アルバート・バ

ンデューラ著、本明寛、春木豊、野口京子、山本多喜司訳『激動社会の中の自己効力』金子書房、1997年)。
　そして、この結果予期と効力予期が可能になるには、次の4つの要素が必要となる。

- **制御体験**：何かをやり遂げた、という達成体験・成功体験のこと。こうした体験を積み重ねることで、効力感が形成されていく。
- **代理体験**：他人の行動を観察することによって得られる制御体験。「こんなふうにすればよいのだ」と理解したり、まねをすることで効力感が育成される。
- **言語的説得**：他者から、自分たちの能力や課題の遂行について、「君ならできる」など、ポジティブに声をかけられたり、プラスのフィードバックを受けたりすることが効力感につながる。
- **生理的状態**：精神的な状態に影響するものに、生理的な状態がある。体調が良く、生命力がみなぎっていれば、肯定的な効力感を得やすくなる。

　以上のことから、非常時に現場がしっかりと動き、迅速に状況に対処できるためには、リーダーは、日頃からチームやメンバーに制御体験を積ませておくことが重要だといえる。加えて、あるメンバーの制御体験の事例を他のメンバーに共有させ、代理体験を積ませることも必要だ。そして、非常時においては、リーダーがメンバーたちにポジティブな言葉をかけ、励まし、彼らの行動に対するフィードバックを欠かさないことが求められる。そして最後に、リーダー自身を含め、ストレスフルな状況下にあるメンバーの心身の状態に配慮し、積極的なストレス解消や休養につながる行動を促すことも、リーダーには求められる。
　また、「だれかの制御体験を共有し、代理体験を生み、リーダーからの言語的説得を伝える」ためには、何がしかの情報インフラやツールがあることも非常に有益である。そうしたインフラやツールの整備や運用についても、日頃から備えておくことが重要と思われる。

◆危機に強い組織におけるリーダー

　ここまでは、危機に直面したときにリーダーとして、また組織としてどう対応すべきかを主に論じてきた。次に、危機に強い組織とはどのような組織か、そして、そうした組織をつくるためにリーダーはどのような役割を果たせるのか、ということを考えてみたい。

たとえば、航空管制システムや救急救命医療センター、人質解放交渉チームなど、複雑な社会・技術的システムの中に組み込まれ、非常に問題が生じやすい状況下においても事態を敏感に感知して未然に防ぐ仕組みを備え、不測の事態に直面しても機能停止に陥らずにオペレーションを継続する組織はたしかに存在する。

こうした組織を**高信頼性組織**（HRO: High Reliability Organization）というが、それを研究しているミシガン大学のカール・ワイクらによれば、高信頼性組織が予期せぬ事態、危機や非常時にあってもうまく機能できるのは、日々の営みの中で以下の5つが達成できているからである（カール・E・ワイク、キャスリーン・M・サトクリフ著、西村行功訳『不確実性のマネジメント』ダイヤモンド社、2002年）。

- **失敗から学ぶ**：失敗や懸念を率直に告白し、受け入れ、目をそらさずそこから学び、（犯人を責めるだけで学習しない組織とは対照的に）システムの改善につなげる。
- **単純化への抵抗**：効率化のための単純化は、時に他の問題の萌芽を摘み取ることになる。細部にこだわるからこそ、重要なシグナルを見つけ複雑性に対処できると理解している。
- **オペレーションの重視**：戦略策定も重要だが、現実の組織においては実践レベルでどう活動できるかが組織の成否を左右する。よってオペレーションを軽んじることはない。
- **復旧能力を高める**：万全の備えをもってしても不測の事態は生じるものと理解する。そして日頃から専門家とのネットワークをつくり、多様な対応策を考えつつ、実際に不測の事態が生じた際には、即興的に動き、柔軟に修正していくことの重要性も理解している。
- **専門知識の尊重**：硬直化した組織では、不測の事態に対するトップのエラーが被害を拡大する恐れもある。そうではなく、起こった問題に対して最もくわしい者が意思決定する柔軟性を必要とする。

この5つがそろった組織は、メンバーの意識がすこぶる高い。この状態を「マインドフル」と呼ぶ。マインドフルであれば、わずかな変化の兆しにも気づき、危機につながりそうな失敗を発見し、迅速に修正することが可能となる。その反対はマインドレスな状態であり、変化に気づかず、問題を見過ごし、マニュアルどおりにしか動けず、事態に対応できない状況を引き起こす。

では、マインドフルな組織であるために、リーダーは何をすべきだろうか。明治大学教授の中西晶は、著書『高信頼性組織の条件―不測の事態を防ぐマネジメント』（生産

性出版、2007年）の中で以下のことを示唆している。まず、組織における評価報酬、情報共有、教育訓練、内部統制、意思決定などのシステムを意識的にマネジメントすることが考えられる。たとえば、失敗そのものに対して厳しく評価する組織では、失敗を正直に報告し、そこからみんなで学習しようとする行動は促せないだろう。

一方、微妙な変化や危険の兆候をいち早く報告することや、失敗から学習することを評価するような組織であれば、メンバーは日頃から注意深く周囲を観察し、自らの行動を振り返り、率直な報告を上げるようになるだろう。当然、こうした行動の習慣化につながるような教育訓練を積極的に行うこと、また意思決定ポイントを自在に移動できる仕組みをつくることも求められる。

こうした具体的な仕組み、いわばハード面での努力に加えて、ソフト面からのアプローチも重要である。すなわち、メンバーの行動を内側から規定するものの存在、組織文化の醸成である。そこで、リーダーには日頃から、「信頼」「正義」「勇気」、そして「学習」を重んじる組織文化を醸成し、維持する努力が求められるのである。

近年頻発している大規模な事故やトラブル、コンプライアンスに抵触する企業スキャンダル、経営危機などを鑑みるに、普通の会社組織であっても高信頼性組織に近づける努力をすることが、事業継続マネジメントの観点からも不可欠だとわかる。リーダーはそれを踏まえ、自身のリーダーシップや組織、チームの運営を振り返る必要がある。

◆組織のレジリエンス向上とリーダーの役割

あらためて言うまでもないが、現代は環境変化のスピードが速く、変化の振れも激しい。組織がこうした激変する状況に翻弄されることなく、適応できるようになるために、高信頼性組織の概念のように役立つものはほかにないだろうか——そうした問題意識に1つのヒントを与えてくれるのが、「レジリエンス」という概念である。

レジリエンスはもともとは物理学の用語で、外力による歪みを跳ね返す力を指していた。それが徐々に精神医学の分野でも使われるようになり、大きなストレスのかかる困難な状況下に置かれても、それに押しつぶされることなく、状況に適応してサバイブしていく力、つまり、精神的回復力や再起力を指すようになったのである。

たとえば、第2次世界大戦中にナチスの強制収容所に収監されたにもかかわらず、精神を病まずに生還できた人たちがいる。また、大事故・事件や大災害にあって一次的に強いショックを受けても、深刻なPTSD（心的外傷後ストレス障害）等にならずに立ち直る人たちもいる。こうした人たちは、何らかの理由によりレジリエンスが高い状態にあったといえる。

そうだとすると、変化が速く激しい時代を生きる今日の組織においても、組織成員のレジリエンスが高ければ、急激な変動にさらされて一次的に混乱することはあっても、困難を乗り越えてたくましく生き抜き、適応して発展し続けられるのではないか、という仮説が成り立つ。

レジリエンスは、いったい何によって構成されているのだろうか。さまざまな研究がなされていて諸説あるが、主な要素として「思考のしなやかさ」「自身をコントロールする力」「環境適応力」「忍耐力」などが挙げられる。

これらの中には、当然、生まれつき備わっているもの、あるいは幼少期の生育環境の中で後天的に培われるものもある。しかし、より後天的に学習して獲得できるものや、周囲の支援により得られるものもある。したがって、組織的な取り組みにより組織メンバーたちのレジリエンスを高める試みも有効だと考えられるのである。

こうした考えは、近年注目を浴びているポジティブ心理学の研究とも符合する。ポジティブ心理学とは、1998年にアメリカの心理学者、マーティン・セリグマンによって提唱されたもので、ウェルビーイング（心身ともに社会的にも良好な状態）の構成要素であるPERMAの向上により、個人や組織、地域などの繁栄を目標とするものである。PERMAとは、以下の5つの要素を指す。

・P＝Positive Emotion（ポジティブ感情）
・E＝Engagement（エンゲージメント、またはフロー状態を生み出す活動への従事）
・R＝Relationship（関係性）
・M＝Meaning and Purpose（人生の意味や仕事の意義、および目的の追求）
・A＝Achievement（何かを成し遂げること）
＊フロー状態：「ゾーン」とも言い、ものごとに深く集中して我を忘れるほど没頭している状態

ポジティブ心理学をベースに、レジリエンスを高めようとする試みの代表的な例には、ペンシルベニア大学が指導する**レジリエンス・トレーニング**がある。このトレーニングは、アメリカ国防総省の陸軍兵士に対する大規模な教育プログラムとして導入され、すでに成果を上げている。日本を含め、世界中の企業においても、近年さまざまなかたちでレジリエンス・トレーニングを導入する動きが出始めている。

リーダーには、自分自身がレジリエンスの獲得に意を用いると同時に、メンバーの間にもこうした要素が共有され、尊重されるような組織文化を醸成することが求められてくるであろう。それは、先の見えにくい時代だからこその、社会的な要請なのかもしれない。

◆まとめ

　非常時のリーダーシップは、ないよりはあったほうがよいことは間違いない。とはいえ、非常時とは「めったに起きないこと」が起きた状況であり、そんなことへの備えがあらためて注目される背景には、「非常時」のことを考察することで、平時におけるリーダーの行動にも参考になるものがある、との想定があるからだろう。言い換えれば、先行きが不透明で不確実性の高い経営環境の中では、平時の企業活動といえども、非常時に相通じるものがあるということだ。

　そうした平時の教訓となりうる要素が、本節で解説した「簡単明瞭で核となる価値観」「理念や企業文化というかたちでの浸透」「正直かつ迅速なコミュニケーション」などである。そして、リーダーは自分の組織に「チーム効力感」を持たせ、高信頼性組織の要件を満たすようにする。あるいは、レジリエンスを持たせるようにする。それが非常時だけでなく、平時においても強い組織づくりになるのだ。

【キーワード】
　・チーム効力感：高田朝子
　・高信頼性組織（HRO: High Reliability Organization）：カール・ワイク
　・レジリエンス・トレーニング：ペンシルベニア大学

第3章
リーダーシップ開発

第3章の概要と構成

◆概要

　ここまで見てきたように、リーダーシップ研究はそれぞれの時代文脈の中で、「優れたリーダーには何が必要なのか」という観点からなされてきた。リーダーに求められるものは時代背景や、組織・集団が置かれた状況によって異なり、一義的に定義できるものではない。

　その一方で、「どうすれば優れたリーダーになれるか」ということへの関心が、近年高まってきている。その背景には、あらゆるところでリーダーシップが必要になっているにもかかわらず、十分な数のリーダーがいないという切実な問題意識がある。

　多くの企業で成長が頭打ちになり、ともすれば組織が成熟化・硬直化しがちな状況で、トップ・マネジメントや事業部長などの一握りの幹部社員だけでなく、各部門、各階層のミドル・マネジメントたちにも、単なる管理者ではなく、強い当事者意識を持ったリーダーになることが求められている。個人を主語にして「どうしたら自分はリーダーになれるか」、また組織を主語にして「どうしたらリーダーをつくれるのか」が問われているのだ。

　第3章では、そうした「リーダーシップ開発」の観点から、ベースとなっている考え方と、それを組織的なリーダー育成にどう応用してきたのかを、企業の取り組み事例も交えながら見ていきたい。

◆ポイント

3-1　リーダーの成長過程の研究

　まず、リーダーの成長過程に関する研究の系譜をたどる。リーダーシップは、単純な知識の獲得ではなく、実践からの教訓を自ら紡ぎ出していく経験学習のコンセプトがその中心にある。

3-2　リーダーシップ開発の組織的取り組み

　組織的なリーダー育成施策が具現化され、コーポレート・ユニバーシティなどの統合プラットフォームに体系化されるに至っている。だが一方で、リーダーシップ開発はまだ進化の途上にある。

3-3　進化するリーダーシップ開発

　以上のような経緯をたどってきたリーダーシップ開発であるが、さらにどのような方向に進化しうるか、これからの可能性についても触れてみたい。

3-1　リーダーの成長過程の研究

CASE

　大村雅裕は16年前に、新卒で大手化学メーカーの興国化成に入社し、広報、マーケティング、人事でキャリアを積んできた。若い頃は、とにかく仕事を覚えるのに必死だった。広報の仕事は、自社の製品、社内での調整の手順、業界の歴史や慣習などを知識として知らなければ始まらない。要領を得ず、社内各部署やメディアから怒られることもしょっちゅうで、コミュニケーションの仕方もそこで鍛えられた。とにかく「習うより慣れろ」でやってきたのだ。マーケティングに移ってからは、商品の売上データ分析や、新商品のプロモーションプランの策定など、深く考えることも求められた。

　人事では、最初の2年間は福利厚生を担当し、1年前から採用と育成を担当している。現在は人事部人材開発課長というポジションだ。

　そんな大村のところに、高田義明社長のスピーチ原稿を作成してほしいとの依頼が来た。人材育成に関する意見交換を目的に大手企業が集まるカンファレンスがあり、高田社長が基調講演者の1人に選ばれたからだ。通常、このようなスピーチは広報課が作成するのだが、今回はテーマが人材育成であり、大村が広報にいたこともあってお鉢が回ってきたのだった。

　折しも人事部では、「経営視点から考えよう」が合言葉になっており、部内の打ち合わせでも、「高田社長はどう考えるだろう」との声が必ず聞かれた。大村は、「高田さんは、大企業の経営を担うリーダーに必要な考え方をどのようにして身につけたのだろうか？　高田さんだったら、リーダーになるために何が重要で、どのようにその力を伸ばしていくべきだと考えるだろうか」と、3年前に興国化成の社長に就任した高田の経歴や、過去の発言記録を調べることにした。

　幼少期の高田は、外で遊ぶよりも家に1人でいるほうが好きな、内気な少年だった。そのくせ好奇心は旺盛で、何でも自分で調べなければ気がすまないところがあった。特に機械の構造や仕組みに興味があり、身近にあるものを何でも分解した。おもちゃはも

ちろん、ラジオなどの電化製品や自転車、バイクまで、バラバラにしては組み立て直していたのだ。その機械好きが高じて理工系の大学に進学したのは自然の成り行きだった。

　大学を卒業すると興国化成に入社し、最初に配属されたのは地方工場の分析部、製品や試作品の品質をチェックする仕事だった。当時は、配属された部署に5～6年は在籍するのが普通だったが、設計の仕事がしたいと事あるごとに上司にアピールし、3年目には念願の機械設計部門に異動した。そこで仕事に没頭したが、時間が経つにつれて図面を描いているだけでいいのかと、疑問を感じるようになる。顧客ニーズを知らずに良いものづくりはできないと考え、今度は商品企画を希望した。8年目に異動で新宿本社勤務となり、顧客と接点を持つようになった。「技術屋にも事業センスが必要だ」というのは、いまでも高田のモットーだ。

　転機は、管理職になってから取り組んだ新製品開発のプロジェクトだった。グローバルな自動車メーカーへの供給を前提としていた案件だったので、規模的にも質的にも高い水準が必要とされた。顧客とのスペックのすり合わせや社内の関係者との協議を重ね、ようやく事業計画が固まった矢先、プロジェクトは頓挫した。日米貿易摩擦の激化で顧客が生産の海外シフトを進めることになり、そのあおりを受けて抜本的な見直しを余儀なくされたのだ。並行して進めていた開発もあきらめるようにトップから説得され、高田はプロジェクトを断念した。自分が描いた構想を実現できないくやしさが、高田を打ちのめした。一方で、国際情勢の流れから顧客の動きを察知して、プランに織り込みきれなかった自分の力不足も痛感した。

　「エンジニアは自分のやり方へのこだわりが強いので、ともすると唯我独尊になりがちです。それを避けるためにも、いつも視点を変えて物事を見ることが大切だということを学びました」と、高田は当時を振り返って話している。

　その後、高田は事業部長として、赤字だったコンピュータ記憶媒体のビジネスを立て直し、経営企画室長として全社の事業ポートフォリオの組み替えを断行し、着々と経営者への道を歩むのだった。

　実は高田には、同期入社の柴田というライバルがいた。工学系では定評のある国立大学の修士卒。愛社精神旺盛で頭脳明晰、コミュニケーション・スキルも高く、早い時期から本社の技術部で一目置かれる存在になった。その後、トップ直轄の生産拠点再編プロジェクトのリーダーに抜擢されると同時に、通常よりも1年早く管理職に昇格した。1年半をかけてプロジェクトは綿密な分析を行い、柴田が提案した再編プランは経営会議で承認された。柴田は新設された工場の技術部長になり、自らが計画した従来比2倍の生産性実現に向けて、工場立ち上げの陣頭指揮をとることになった。

　しかし、そこには多くの難題が待ち受けていた。工場のオペレーターの大半は、再編

で縮小された隣町の工場から配転してきた年配者たちで、最新鋭装置の運転をなかなか習得できない。なかには、生活環境が変わったうえに不慣れな仕事が重なったストレスから、病気になってしまう者もいた。予定どおりの稼働状態にならないことに苛立ちを隠せない柴田が、会議の場で声を荒げることもたびたびあった。そんなときには、オペレーターたちと同様に異動してきた工場長も、「まあ、あせるな」となだめ役に徹するしかなかった。

　技術部のスタッフも頑張ってはいたが、最新鋭設備の導入サポートに起用した外資系エンジニアリング会社とのやりとりで、苦労を強いられていた。留学経験があり英語の堪能な柴田が自ら折衝し、技術レベルを優先して外資系を選んだのだ。先方にも日本人スタッフはいたが、設備の肝心な部分については、ライセンスを有するアメリカ本社との直接のやりとりが必要だった。英語でのコミュニケーションと、時差を考慮した深夜の打ち合わせとで、部下たちはかなり疲弊していた。

　そんな中で事故が起きた。試運転中の装置の設定ミスと不慣れなオペレーターの確認漏れが重なり、圧力が高まった設備の一部が爆発し、複数の作業員が大怪我をして入院する事態になったのである。これには、弱音を吐いたことのない柴田もさすがにこたえた。半年後に工場は復旧し再稼働したが、柴田は本社に異動になり、それから１年後に転職した。

「俺なんかよりも、柴田のほうがよっぽど優秀だったのになぁ」

　昔を知る仲間が集まると、高田はよくそうつぶやいていたという。

「高田社長にそこまで言わせる柴田さんとは、どんな人だったのだろうか。私が入社してほどなく退職されたのは、記憶にあるんだが……」

　２人のキャリアを分けたものは何だったのか。大村は、資料を読み込みながら思いを馳せるのだった。

理論

　リーダーはいかにしてリーダーシップを身につけていくのだろうか。単に知識を増やすだけでないことは明らかだ。実践経験を積ませればよいかというと、それだけでもない。そもそも、生まれ持った資質や性格はそれぞれ異なり、また、業種や職種によって仕事に対する理解や言語が異なり、リーダーシップを発揮すべき環境は千差万別である。それでも、リーダーが成長していく過程には、何がしかの共通項があろう。本章ではその系譜をたどりつつ、実践から教訓を得る経験学習のコンセプトを紹介していく。

◆リーダーシップの解明から開発へ

　リーダーシップに関しては、これまでさまざまなコンセプトが提起されてきた。数多くの実証研究がなされ、一説には5000以上のセオリーがあるとされる。にもかかわらず、「最もよく研究されているのに、最も何もわかっていない分野」とも言われるほど、実際に役立つものを求める実務家のニーズとは距離感がある。その乖離を埋めるアプローチが、「リーダーには何が必要なのか」よりも、「どうしたら身につけられるのか」に軸足を置いたリーダーシップ開発論だ。

　たとえば、ケースの高田社長はどのようにしてリーダーになったのか。子ども時代は仲間たちから一目置かれるガキ大将タイプだったわけではなく、内気な性格で1人でおもちゃを分解して遊んでいたというから、生まれつきのリーダーとは考えにくい。一方で、好奇心が旺盛で何でも自分で調べ、納得しないと気がすまない性格というのは、後の仕事にも生きてくる資質ではある。

　入社後は、自分で希望するかたちで、早くからさまざまな部署を経験している。そして、管理職になってから担当した新製品開発プロジェクトが大きな転機だったと本人が述懐しているとおり、非常に困難な状況に直面し、自分の思いどおりにいかない経験をし、挫折感を覚えながらも、結果的にそれを乗り越えたことが、成長のプロセスで大きな意味を持ったようだ。

　この経験を経て、高田は技術者であっても、自分の考えるものづくりを進めるためには、広く世の中の動きに目を向けることが必要だと痛感し、「事業センスを持った技術屋」としての道を究めるようになったのであろう。

　このように、1人の若手社員が後に企業を引っ張るリーダーになるまでの過程には、さまざまな要素があると考えられる。それらの要素を経験できるプログラムを設計し、社員に提供する仕組みをつくることで、組織としてリーダーを開発・育成していくことが、今日多くの組織に共通する課題となっている。

◆汎用的なリーダーシップ開発

　ビジネスの世界で「リーダーを育てる」と言うとき、それが指す「リーダー」像には幅がある。地位で言えば取締役以上の、少数のエグゼクティブを指すこともあれば、社員全員にリーダー的な意識を持ってもらいたいという意味で使われることもある。まずは後者の、より汎用的なリーダーシップ開発の枠組みを紹介しよう。

❶ビジネスパーソンに必要な基本的能力——カッツ・モデル

ビジネス界の人材育成の現場で広く用いられている、仕事遂行能力の古典的な分類法の1つに、**カッツ・モデル**がある。ハーバード大学のロバート・カッツは、管理者の能力には大別して、テクニカル・スキル、ヒューマン・スキル、コンセプチュアル・スキルの3つがあり、ポジションが上になるほどコンセプチュアル・スキルが求められると考えた。

ケースの大村に当てはめると、広報時代に必要とされた商品知識や社内手続きはテクニカル・スキル、関係者との調整で必要となったコミュニケーション力はヒューマン・スキル、マーケティングの仕事で求められたデータ分析から概念的な示唆を読み取るのはコンセプチュアル・スキルということだ。

しかしながら、1955年にハーバード・ビジネス・レビュー誌に掲載された、"Skills of an Effective Administrator" と題するカッツの論文で想定されていたのは、「Administrator＝管理者」であり、現在の感覚としてはホワイトカラーのビジネスパーソン全般に近い。組織を引っ張る「リーダー」の役割に焦点を絞ったものとはいえず、今日求められるリーダー像からは異なる点も少なくないだろう。

だが、社員全員にリーダー的な役割を果たしてもらいたいと考えて、人材育成を行う企業も多い。その意味から言っても、管理者のパフォーマンスは生まれながらの特性で決まるのではなく、3つのスキルを開発することにより高められるとしたカッツのスタンスは、いまでも人材育成の基本に置かれるべきものである。

グロービスでは、カッツの理論をベースに、現代のビジネスリーダーが備えるべき能力要件を以下の5つに分類している（**図表3-1**）。

- **ビジネス・フレームワーク**：経営に関する問題の解決に必要な思考・分析の枠組み
- **コンセプチュアル・スキル**：状況を構造化し、問題の本質を把握し、最善の解決策を導き出す能力
- **ヒューマン・スキル**：組織においてプランを実現するために必要な、非定型的な対人関係能力
- **態度**：現在の行動に先立つ思考および経験が表出されたもの
- **行動**：意識や心的要因、態度をベースにして、特定の状況に応じて行われる行動の特性

そして、これらの要件に影響を与えるのが、意志や意欲、価値観、信念など、すべての行動および思考の根幹をなす意識／心的要因である。個人の能力は5つの基本能力に、

図表3-1　グロービス・ビジネスリーダー・モデル

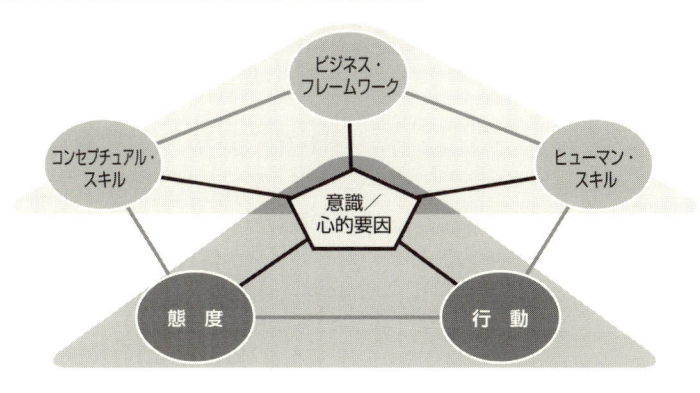

意識／心的要因を加えたものによって総合的に表される。こうした基本的な能力は所与のものではなく、開発することが可能なのだ。

❷あるべき姿を分析する枠組み――氷山モデル

「良いリーダー」と「そうでもないリーダー」を分けるものは何か。第1章で述べたように、リーダーの特性や行動を分析する枠組みについては多くの研究がなされているが、筆者らはリーダーのあるべき姿を考えるとき、「行動」「能力・知識」「意欲・意識・考え方やスタンス」の3つの要素から分析していく、**氷山モデル**と呼ばれる枠組みを用いている（**図表3-2**）。各要素を具体的に言うと、次のようなことである。

- **行動**：ビジョンを打ち出す、高い目標を掲げる、夢を語る、周囲を巻き込む、個を生かす、能力を最大限に引き出す、主体性を引き出す、環境整備と資源配分、正しく（意図どおり）伝える、わかりやすく伝える、汲み取る、問う、考えさせる、やる気とエネルギーを与える、育てる
- **能力・知識**：洞察力がある、決断力がある、説得力がある、問題解決能力がある、歴史観がある、先見性がある、独創力がある、多様性への理解力がある、知識と人脈が豊富である、強い信念を持っている、ぶれない軸がある
- **意欲・意識・考え方やスタンス**：熱心な、情熱的な、冷静な、誠実な、謙虚な、懐が深い、器が大きい、オープンな、明るく前向きな、フェアな、逃げない、タフな、厳格な、責任感が強い、達成意欲が強い

図表3-2　氷山モデル（リーダー要件の層別認識）

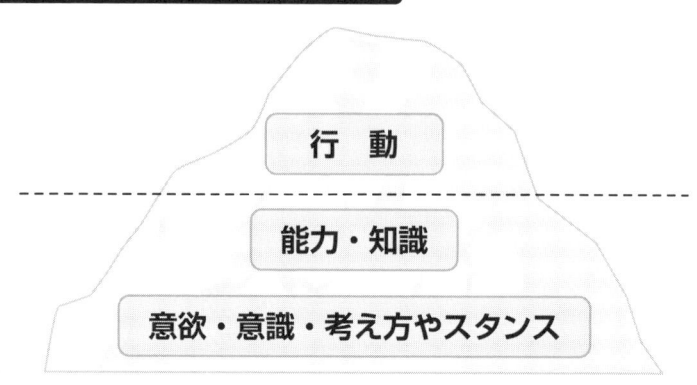

- 行　動
- 能力・知識
- 意欲・意識・考え方やスタンス

　氷山モデルの特徴は、第1に、3つの要素は相互に関係性があるということだ。すなわち、必要な能力や知識がなければ行動できない。さらにその根っこに強い意欲や意識がなければ、能力や知識も伴わず、行動できない。したがって、行動する力（実行力）を高めるためには、意欲や意識をいかに高めるか、必要な能力や知識をいかに強化するかを考えなくてはならない。

　2つ目の特徴は、その名称が示すとおり、能力・知識と意欲・意識は水面下に隠れて見えず、見えるのは行動だけという点だ。人がだれかの能力や意欲について評価する際、それはあくまで、目に見える行動のみを対象にして行われる。したがって、自分はこれだけの能力や知識を持っているといくら主張したところで、それが行動として表れなければけっして認められない。

　行動として顕在化した能力を「コンピタンシー」として、企業が評価対象にしているのも、同じ理由からである。リーダーは常に行動で示さねばならないのだ。

◆「周囲を引っ張るリーダー」にフォーカスした開発論

　では、組織の上位階層や、ある領域の第一人者として周囲を引っ張るリーダーを育成するには、何が必要だろうか。カッツ・モデルの3つの能力で高得点がつく者が、リーダーとしてより大きな組織を束ねたり、そこで良い成果を出したりできるかというと、必ずしもそうではない。ケースの柴田のように、周りが優秀だと認めていても、それだけではリーダーとして成功できるわけではないのだ。

　リーダーシップ開発論の第一人者といわれる経営学者のウォーレン・ベニスは、ビジ

図表3-3 リーダーシップ開発モデル

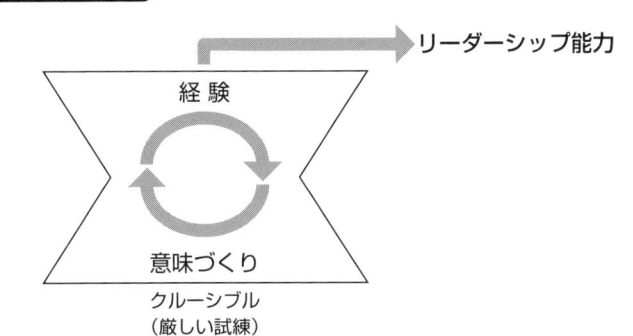

経験 ⇄ 意味づくり
クルーシブル（厳しい試練）
→ リーダーシップ能力

ウォーレン・ベニス『こうしてリーダーはつくられる』ダイヤモンド社、2003年をもとにグロービスで加工

ネス分野だけでなく、作家、科学者、政治家など、多方面で活躍しているリーダーたちへのインタビューを行い、彼らの人間形成の過程を丹念に調査した。そして、リーダーとして成功した人に共通するものを2つ見出した。

1つは、その人間形成の過程において、それまでの行動や考えを一変させるような決定的な出来事、**クルーシブル（厳しい試練）**を経験していることだ。クルーシブルとは、「忍耐と信念を厳しく試されること」を意味する（**図表3-3**）。

もう1つは、経験から謙虚に学び、より高い次元に自身を成長させようとする強い学習意欲があったことだ。状況を認識し、チャンスと見ればつかみ取る能力、あるいは、変化や敗北をものともせずに生きていく「適応力」と言ってもよいだろう。

その一方で、IQ、家庭の裕福さ、学歴、民族、人種、性別等の個人的因子は、リーダーとしての成功と結び付けることはできなかった。ベニスは、困難な経験から学び、自己成長につなげていく「適応力」こそがリーダーには必須であり、「人間はリーダーに生まれつくのではなく、リーダーになるのだ」と結論づけている。

◆経験学習の考え方

ベニスの考え方にも見られるとおり、リーダーシップ開発、すなわち人がリーダーとして成長していく過程においては、「経験からいかに学べるか」がカギを握る。この「経験学習」という概念がビジネスの世界で重視されるのは、学習を、知識を受動的に覚えることではなく、「自らの経験から独自の知見を紡ぎ出すこと」と捉えているからである。

20世紀初頭、アメリカの哲学者、ジョン・デューイは、「学習とは抽象的概念・記号を個体内部に蓄積すること」という旧来の典型的な学習観に抵抗し、「真実の教育はすべて経験から生まれる」と唱えた。「学習者自身の反省的思考によって、学習者の内面で新たな考え方が形成され、獲得された新しい経験や考え方が、その後の経験の基礎としてつながっていく」ことを理想としたのである。
　たとえて言えば、商品知識を頭に叩き込むレベルではなく、関係者との調整を試み、うまくいったこと、いかなかったことを反省し、次はこう改善しようと考え、修正行動をとっていくプロセスが経験学習のイメージだ。
　学習における経験の役割を概念化したデューイの発想を踏まえ、実践的普及に努めたのが、デービッド・コルブである。コルブは学習を、「経験を変換することで知識をつくり出すプロセス」と考え、4つのステップからなる**経験学習モデル**を構築した（**図表3-4**）。
　すなわち、個人は、具体的な経験をし（Concrete Experiences：**具体的な体験**）、その内容を振り返り（Reflective Observation：**内省的な観察**）、そこから得られた教訓を抽象的な仮説や概念に落とし込み（Abstract Conceptualization：**抽象的な概念化**）、それを新たな状況に適用する（Active Experimentation：**積極的な実験**）ことによって学習するのである。
　ここで重要なのは、経験そのもの以上に、経験をどう解釈し、そこからどのような教訓を得たかということである。まったく同じ経験をした2人の人間がいたとしても、本人の捉え方次第で学習内容は異なり、その後の行動も変わると考えられる。このモデルでは、学習とは終わりなきプロセスであり、この4つのサイクルを繰り返す実践のスタ

図表3-4　経験学習モデル

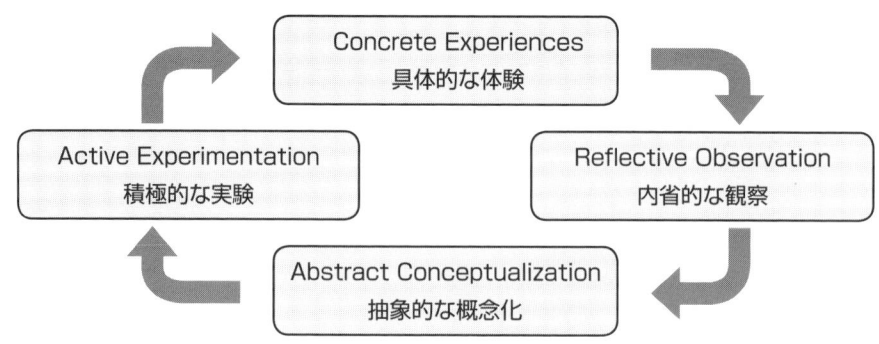

出典：David A. Kolb "Experiential Learning: Experience as the source of learning and development" をもとにグロービスで加工

イルを体得することが、「学び方を学ぶ」ことを意味している。

　ちなみに経営者の中には、そうしたことを強く意識して社員を指導する人が少なくない。ユニ・チャーム創業者の高原慶一朗は社長時代に、「実況中継型マネジャーは不要」というメッセージを社内で繰り返し発していた。経験した出来事をそのまま報告するのではなく、そこからどんな解釈をし、それを次のアクションにどうつなげるのかを説明できることに、マネジャーとしての付加価値があるということだ。

◆成功するリーダーと脱線するリーダー

　コルブの経験学習モデルの提案以降、人材育成の領域では経験学習を中核とした研究と実践が活発化した。とりわけ大きな注目を浴び、盛んに実践されたのは、マネジャーあるいはエグゼクティブのリーダーシップ開発への応用であった。

「成功するリーダー」を生むきっかけ

　1980年代にアメリカのリーダーシップ開発専門機関であるCCL（Center for Creative Leadership：CCLについては159ページのコラム参照）で実施された大規模なインタビュー調査が、その後のリーダーシップ開発論に大きな影響を与えた。アメリカ企業6社に勤務する「成功している」上級管理職191名に対し、「これまでのキャリアを振り返り、自らが仕事の上で飛躍的に成長を遂げたと思える出来事、イベントやエピソードは何か。それらを通じて、あなたは何を学んだか」をたずねた。1人当たり最低3個の具体的経験を語ってもらうことにより採取されたキーイベントは616件にのぼり、1547個もの教訓が抽出された。

　この調査をまとめたモーガン・マッコールらは、"Lessons of Experiences"を著し、「成果を上げるリーダーは、自分で実行し、他人が挑戦することを観察し、失敗することによって学ぶ。リーダーシップは天賦の才能ではなく、後天的に学習・開発可能なものだ」と結論づけた。

　ケースの高田社長に当てはめれば、重責を担っていた開発プロジェクトを断念せざるをえなくなったことが、これに該当するだろう。そして彼はこの経験から「いつも視点を変えて物事を見ることが大切だ」ということを学んだ。

　著名な経営者の多くも、同様な出来事を経験している。たとえばセコムの最高顧問である飯田亮は、創業4年目の頃、組織が急拡大したひずみに悩まされたという。社員が顧客から盗みを働くという事件が、2カ月の間に7回も続いてしまったのだ。どうすれば社内から不祥事を一掃できるか思案した飯田は、社員と顔を合わせる機会を増やすよ

う心がけた。盗みをするのは出来心であり、魔が差したそのときに自分の顔が思い浮かべば、実際に手を下さなくなるのではないかと考えたのだ。こうした経験を通じ、当時33歳だった飯田は人間理解を深め、「人間は間違いを起こすものだということと、人間は弱いものだということ」を感じるに至ったという。

「脱線するリーダー」となるきっかけ

　経験から学んで成功を収める経営幹部がいる一方で、有能であっても成功しない人がいるのはなぜか、という観点もある。同じくCCLでは、リーダーとして成功しなかった人物に、反面教師的に注目した研究も進められた。経営幹部が脱線（ディレイルメント）していくプロセスの研究だ。

　脱線とは、社内キャリアのトラックから外れてしまうことを意味する。キャリアの半ばでは非常に成功していたのに、その後何らかの理由で脱線してしまった経営幹部を調査してみると、それまで成功していた理由が、脱線の理由にもなっている例が多く見られた。つまり、「成功が失敗の原因になる」のだ。そのダイナミクスを分析するなかで、以下の4つの要因が浮かび上がってきた。

　① 「強み」が「弱み」になる
　② 「隠れていた欠点」が浮き彫りになる
　③ 成功したことで「傲慢」になる
　④ 「不運」

❶「強み」が「弱み」になる

　決断力があり、高い水準を追求すると評されたリーダーが、のちに傲慢で、独裁的で、横暴だと非難されることは、めずらしくない。人間の特徴として二面性があり、状況次第で良くも悪くも解釈できる。たとえば、専門知識の豊富さは一般的には「強み」だが、それに依存しすぎると、部下に自分の仕事のやり方を押し付けるようになり、「弱み」になるといった具合である。この傾向は、上司よりも部下のほうが仕事の内容をよく知っているような場合に多く見られる。

　ケースの柴田は、だれよりも技術にくわしく、英語力もあることで、自分の基準で新鋭工場の立ち上げ計画を立て、外資系エンジニアリング会社をパートナーに選定し、そのことでメンバーたちに無理を強いている面があった。

　成功に導いた「強み」が問題となる原因は、成功それ自体にある。時間が経ち、周囲の状況が変わったとしても、かつて役に立った「強み」を捨てることは難しい。古いス

キルに置き換わる新しいスキルが開発されなければ、旧来の手法やスキルを手放すことはなかなかできないものだ。

❷「隠れていた欠点」が浮き彫りになる
　脱線した経営幹部について最もよく報告される欠点で、成功した経営幹部との際立った相違の1つが、「インセンシティビティ」（無神経さ）である。
　顕著な実績を残した人は、昇進したり、重要なプロジェクトに任命されたりと、仕事の環境が頻繁に変わることが多い。しかし、新しい環境でも明らかな「強み」によって成功を続けると、自信が深まることと相まって、潜在的な「弱み」を軽視するか、その存在を忘れてしまいがちになるものだ。ところが、その強みをうまく生かせない状況にいったん陥ると、それまで目立たなかった弱みだけが残されてしまうことになる。
　柴田の例でも、頭脳明晰で分析力に優れている強みが生きる局面では問題にならなかったが、技術部長として工場に赴任した後は、他者への配慮に欠けるという弱みが浮き彫りになっている。

❸成功したことで「傲慢」になる
　傲慢さは、才能と成功から生まれる。自分は特別だという思い込みが膨らみ、一般のルールには従わなくてもよいと思うようになり、周りの人々はそうした態度に不快感を覚えるようになる。かつては有能だった人物が、だんだん現実を直視しなくなり、他者への影響に鈍感になり、脱線してしまうのだ。
　柴田は必ずしも傲慢になっていたわけではないかもしれないが、自らが立てた計画のとおりに事が進まないことを、客観的かつ謙虚に容認できなかった。そのため工場の従業員たちに非現実的な無理を強いてしまい、それが遠因となって大きな事故につながったのである。

❹「不運」
　本人のまったくあずかり知らない、純粋に「不運」な環境の悪化によって、成果が上がらないこともしばしばある。とはいえ、そんな場合でも脱線者の行動や態度がまったく無関係なのではない。能力のある人や成功を収めた人の多くは挫折経験があまりないため、経験学習によってそれに対処する方法を身につけていない。きっかけは不運であっても、そのピンチを乗り越える方法や、好転させる知恵が出ないために、失敗してしまうのだ。そして、そのことによって当人の能力不足が露呈することになる。まずいのは、そこで失敗の現実を受け入れることができず、隠ぺいしたり、責任を他者に押し付

けたりすることだ。そういう態度をとると、無能さや責任感の欠如といった欠点がよけいに目につき、周囲からの評価も極端に悪化する。

　また、不運は注目を集めるという面もある。実績を残してきた人がうまくいかなくなると、それが本人のせいではなくても、周囲の無用な粗探しによって当人の弱みや欠点に注意が向けられてしまうのだ。そして、そればかりがクローズアップされ、ときには強みや長所よりも大きく見られてしまう。そうなるとリカバリーはかなり困難になる。

　柴田の場合も、事故の発生は不運だったが、事故によって彼のマネジメント力不足に注目が集まり、異動させられた可能性はある。柴田がこのトラブルをどう受け止めたかは、ケースでは語られていないが、不運が本当に外的要因であっても、失敗を自分の行動に対する責任として受け入れられない人は、結局は脱線者となる。

　ここまでの考察を整理すると、リーダーとして成長するには、飛躍的成長の契機となる厳しい試練と、それを乗り越えるだけの学習能力があることが求められる。一方で、自分の中に潜む「強み」「弱み」が脱線を招く可能性を自覚しておくこと、そのためにも周囲からのフィードバックが得られる環境をつくり、正しい自己認識を持っておくことも必要である。

コラム◎弱みを克服するか強みを伸ばすか——自己認識の生かし方

　リーダーシップ開発のための短期的プログラムにおいて、リーダーはいかにあるべきかといったリーダー論そのものの学習と並んで重視されるのが、「自己認識」を深めることである。その手段としてさまざまなサーベイがあるが、代表的なものとして、第1章1－1で紹介したMBTIやエニアグラム、ビッグファイブ・モデル、ストレングス・ファインダー等がある。

　こうした診断ツールは今日、人材育成の現場で広く活用されているが、かつてはパーソナリティと職務上の成果との間に一貫した関係はないと考えられていた。しかし、1980年代以降、職務成績とパーソナリティの関係について研究が進み、ビッグファイブ・モデルなどは、文化や言葉の壁を越えて世界中ほとんどすべての異文化間研究で妥当性が確認され、欧米のビジネススクールのエグゼクティブ・コース等、グローバルなリーダーシップ開発プログラムで広く活用されるようになっている。

　サーベイを活用する際には、相対的にスコアの高い、いわゆる「強み」の部分と、

スコアの低い「弱み」の部分のどちらに注目すべきだろうか。「弱み」に注目し、不足している点を補強しようと考えるのは、自然な反応だ。特に自分の置かれた状況で明確に求められる要素が極端に弱いとしたら、それを克服しないことは致命的かもしれない。ただ、実際にはクリティカルな弱点が明確な場合は稀（明らかに弱いのであれば、そもそもその仕事に就いていないだろう）で、それ以外の数多くのファクターについて思い悩むことが多い。

近年盛んになっているポジティブ心理学では、強みを伸ばすべきという主張がなされており、ストレングス・ファインダーなどはそのスタンスに立っている。しかし、こうしたツールは例外として、スコアが高いもの、低いものの両方がフィードバックされるのが普通だ。弱みを気にして自己嫌悪に陥っていても生産的ではないが、だからといって強みばかりに目を向け、弱みを無視するのも極端な対応である。そもそも特性に「望ましい／望ましくない」という絶対的な基準があるわけではなく、自分の特性が功罪どちらに作用するかは状況次第と考えるべきだろう。いずれにせよ、ある状況において、自分がどんな反応をとりがちなのかを知っておくことは、セルフコントロールの助けになる。

たとえば失敗に直面したとき、自分はどう反応するか。パーソナリティ診断のビッグファイブ分析で、たとえば「誠実さ」のサブカテゴリーにある「達成追求」のスコアが高いなら、熱望した目標が達せられない場合に落ち込みやすいということかもしれないし、「安定した感情」のサブカテゴリーにある「怒り」のスコアが高いなら、他人のささいなミスを責め、その重大性を誇張する傾向があると解釈することができる。

自分がどのタイプか認識していれば、周囲が何も気にしていないのに、自分だけが失敗を過度に心配しがちなことや、逆に鈍感すぎて周囲が気を揉んでいても気づかない、といったことを自覚できる。あるいは周囲がどのタイプなのかがわかっていれば、悪い状況でも、より効果的なコミュニケーションをとることができるだろう。自己認識を生かすためには、そうしたレベルにまで結び付ける必要がある。

◆まとめ

リーダーシップは「開発できるものである」という認識が主流になって以降、どうすればリーダーシップを組織的に開発できるのか、何が有効なのか、について試行錯誤が重ねられてきている。

本節では、伸ばすべき能力を分類するカッツ・モデル、表面に出る行動と原因となる要素に分類した氷山モデル、そして、人は、知識を受動的に与えられるだけではなく、自らの経験から主体的に学びを得るという経験学習の考え方を紹介した。

　経験学習に関しては、特に、「厳しい試練」と「高い学習意欲」とが必要であるとする、ベニスの**リーダーシップ開発モデル**がシンプルでわかりやすい。さらに、ＣＣＬの研究を通じて、「脱線するリーダー」にはどんな共通項があり、それを避けるにはどうすればよいかという点についても知見が加わった。

　このように、リーダーシップ開発の指針となる基本的な考え方が明らかになってきたところである。

【キーワード】
- カッツ・モデル
- 氷山モデル
- リーダーシップ開発モデル：ウォーレン・ベニス
- 経験学習モデル：デービッド・コルブ
- 成功するリーダー、脱線するリーダー：CCL

3-2　リーダーシップ開発の組織的取り組み

CASE

「21世紀はアジアの時代であり、我々も国内に安住していてはダメだ。グローバル展開を進めていくためには数多くのリーダーが必要だ。5年後までに最低100人は、1つのビジネスユニットを引っ張っていけるマネジャーを育成する」

　ファースト・ムーブメント社社長の金子悠は、経営会議の冒頭で、執行役員や部長たちを前に高らかに宣言した。同社は、中小企業向けのコンサルティング会社として発足したが、その後M&Aを積極的に行い、傘下にさまざまなサービス事業を抱える企業グループになっていた。その意思決定と事業展開の素早さには、社外でも定評がある。

　経営会議の終了後、人材開発課長である山辺和恵に特命が下った。「5年後までに100人のリーダーを育成」を可能にする社内育成制度を考えろというのだ。同社の人材育成は、これまで各事業部門ごとのOJTが基本だった。人事ローテーション的なものもほとんどなく、全社的な取り組みとしては、コンプライアンスや労務管理などをテーマとした、管理職昇格時の階層別研修がメインだった。それが急に、「5年後までに100人のリーダー」というのだから、従来のやり方をしていてはとても間に合わない。いったいどうすればよいのだろうか。

　山辺は抜本的な発想の転換が必要だと感じ、幹部育成で定評のある企業の取り組み事例を広く集めてみることにした。

　調べてみると、外資系のグローバル企業では従前から、早期選抜優先登用のファストトラックにリーダーシップ開発プログラムを組み込んだ、リーダー促成栽培の仕組みづくりを進めていること、それにならって先進的な日本企業のいくつかは、全社を挙げて体系的なリーダー育成のプラットフォームである、コーポレート・ユニバーシティを設立していることがわかった。

「グローバル展開している外資系企業の組織形態は、いろいろな事業が緩くつながっているウチの会社の組織のかたちと、似ているかもしれないな」

　山辺は、人材開発の最前線の手法を、思い切ってベンチマークしてみようと考えた。

情報収集のため社外のセミナーにも積極的に参加したが、あるセミナーで配布されたチャート（**図表3-5**）を見て、ピンときた。
「なるほど、実務を通じたテストで『合格した人を選抜する』という発想だと、どうしてもスケール感やスピード感が不足する。一定数以上の候補生を確保したら、彼らが脱落することなくリーダーを務められるように、手をかけて育てていくという発想か。たしかに、これならリーダー候補の数と育成のスピードを両立できそうだけど、これまでとは根本的に異なる発想が必要ね……」

山辺は、そのチャートを持参して金子のところに相談に行った。険しい表情で資料に目を通した金子は、やがて意を決したように山辺に向かって言った。
「リーダー育成は最優先の経営課題だ。そのつもりで取り組んでほしい。自分も最大限コミットするし、役員たちにも指導役として関与してもらう。教育全体を体系化してファースト・ムーブメント大学をつくり、私が学長で、各役員が学科長になる。いまは海外ビジネスの強化が急務なので、特に海外事業部の太田常務の意見を聞いてみてほしい。それから、海外の赴任経験が豊富な田村顧問にも協力をお願いしよう」

山辺は、金子が予想以上に詳細な点にまで踏み込んだ指示を出してくることに、内心驚いていた。

図表3-5　リーダーシップ開発の見解の対比

		「適者生存」的見解	「適者開発」的見解
リーダーの特性		特性は決められていることが多い それを持っているか、持っていないか	特性は獲得されることが多い いまは持っていなくても後で手に入れることができる。あるいは、いま持っていても後で失ってしまうこともある
経験の役割		経験は、特性をテストしたり、それに磨きをかけるのに使用される	経験は、特性の源になる
人材開発システムをつくるための合意		成功者と挫折者を区別する特性を特定する	リーダーが直面する戦略的な課題を特定する
		個人の特徴を測る規準を開発する	人々が直面する課題に準備できるような経験を区別する
		リーダーの特徴を持つ人を探す	経験から学習できる人を探す
		スキルをテストしたり、それに磨きをかけるために困難な経験を与える（適者生存）	学ばなければならないことを学ばせることを支援する（適者開発）
		ダーウィン・モデル	農業モデル
相違		困難に出あうと、人は自力で取り組む。実績によって、その人が「何かいいもの（才能）」を持っているかどうかが明らかになる	目標は、人が成功できるように援助することである。困難な課題が与えられたとき、学習するチャンスを利用できるよう支援する

出典：モーガン・マッコール『ハイフライヤー』プレジデント社、2002年をもとにグロービスで加工

「どうやら、私が来る前から社長なりに腹案を持っていたようね。かなり本気なんだな。これは忙しくなるわね……」

理論

リーダーシップ開発の考え方は、組織的なリーダー育成施策が具現化され、コーポレート・ユニバーシティなどの統合プラットフォームに体系化されるに至っている。だが一方で、リーダーシップ開発はまだ進化の途上にある。

◆リーダーシップ開発のフレームワーク

組織の中には、有能な人材を脱線に導きやすい状況がある。優れた資質を持っているリーダー予備軍も、放っておいてこの脱線の罠にはまってしまうと、リーダー育成の歩留まりが落ちてしまう。したがって、リーダーを開発する側としては、さまざまな経験がプラスに働くようにコントロールしていくことが大きな課題になる。

たとえば同じ会社の役員でも、生産担当と企画担当では求められるリーダーシップが異なってもおかしくない。また、同じ生産担当であっても、生産拠点立ち上げの時期と安定稼働の時期、あるいは他社との統廃合を推進する局面とでは、異なるリーダーシップが求められるだろう。リーダーのポジションや、組織がその局面でとる戦略によって、求められるリーダーシップは変わってくる。

あるリーダーの持っている資質が、現下の戦略遂行に有用かどうか、事前に読み切ることも難しい。成果が出て初めて、その人がその状況のリーダーとしてふさわしい、「何か良いもの」を持っていたのだとわかることもしばしばであろう。

先に紹介したCCLのマッコールは、組織的にリーダーシップ開発を推進するための主要な要素として、「経験」に加えて「戦略」「触媒」があるとしている。

各自が持っている資質（才能）がリーダーシップとして発揮されて成果を生むためには、どのような要素が必要なのか。それを培うには、どのような経験が適切なのか。それは事業戦略によって規定される、と言うのだ。また、経験からの学習を促進させる触媒の有無が、学習効率を大きく左右するとも言う。

すなわち、マッコールが考える経験とは、具体的には、「プロジェクトチームへの参画」「不振部門・業務の立て直し」「新規事業・新市場開拓などのゼロからの立ち上げ」といった業務で主導的役割を果たすことだが、ある人物にどの業務が付託されるかは、企業の戦略に連動する問題である（マネジャーの成長を促す経験については、**図表３－６**を

図表3-6 マネジャーの成長を促す経験

初期の仕事経験
人事異動にともなう不慣れな仕事
はじめての管理職
海外勤務経験
ゼロからスタートした経験
事業の立て直し、立ち上げ
ビジネス上の失敗、キャリア上の挫折、難易度の高い職務、過重な職務
幅広いビジネスの管理
上司から学んだ経験
できない部下、扱いにくい上司

出典：松尾睦『職場が生きる 人が育つ「経験学習」入門』ダイヤモンド社、2011年

参照）。そして、そこでの経験をより効率的にリーダーシップ開発につなげるには、他者からのフィードバックやメンタリングの機会、適切な評価制度といった、触媒の存在が重要になるのである。

　ケースにおいて金子社長は、海外事業の拡大という戦略を重視している。したがってこの局面では、海外ビジネスを新規に開拓し、ゼロからオペレーションを組み立てられるリーダーシップが必要だ。未知の環境でスピーディに事業を立ち上げていくリーダーには、リスクを恐れない、あいまいな状況や多少の不備は許容できる、意思決定が速いといった資質が不可欠だろう。また、多様な関係者を円滑にまとめていくには、権威で従わせるのではなく、共通のビジョンを掲げるスタイルが適しそうである。

　こうした特性は、国内のビジネスを効率的に運営する際に必要とされる、緻密な計画と正確な分析、丁寧な根回しといったものとは正反対だ。こうしたリーダーシップを発揮できそうな「才能」（潜在能力）を有する人材を見極め、それらが開花するような経験の機会を与えなくてはならない。それは新興国拠点への派遣かもしれないし、外国人社員と日本人社員の混成メンバーからなるプロジェクトを率いることかもしれない。そこに触媒として、田村顧問のような海外経験豊富なアドバイザーを配置するとか、評価方法を減点主義ではなく加点主義にするといった、人事面での環境整備も考えるべきだろう（**図表3-7**）。

　このようなモデルによる理論化の一方で、実際に企業内でリーダーシップ開発を推進する仕組みとして具現化されている代表的な例を、そのコンセプトと合わせて以下に紹介していく。

図表3-7 リーダーシップ能力を組織的に開発するためのモデル

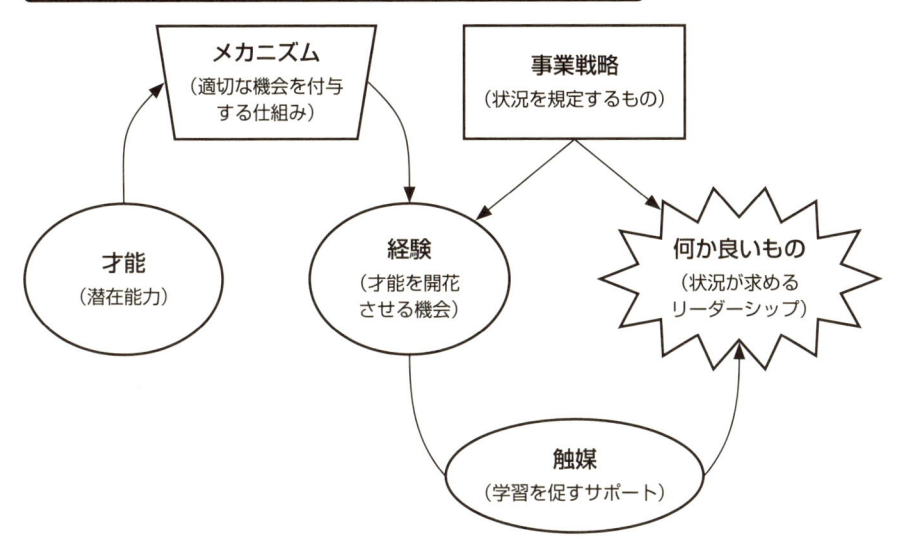

- メカニズム（適切な機会を付与する仕組み）
- 事業戦略（状況を規定するもの）
- 才能（潜在能力）
- 経験（才能を開花させる機会）
- 何か良いもの（状況が求めるリーダーシップ）
- 触媒（学習を促すサポート）

出典：モーガン・マッコール『ハイフライヤー』プレジデント社、2002年をもとにグロービスで加工

◆リーダーシップ・エンジン

　リーダーシップ開発を経営の最優先事項に位置づけ、ビジネスリーダーの育成に組織的に取り組んでいる企業の代表格はGEだろう。ジャック・ウェルチがCEOだった時代に、同社の研修施設であるクロトンビル経営開発研修所の所長として、リーダー育成の体系をつくりあげたノール・ティシーは、GEでのリーダーシップ開発の実践と、それまで25年に及ぶ研究の集大成として、1997年に『リーダーシップ・エンジン』（イーライ・コーエン共著、一條和生訳、東洋経済新報社、1999年）をまとめた。

　その中でティシーは、組織内に次々とリーダーを輩出していく仕組みがあれば、企業は持続的な成長を達成できると主張した。そして、そうした組織的な仕組みを、**リーダーシップ・エンジン**と呼んだ。

　勝利する企業には、トップだけでなく、あらゆる階層にリーダーがいる。そうした企業ではトップ自らがリーダー育成を最重要項目として認識し、教育のために多大な時間とエネルギーを注いでいる。さらに、あらゆる階層のリーダーが、次のリーダーの育成に向けた教育に時間を割いている。その際は、次代のリーダーに向き合い、自身の経験

から紡ぎ出したストーリーを語ることが、リーダーを育成する最高の教育方法となる。それを語ることを通じて、自身の経験から導かれたリーダーシップの構成要素が、**教育的見地**（Teachable Point of View）という伝達可能なかたちで結晶化されるからだ。

　もちろん、GE以外にも、リーダーシップ開発を経営の最優先事項と位置づけて、組織的に注力している企業はある。

　ペプシコのトップを務めたロジャー・エンリコは、CEOに就任する2年前に、「ビジネスをつくる」と名付けたプログラムを自ら設計し、1回当たり9名の参加者を集め、1年半の間に10回も開催した。

　5日間にわたるプログラムは、オフィスから遠く離れたオフサイトで開催され、朝8時から夜遅くまで、エンリコが毎日参加者一人ひとりと対話をするとともに、全員を前に彼自身の成功談と失敗談、そこから得た教訓について語った。一方で参加者は、自社に画期的な影響を与え、かつ実行可能なプロジェクト案を持参するよう求められ、それを発表し、その案を改善、実践するにはどうすればよいかを全員で話し合った。そして、プログラム終了後の90日間で、職場でそのプロジェクトを実践することを求められた。エンリコは、いつでもアドバイスを与え、コンサルテーションに応じた。90日後にエンリコと参加者は再び3日間のミーティングを持ち、プロジェクトの進捗状況の報告、フィードバック、学んだことのレビューを行った。

　エンリコ個人が主催する実践大学とも言うべき「ビジネスをつくる」プログラムは、即効性のある、数多くの業務革新プロジェクトを生み出した。さらに重要な成果は、エンリコに親近感を覚え、彼の思うところを理解した次世代のリーダーが、数多くペプシコ内に生まれたことだった。

　プログラムを設計し、実際に教えるために、エンリコは多くの知識を整理し、体系化し、自身が長年かけて身につけてきたことを教育的見地から研ぎ澄ます必要があった。

　リーダーが自らの経験からストーリーをつくる場合、教育的見地としては、アイデア、価値観、感情的エネルギー、エッジの4つの分野が必要になる。アイデアは、市場で勝てる組織を運営するために役立つ知識や考え方。価値観は、個人の価値観と企業の価値観との関係への意味づけ。感情的エネルギーは自分や周囲の人々を鼓舞するもので、エッジはタフで勇気のいる決断を行うための心構えだ。

　これらの教育的見地を含むストーリーを語ることは、経験知を言語化してリーダーシップ発揮の「コツ」として伝えていくことであり、そのプロセスはプログラムの受講者にとってだけでなく、講師役を務めるリーダーの教育としても有効なアプローチになる。経験からの教訓を引き出し、次に生かせるかたちに概念化するという「経験学習モデル」に合致するからだ。

このように、互いに教え、学び合う良循環が組織全体で回っているのが、「教育する組織」（Teaching Organization）である。良循環の教育が人々の知恵を高め、一体感を醸成し、活力を強める。それゆえ、教育する組織は持続的な競争優位を確立できるようになるわけだ。

インテル創業者のアンディ・グローブも、部下をリーダーに育てるために「教える」偉大なリーダーだ。その著書『インテル戦略転換』（佐々木かをり訳、七賢出版、1997年）の中にこのようなくだりがある。
「私は一介のエンジニアであり、マネジャーだった。しかし、自分で考えて理解したことを、ほかの人にも教えたくてしょうがなかった。一緒に共有したかった。私が学んだ教訓を分かち合いたいと思うのと同じ衝動だ」
半導体業界は、他の産業と比較して製品のライフサイクルが短く、生産技術が飛躍的に進化する。そのためグローブは、業績を高めるためには劇的な変化を乗り越えなければならないと考えていた。そこでグローブは、洗練された戦略モデルではなく、リーダーのコアの能力を高めることに注力した。
「企業が困難な変革期をどう乗り切るかは、非常に『ソフト』な、きわめて扱いにくい問題、つまり、マネジメントが危機に際し、どのように感情的に反応するかという点にかかっている」。自社のやり方に徹底的にこだわる偏執狂のセンスを分かち持ち、変化を捉えて対応できるリーダーを育成することこそが、自社の成功のカギだと考えた。
1980年代を通して急成長し、人員が倍増していたインテルでは、独自のハングリーで偏執狂的な文化を失うことへの危機感から、教育を全社員の義務として明確に位置づけた。グローブは自らも新規採用者のオリエンテーションとシニア・マネジャーコースを担当し、リーダー層には教育が業務として課され、ボーナスの一部はその貢献に基づく査定が行われていた。リーダーの中には正式な教育コースで教えた者もいたし、世界中のインテルの現場で教えた者もいた。
このように、リーダーシップ・エンジンは、企業が競争を勝ち抜くための1つの武器になるのではないかと注目されている。

◆リーダーシップ・パイプライン

リーダーシップ開発を進めるうえでは、育成に必要なチャレンジを、いかにして脱線することなく乗り越えていくかが課題になる。その解決のヒントになるのが、**リーダーシップ・パイプライン・モデル**だ（図表3－8）。これは、係長、課長、部長、事業部長、

図表3-8　リーダーシップ・パイプラインの6つの転換点

```
                    経営責任者
第6転換点 ─────────────────
                    事業統括役員
                                            ─── 第5転換点
                    事業部長
第4転換点 ─────────────────
                    部長
                                            ─── 第3転換点
                    課長
第2転換点 ─────────────────
                    係長
                                            ─── 第1転換点
                    一般社員
```

[注] この道筋は、ウォルト・マーラーの「クリティカル・キャリア・クロスロード」に基づいており、職務要件（スキル、業務時間配分、職務意識）における主な変化を示している。
出典：ラム・チャラン、ステファン・ドロッター、ジェームス・ノエル『リーダーを育てる会社つぶす会社』英治出版、2004年

　事業統括役員、経営責任者へと、段階を経てリーダーとして成長していくなかで、通過する転換点とそこで直面する問題を明らかにし、転換点のハードルを越えるための支援（コーチング等）を行おうとするものである。

　ポイントは、各転換点において、スキル（新しい責務をまっとうするために必要な能力）、業務時間配分（どのように働くかを規定する新しい時間枠）、職務意識（重要性を認め、注力すべきだと信じる事柄）の3つについて、前職位での古いやり方を捨て、新職位で求められる要件を満たしていくように促すことにある。

　たとえば、部長から事業部長へとステップアップする転換点においては、さまざまな職務機能を理解しているだけでなく、それらを統合し、長期的・安定的に利益を出すことを考えなければならない。これは、それまで1つの機能分野だけで仕事をしてきた人にとっては、非常に大きなチャレンジになる。機能の壁を越えた問題に敏感にならなければならないし、慣れ親しんだ部門以外のさまざまなタイプの人々に対し、明確かつ効果的にコミュニケートすることも必要になる。

　またトップ・オブ・トップの経営責任者に至る最終転換点では、職務意識において大きな変化が求められる。全社のリーダーとして、長期的な思考や洞察力が必要になると同時に、四半期ごとに業績を把握し改善していく仕組みを開発しなければならないし、自らの強い意志で経営する一方で、取締役会の助言にも耳を傾けなければならない。何より、こうしたトレードオフに意義を見出すことを学ばなければならないのである。

　このモデルのねらいは、管理職全体の育成の目詰まりを解消し、より多くのリーダーが職位の階段を上って成長していけるようにすること、そして、少数のスーパーリーダーに依存することなく、組織全体に十分な数のリーダーがいるようにすることにある。

このフレームワークは、リーダーシップ・エンジンと同じくGEで重用されているほか、シティコープやマリオット・インターナショナルなど、人材育成の面で高く評価されている企業でも活用されている。

　たとえば、マリオットはリーダーシップ開発を自社の最重要課題に位置づけているが、その土台となっているリーダーシップ能力開発プロセスは、各転換点の候補者の状況を評価し、「次の段階に進む準備ができている」管理職を見つけ出すためのプロセスだ。すべての管理職がパイプラインのフレームワークに沿って、リーダーに求められる能力を身につけることができる。管理職は積極的にコーチングを行い、部下の成長に合わせてフィードバックを行うことが求められていて、新たなチャレンジに挑むだけの力量のある人材には、必ず昇進の機会を与えるようにしている。また、仕事を通じたリーダーシップ開発を支援するために、内外の育成プログラムも用意されている。

　さらに、さまざまな情報を一元的に管理する、ウェブベースのシステムをつくったことも見逃せない。ウェブ上で、各人が過去の職務経歴、現在の仕事上の課題、開発ニーズ、キャリアに対する期待などを入力し、上司や同僚がその人のコンピテンシーやマネジメント・スキルについて、コメントを付ける。創造性や発言力など、何がその人の成功要因だったのか、実態を把握する仕組みも整備されており、さまざまな情報を統合し、高い業績を上げている人、あるいは要注意人物を特定している。

　こうして集められた情報に基づいて本人面接が綿密に行われ、直近の成果の評価や、スキルと職位のマッチングを判断するだけでなく、上級管理職にとって重要な3つの要素（学習能力、逆境に立ち向かう能力、心の知能指数）が重点的に評価され、昇進のポテンシャルのある人材が発掘されている。

　同時に、一連のプロセスの中で管理職候補たちには、「どのような行動をとるべきか」が一貫して問われるので、パイプラインの各段階において必要とされる条件について、共通認識が行き渡るという副次的効果もある。

　パイプライン・モデルのコンセプトは、後継者選抜・育成計画（サクセッション・プラン）で陥りがちな問題を回避するうえでも役に立つ。一般にサクセッション・プランは、社長など限られた一部の要職について、後継者を選ぶことに主眼が置かれがちだ。ところが、環境変化が激しい今日では、その要職に求められる職務内容が選考時点と就任時で変わってしまい、ミスマッチを起こしてしまうのだ。

　これを防ぐ手立てとして、ポテンシャルのある人材を複数集めてストックしておくのは、1つの方法である。ただし、潜在能力だけで選出してストックすると、適切な機会が与えられなければ成果を出せない、という事態に陥ることもある。そうした落とし穴

を回避しつつサクセッション・プランの効果を高めるには、次の４点に留意する必要がある。

- **業績を重視する**：潜在能力の高い人に適切な場を与え、すべての職位で期待どおりの成果を上げさせることを目指す。潜在能力だけを過信することなく、業績の伴っている人こそが将来の成長も期待できると考える。
- **パイプラインを途切れさせない**：一部だけでなくすべての職位で、パイプラインに沿って確実に候補者を育成する。そうしておけば、CEOを探す際にも、すべての転換点を経験している候補者を多数見つけることができる。
- **パイプラインをよく理解する**：各職位で求められるスキルだけでなく、業務時間配分、職務意識が明確になっていることで、だれをどのポストに就けるのが適切なのかを判断できる。
- **短期的な視点と長期的な視点を同時に持つ**：後継者の育成は、目先の必要性だけで考えても意味がないし、将来のために情報を蓄積しておくだけでも不十分だ。現在の事業を支えながら将来に向けて育成を進める必要がある。

このようにリーダーシップ・パイプライン・モデルの根底にある思想は、適者生存ではなく適者開発のスタンスに立って、個々に合わせたコーチングをはじめ、リーダーシップ開発の「触媒」となる育成投資を効果的に行い、あらゆる階層におけるリーダー育成の歩留まりを高めていこうとするものである。

◆コーポレート・ユニバーシティ

　コーポレート・ユニバーシティは、組織的なリーダーシップ開発の取り組みを全社的に体系化したものだ。コーポレート・ユニバーシティ発祥のアメリカでは、リーダーシップ開発講座に端を発する諸施策が、企業内のすべての教育活動の中に体系的に位置づけられ、戦略目標に整合した学習内容に取り組む統合プラットフォームとして進化してきた。リーダーシップは生得的な資質ではなく、体系的かつシステマティックな教育を施すことで開発できるという前提に立って、自社の経営を支えるリーダー人材を効率的かつ大量に「生産」する装置をつくりあげる取り組みといえよう。

　実際のところ、企業によってコーポレート・ユニバーシティの中身は千差万別で、マクドナルドのハンバーガー大学のように、教育に規模の経済を働かせる目的でつくられたものや、モトローラのモトローラ大学のように、ブルーカラーの職業訓練からシニ

ア・マネジャーのリーダーシップ開発まで、フルラインの教育メニューをそろえた総合大学的なものもある。

コーポレート・ユニバーシティという概念は、1988年に第1回マルコム・ボルドリッジ全米品質賞を受賞したモトローラが、その翌年、モトローラ研修教育センターを「ユニバーシティ」に名称変更したことを契機に、大きな注目を浴びるようになった。

多くの企業のコーポレート・ユニバーシティが主眼としているのは、組織内のあらゆる階層においてリーダーシップを強化することだが、コーポレート・ユニバーシティというやり方ならではの意義は、大きく3つある。①価値観や戦略課題の移植・共有・浸透、②チェンジ・リーダーの育成、③コラボレーション・プラットフォームの形成だ。

❶価値観や戦略課題の移植・共有・浸透

全社的な目標について、トップと各階層のリーダーたちが直接対話し、その意図や戦略的な優先順位についての理解を深め、それぞれの持ち場における戦略実行の徹底を促す。多くのコーポレート・ユニバーシティがベンチマークしている、GEのクロトンビルでの研修のねらいは、新しい技術やスキルのトレーニングよりも、組織の方針やミッションを共有し、戦略課題を浸透させることにある。他社と比較してもGEはそれを徹底しており、クロトンビルで実施されるのは、MDC (Manager Development Course)、BMC (Business Manager Course)、EDC (Executive Development Course) という3階層のリーダーシップ研修だけで、その他の技能・知識教育は現場や地域に100パーセント委ねている。

GM（ゼネラルモーターズ）のGMユニバーシティにおける、「GMUリーダーシップ・カレッジ」も、上位4階層を対象に企業文化と戦略課題の共有化を図るものである。

アメックス（アメリカン・エキスプレス）、RJRナビスコ、IBMでの企業変革をリードしたことで有名なルイス・ガースナーも、既存の価値観を破壊するために教育を利用している。79年、アメックスのTRS（トラベル・リレーテッド・サービス）部門を任されたガースナーは、「リスクを恐れない」「企業家精神を発揮する」といった、それまでとは正反対の価値観を組織に植え付けるために、TRSグラデュエート・マネジメント・プログラムを導入した。これは、ポテンシャルの高い若手社員を集めて独自のトレーニングを施し、トップと交流させることで自覚と熱意を鼓舞することを意図したものだ。効果はすぐに表れ、ショッピング・プロテクション、リボルビング、29通貨への対応など、さまざまなサービスが生まれ、業績改善に大きく寄与した。

❷チェンジ・リーダーの育成

　これまで述べてきたように、リーダーシップ開発にはチャレンジングな経験が不可欠だ。環境変化の激しい今日の状況において、大胆な戦略転換を主導する変革プロジェクトをコーポレート・ユニバーシティの中で走らせ、リーダー予備軍をそこへアサインしてアクション・ラーニングを行わせる企業もある。つまり、変革プロジェクトの実施と、リーダー育成のための試練（クルーシブル）付与との、一石二鳥をねらっているのだ。

　ネスレのリブ・レイン・トレーニング・センターには、全世界23万人の従業員の中から選抜された2000人が集まり、トップの薫陶を受けるとともに、アクション・ラーニングに取り組んでいる。

　ノバルティスでは、アクション・ラーニングの結果、年に30～40程度のプロジェクトが現実に走っている。

　GMのGMUリーダーシップ・カレッジの中に別途設置されたグローバル・タスクチーム・プログラムは、同社の最高企業戦略委員会が決定した戦略課題を、7～8人のミドル・マネジャーで構成されるチームに与え、アクション・ラーニングによって解決策を検討させている。

❸コラボレーション・プラットフォームの形成

　3つ目が、組織内の壁を越えたコラボレーションの促進だ。世界各地の各事業、各機能を担うリーダーがリアルに接点を持てる場をつくることが、事業部の壁、機能や地域の壁を打破したコラボレーション、多様な発想の新結合からのイノベーションを促す触媒として機能する。

　ウォルト・ディズニーには、ディズニー・ディメンジョンという社内異業種交流トレーニングがある。これは、世界各地の事業部門からシニア・マネジャーを集め、8日間でディズニーのすべてを理解させるプログラムだ。

　フィルム・エンタテイメント、コンシューマー・プロダクツ、テーマパーク、ブロードキャスティングという4分野にわたって、遊園地で遊び疲れた子どもとの接し方、アニメ映画の制作、商品ライセンス等々、ディズニーの隅から隅まで、朝7時から夜中の11時まで学ぶ。その過程で、何万人というディズニー社員の仕事ぶりに尊敬の念を抱くようになり、研修メンバー同士には強い絆とシンパシーが芽生える。それがその後の業務でのコラボレーションのベースとなる。

　戦略目標に合致するようトップと対話を重ね、アクション・ラーニングによって意図的に厳しい試練の機会を与え、社内横断のネットワーキングを通じた相互の刺激を触媒

として、リーダーとしての成長を促そうとしているのだ。これは上述のマッコールのモデルにも符合する。コーポレート・ユニバーシティのリーダーシップ・プログラムで、新しい知識やスキルのインプット以上に、価値観や戦略課題の共有・浸透に重きが置かれているのは、それが単なるトレーニングではなく、リーダー製造装置として位置づけられているからである。

　コーポレート・ユニバーシティの中には、よりダイナミックな組織変革の推進装置として活用されている例もある。テキサス州オースティンに本社を置くトリロジー・ソフトウェアのトリロジー・ユニバーシティ（TU）は、そうした例の1つとして注目されている。

　1989年に設立され急成長を果たした同社では、創業者でCEOのジョー・リーマンドによって、95年にTUが創設された。入社した社員はTUでの12週間の研修期間を経た後に、新戦力として配属が決定される。参加者は必ず、20名ほどで構成されるセクションに所属し、各セクションにはベテラン社員がセクション・リーダーとして配置される。また、同じ職能の人間だけで固めることはせず、異なる分野のメンバーが混在しているので、TU終了後は、各職場に散った仲間とのネットワークができ、業務でも活用されている。トップをはじめとした経営幹部との対話の機会もあり、同社が重視する価値観や変革への強い期待を新人に伝える役割を果たす。

　研修の中には、3～5人のグループに分かれ、それぞれ自分たちのアイデアに基づいてビジネスモデルを考え、製品開発とマーケティングのプランを提案するプロジェクトもある。そこで出された優れたプランには、実際に予算がつく。15％程度のプランが最後まで生き残り、なかには1億ドル規模の新規事業に結実したものもあり、同社のR&Dエンジンとして大きな役割を果たしている。

　TUが普通の研修の次元を超えているのは、それが全社の刷新と変革を促す原動力にもなっているところにある。一般の新人研修は新入社員を既存組織に馴染ませることを目的としているが、同社では「会社を変革するチャンス」と見なしている。2000年には、全社員数1000人に対し、450人の新入社員を迎えるほど組織へのインパクトが大きいという特殊事情はあるものの、新入社員が既存組織の洗礼を受ける前の3カ月間に、トップのリーマンドが自らの信念を直接伝え、感化した彼らを職場に送り込むことで、同社がもともと有している創造性と革新性を重視した組織文化を、維持・強化することを意図している。

　また、TUはリーダーシップ開発の装置としても機能している。リーマンドをはじめ経営幹部たちは、自らの考えを伝え、対話を重ねる機会を通じて、自らの教育的見地を明確化する必要に迫られる。幹部たちの研鑽だけでなく、セクション・リーダーに任命

されるベテラン社員たちにとっても、トップの見守るなかで、部下（新入社員）のやる気を引き出し、しかるべき指導を行い、仕事ぶりを評価し、ビジョンと戦略を伝えることに腐心する経験が、リーダーシップ開発の機会になっている。リーマンドの新たなビジョンに触れながら、その伝道師として活躍するプロセスが、一介のベテラン社員から変革者へと成長することを促すのだ。

前掲の『リーダーシップ・エンジン』の著者、ティシーは、こうした点に着目し、TUが企業活力の源泉を生み出す装置として機能していることを高く評価している。

コラム◎日本企業の企業内大学

日本における企業内大学設立の動きは、2000年以降に本格化した。バブル景気を謳歌していた1980年代に研修施設の拡充投資が盛んに行われたが、90年代のバブル崩壊以降はコスト削減圧力が増し、縮小、閉鎖、売却の憂き目を見たケースも少なくない。

並行して研修内容の抜本的な見直しがなされるなかで、一部の企業で選抜型の次世代リーダー育成の取り組みが始まった。2000年代に入り、アメリカの先進的企業の動向にならい、そうしたリーダー育成の取り組みを体系的に確立していく動きとして、ソニー、トヨタ自動車、富士通など大手企業で相次いで企業内大学が設立された。

日本企業の企業内大学は、大別すると2つに分けられる。1つは、次世代リーダー育成を主目的としたものだ。これは、研修を通じて戦略構築力やリーダーシップといった次世代のビジネスリーダーに必要な能力や視座を養うことと合わせ、将来の幹部候補者同士のネットワークを構築することをねらいとしている。GEのクロトンビルをベンチマークするかたちで、キヤノン、ソニー、リコーなどで導入されているものだ。

もう1つは、全社員の能力底上げを主目的としたもので、業務に関する知識や専門的なテクニカル・スキルの習得のためのメニューを体系的に用意するかたちをとっている。アメリカのゼロックス、ディズニー、モトローラなどに範を得たもので、日本ではコニカミノルタ、全日空、森永乳業などでの取り組みがこれに該当する。

近年注目される動きとしては、企業内大学に次世代のリーダー育成と経営理念の伝承の推進装置としての機能を組み合わせて持たせていることだ。

たとえば流通大手のイオンは、2012年にイオンDNA伝承大学を設立した。そ

の目的は「創業時より今日まで受け継がれるイオンのDNAを次世代に伝承し、起業家精神旺盛なグループ経営人材を育成すること」だと謳われている。トヨタ自動車のトヨタインスティテュートをはじめ、2000年代前半に設立された企業内大学でも、自社の理念の伝承により軸足を移していく傾向があり、単に知識やスキルをインプットするだけでなく、その会社ならではの思想、重視すべき考え方を植え付けるための体系的なカリキュラムが組まれている。

また、トップの関与の高まりも見られる。ソフトバンクでは、社員向け教育機関のソフトバンク・ユニバーシティに加え、孫正義社長の後継者発掘、育成、見極めを目的としたソフトバンク・アカデミアを10年に設立し、社内だけでなく社外からも人材を募集している。

コンビニ大手のローソンでは、本部社員研修と加盟店教育などを統合したローソン大学を08年に設立。中核プログラムとなる次世代幹部研修は、学長を務める新浪剛史社長が主宰している。

ファーストリテイリングのファーストリテイリング・マネジメント・アンド・イノベーション・センター（FRMIC）も、柳井正会長兼社長の肝入りで09年に設立された。東京、ニューヨーク、パリに本部を置き、各地の大学・大学院と提携し、5年で200人の経営幹部を養成していく構想だ。教室内の座学にとどまらず、仕事の現場がすべて、教える場・学ぶ場になることを目指し、幹部候補者には生徒であると同時に先生役として、経営の本質を教え合うことが期待されている。

「世界中のあらゆるグループ内企業で、毎日毎日、いろんな場所から経営幹部が来て、ああでもないこうでもないと言い合いしながら、時には、最先端の経営を熟知した大学・大学院の先生たちと議論を重ねながら会社をつくっていく。……世界のどんな優良企業でもつくり得なかったような最高水準の教育機関をつくるつもりだ……」（柳井正著『成功は一日で捨て去れ』新潮文庫、2012年）

これまで、企業内大学という組織体制を構築してきた日本企業は少なくないが、トップの関与の度合い、特に自らが教鞭をとることに優先的に時間を割いているかという観点では、相当に濃淡があるのが実態だろう。上述のような動向から、本格的に「教えられる経営者」が日本企業にも数多く出てくることを期待したい。

◆まとめ

リーダーシップ開発に関する考え方はある程度確立されてきたが、並行して、そうし

たリーダーシップ開発活動を企業の中でどのように仕組み化・制度化し、実行していくかという点も、1つの大きなテーマである。

マッコールが示したように、リーダーシップ開発には、各企業の戦略に基づき、経験と触媒を有機的に組み合わせる必要がある。リーダーシップ・エンジンというコンセプトは、リーダーが次世代リーダーを育てる営みを通じて、組織的に経験学習サイクルを回そうというもので、リーダー育成力それ自体が企業の競争力となりうることを示した。

一方、リーダーシップ・パイプラインは、触媒たるサポートを組織的に整備することで、リーダー育成の歩留まりを最大限に高めようとするものだ。

これらを総合的に体系化させていくプラットフォームとして、コーポレート・ユニバーシティがあり、日本でもそれぞれの企業の意図の下、さまざまなバリエーションで導入・進化が進んでいる。

【キーワード】
・リーダーシップ開発のフレームワーク　経験・戦略・触媒：モーガン・マッコール
・リーダーシップ・エンジン：ノール・ティシー
・リーダーシップ・パイプライン・モデル
・コーポレート・ユニバーシティ／企業内大学

3-3　進化するリーダーシップ開発

CASE

　アメリカへの短期留学の出発日を間近に控えて、工藤俊一は期待と不安の入り混じった複雑な気持ちだった。彼が勤める鉄鋼メーカーの昭和製鉄には、勤続15年になる者を対象に、自己啓発のための長期休暇と補助金を支給する制度があった。それを利用して、アメリカのビジネススクールが主催する6週間の短期リーダー育成プログラムに申し込み、受講が認められたのだ。社内では、こうしたプログラムに応募するのは工藤が初めてだった。

　「どんな経験ができるのだろうか？　せっかくの機会だから、何でも挑戦して吸収してやろう」と意気込む一方で、同じビジネススクールでMBAを取得するには2年間のフルタイム通学が必要だということを考えると、短期間のプログラムでどれだけの効果があるのだろうかと、不安な気持ちにもなるのだった。

　そんな工藤に、大学時代の友人たちが壮行会を開いてくれた。集まったメンバーの中に、大手外資系企業に勤める保坂美穂がいた。話をするうちに、彼女が勤務先の研修で、グローバルレベルのリーダー育成プログラムを受講したことがあると知った。しかも、そのプログラムの内容は、工藤が行こうとしているビジネススクールが監修しているという。工藤が心の中にあった疑問をぶつけると、彼女はそのプログラムについて、こんな感想を話してくれた。

　「たしかに新鮮で、刺激的だったわ。ビジネススクールの教授によるケース・ディスカッションは、とてもエキサイティング。日本の大学の授業とは全然違うわよ。そこで提示されたコンセプトや、各国から集められた同僚たちとのディスカッションも、印象深いものだった」

　「なるほど。じゃあ、俺も期待していいってことだな」

　「ただ、日本に戻ってきて、そこで学んだことを普段の業務に生かせているかというと、必ずしもそうとは言えないな。『私もやるぞ！』と気持ちを奮い立たせる効果はたしかにあるんだけど、実践的に役に立つものなのかどうかは、正直わからないわね」

その後も具体的な話を彼女から聞いたところでは、世界中から集まってくる多様な参加者、英語でのディスカッション、最新のコンセプトと企業事例など、いろいろと新鮮な点はあるようだが、結局のところ、新しい視点や考え方を先生から教わる、という構図は同じように思えた。一見、先進的な取り組みのようでも、実効を上げるのは難しいのかもしれない。
　2人でそんな話に興じていると、人事系のコンサルティング会社に勤め、さまざまな企業の研修制度を立案したことがあるという石本洋が、会話に加わってきた。気の置けない間柄ということもあってか、石本はかなりシニカルなことを言い出した。
「仕事柄いろんな会社を見てきて、『ウチの会社にとって良きリーダーとは』という議論をしているところは多いけど、それがわかったからといって、そういうリーダーが自然に現れたなんてことは、まずないよね。そんなリーダーをどうすれば生み出せるかは、とても難しい問題なんだよ。『わが社の求めるリーダーはこんな人物だ』と言っている会社の部長以上を見ても、たしかに素晴らしい人、尊敬できる人もいるが、どうしてこの人が部長になれたのか、という人もいたりする」
「うーん、俺のところも、そういう面がないとはいえないな」
「私の会社も。グローバル企業だからっていっても、状況は一緒かもね。でも、不思議よね。評判のあまり良くない人は、ポジションが上がるにつれて淘汰されていくのが自然でしょう。だとすれば、どの会社でも一定以上のポジションは、立派な人ばかりになってもおかしくないのに」
「いや、たいていの会社は、比較的リーダーらしい人がリーダーになっていくんじゃないかな。ただ、常にそうなるとは限らないってことさ。部下からの評判が最悪でも、業績的なものはきちんと残すので昇進する人もいる。その逆のパターンもある。つまり、人望はたしかにあるんだけど、業績という意味ではこれというものがない人。人望も業績も両方十分に兼ね備えている人は、やっぱり貴重だね」
　友人たちと久々に懇談したことで、工藤は留学への不安が消え、晴れやかな気分になることができた。
　たしかに、簡単にリーダーになれる魔法のようなものがあれば、だれも苦労しない。今度のプログラムでは、自分なりに目標を設定して、それをクリアすることに集中しよう。予想外の収穫が得られれば、もうけものだな——そう思えるようになったのだ。
　気持ちが落ち着くと、新たな疑問が湧いてきた。ミドル・マネジャーであるいまの自分のレベルならば、今回受けるようなプログラムは有益かもしれない。でも、優れた経営者、あるいは将来そうなりそうな候補者は、どうやって育っていくのだろうか？
　昭和製鉄の富岡社長には、工藤は日頃から敬意を抱いていた。どこか次元の違いを感

じるのだ。どうすれば合理的な判断を超えた、大胆な決断ができるようになるのか。私欲を超越した利他的な姿勢は、どのようにして身につくものなのか。工藤は、「経営者は経営者にしか育てられない」という言葉を思い出していた。

有望な人材を発掘し、刺激を与え、リーダーとしての成長を促していく、というリーダーシップ開発のやり方に、もう一段上のイノベーションはあるのだろうか。

理論

これまで述べてきたようにリーダーシップ開発の考え方と取り組みは変遷してきているが、今後ますます、その重要性を増していくだろう。単にマネジャーとしてのビジネス遂行力のみならず、教養やリベラルアーツを含めたより包括的なものへと発展していく可能性もあれば、また、その開発方法についても、新しい姿の徒弟制などの試みが始まっている。今後の進化の方向性について、述べておきたい。

◆リーダーシップ開発の進化の方向

前節までで、リーダーシップ開発論が生まれてきた経緯、その組織的な実践事例とベースにある考え方を見てきた。日本企業におけるリーダー育成の取り組みも、この流れを反映したかたちで発展してきた。では、リーダーシップ開発は今後、どのような方向に進んでいくのだろうか。ここでは、リーダーシップ開発の進化を考えるうえでの、いくつかの着眼点を紹介したい。

先に紹介したCCL（Center for Creative Leadership）から、そんな進化の可能性を示唆するレポート（Nick Petrie, "Future Trends in Leadership Development", CCL White Paper, 2011）が出ている。それには、実際に有効な取り組みが出てきているかどうかは別にして、アイデアベースとして4つの変化が提示されている（**図表3-9**）。

1つ目は、「リーダーシップとは何か」という視点だけでなく、「いかに開発するか」が重視されていく。これは、ここまで述べてきた流れが、いっそう顕著になっていくということだ。

2つ目は、水平的開発だけでなく**垂直的開発**も求められるようになることだ。後述するように、知識やスキルの幅を広げるよりも、人間としてより高次の意識レベルへの成長を追求することが求められている。

3つ目は、リーダーシップ開発のオーナーシップは組織から個人へとシフトしていく。人が最も成長するのは本人の意志が伴っているときだが、これまではリーダーシップ開

図表3−9 リーダーシップ開発の4つの変化

これまでのフォーカス	これからのフォーカス
リーダーシップとは何か	リーダーシップとは何か＋いかに開発するか
水平的開発	水平的＋垂直的開発
HR／会社主導の開発	個人主導の開発
個々人のリーダーシップ	集合的リーダーシップ

出典：Nick Petrie（2011）'Future Trends in Leadership Development', CCL White Paperをもとにグロービスで加工

発のための行動に対し、組織が主導権を握っていることが少なくなかった。自らの成長意欲に従って行動を起こす人を支援していくのが、本来の姿だろう。

4つ目は、リーダーシップを個人の能力として捉えるのではなく、集合的な機能として捉えて、開発方法にも新たな可能性を見出していこうという流れだ。ここでは「だれがリーダーなのか」を問うのではなく、「人々のつながりの中でリーダーシップが育まれるには、どんな条件が必要なのか」「組織全体にリーダーシップ・キャパシティを広めるには、リーダーシップを民主化するには、どうすればよいのか」を考えていくことになる。

1つ目と3つ目はこれまでにも見られた傾向であり、ことさら説明はいらないだろう。以下では、垂直的開発への流れと、**集合的リーダーシップ**への流れの2つについて考えてみたい。

◆水平的開発から垂直的開発へ

これからのリーダーシップ開発の進化の方向性の1つが、水平的開発だけでなく垂直的開発をより重視するというものだ。

これまでは、リーダーシップ・パイプラインのように、組織のヒエラルキーを上がっていく過程をリーダーとしての成長と捉えた場合、転換点を乗り越えるうえで能力の水平的開発が重視されてきた。たとえば、R&D専門だった人がマーケティングや営業も経験するとか、定性的な議論だけでなく計数データに基づく定量的な分析ができるように財務スキルを習得するというように、水平方向にスキルの幅を広げることに注力した。

しかし、こうした水平的開発だけでなく、より高い視座から世界を捉えるとか、自己の心理をより深いレベルまで掘り下げるといった、垂直的開発という方向もある。守備範囲の拡大だけでなく、次元を上げることがより重要になってくるという見方だ。

高次の段階では、「器の大きさ」(bigger mind) がより求められる。相矛盾する意識を併せ持たなければならないこともある。経営責任者の地位と権限を勝ち取るために必要な自我を、時には手放すことが求められる。非常に雄弁で「声が大きい」ことを生かしたリーダーシップを発揮してきた人が、「聞き上手」になることも必要なのだ。

一般に、攻撃的なやり方で権力を行使し、トップの座に上り詰めた経営者は少なくない。だがトップになったら、状況に応じて控えめな態度をとらなければ、その力は機能しなくなる。たとえ最終的な権限を持っていようとも、真のリーダーは、何かをやり遂げるために権力を振りかざすことはしない。取締役会メンバーはもちろん、部下も含めたさまざまな人の意見を聞く懐の深さを持っている。独裁的で我の強いトップは、人々に質問し、その答えに耳を傾けることはほとんどなく、結果的に自滅していく。

◆意識の発達段階説

これは、コミュニケーション・スキルとして柔軟性が必要だ、というレベルの話ではない。スキルというよりも、むしろ意識面での成長が重要なのだ。発達心理学者でハーバード教育学大学院教授のロバート・キーガンは、人間の**意識の発達段階**には**5**つあると言う（リサ・ラスコウ・レイヒー共著、池村千秋訳『なぜ人と組織は変われないのか――ハーバード流自己変革の理論と実践』英治出版、2013年を参照）。

- 第1段階：直情的。6歳ぐらいまでの幼児期が該当するといわれている（Impulsive Mind）。
- 第2段階：思春期ぐらいになり、事象を即物的に理解する段階（Instrumental Mind）。
- 第3段階：周囲の人の期待に合わせようとする。周囲の人がどう考えているかによって強く影響される（Socialized Mind）。
- 第4段階：自分自身が従うべき内なる指針を持つ段階。内面にある信条や価値観などの内なる声によって、己を律していく（Self-authoring Mind）。
- 第5段階：自己の価値基準を持ちつつ、それを相対化し、脱構築していく段階。自分を構築している一切のものへのとらわれがなくなり、自分を超えた大きな流れに自由に身を委ねることができる（Self-transforming Mind）。

一般的には、第2段階より上位の発達段階に到達するのは成人以降だが、第4、第5段階にまで至る人は稀だとされている。

　伊藤忠商事のトップを務め、後に中国大使にもなった丹羽宇一郎には、そうした意識の発達につながった逆境経験がある。ニューヨークに駐在していた頃、春先から雨が少なく早魃が予想されているなか、大豆相場の高騰を予想した丹羽は大量に大豆を買いつけた。ところが、その後の降雨でアメリカ農務省の収穫予想は「大豊作」に変わり、巨額の損失を抱えてしまったのだ。「僕は無神論者のくせに、『こんなに一生懸命働いているのに、神も仏もないのか』と嘆いていました」。ところがその後も、丹羽は懸命に情報収集を続け、相場が反転する可能性を最後まであきらめなかった。結果的に、再度天候が変わり相場が急騰、損失は一掃され、わずかながらも利益が出た。そのとき、一度は恨んだ神に大いに感謝したという。

　「苦しい状況でもあきらめずに精いっぱい努力する者を神は照覧する。偉くなろうと小細工を弄したり、邪心を持ったりしても神は見通しているのだ」と実感した出来事だった。「そう納得すると、なんだか前向きに仕事ができ、人生も明るく生きられるんだね」と、丹羽は語っている（古野庸一、リクルートワークス研究所編『日本型リーダーの研究』日本経済新聞出版社、日経ビジネス人文庫、2008年）。

　人智を超えた力の存在に畏敬の念を抱く。松下電器（パナソニック）の創業者、松下幸之助の経営哲学も、そうした抗えない自然の摂理の存在を前提とした人間観がベースになっている。「宇宙に存在するすべてのものは、常に生成し、たえず発展する。（中略）人間は、たえず生成発展する宇宙に君臨し、宇宙にひそむ偉大な力を開発し、万物に与えられたるそれぞれの本質を見出しながら、これを生かし活用することによって、物心一如の真の繁栄を生み出すことができるのである」（松下幸之助著『人間を考える』PHP文庫、1995年）。「経営の神様」と呼ばれた松下の意識の次元も、自我を超えた大きな流れに一体化する境地に至っていたと考えられる。

　こうした垂直方向の開発には、水平方向の開発と大きく異なるアプローチが必要だ。水平方向の開発は、たとえばそれぞれの分野の専門家から知見を「教わる」ことができるが、垂直方向の開発では、自ら学び取ることが何より大切になる。そのためには以下の条件が必要とされる。

・置かれている状況に満足せず、ジレンマやチャレンジを何とかしたいと思っている
・そのためには自分の現状の考え方では限界があると感じている
・それが自分の人生の重大な関心事になっている
・不安や矛盾に立ち向かうことに十分なサポートがある

現段階ではまだ力が足りないという限界感が、発達の階段を上っていく原動力になる。個々人の持つ成長への渇望感といってもよいだろう。より複雑で困難な課題に直面し、自分の現有の知見では歯が立たないときが、次の段階に引き上げられる機会となるのだ。伊藤忠商事で丹羽が体験したような、人智を超えた力の存在を思い知るような場面を経て、人の意識は進化するのである。

　一橋大学名誉教授の野中郁次郎らの研究チームは、個を超えたより大きなものにつながる高度な「実践のリーダーシップ」の資質として、「賢慮」（フロネシス）に注目している（野中郁次郎、竹内弘高「**賢慮のリーダー**」『DIAMONDハーバード・ビジネス・レビュー』2011年9月号）。賢慮は、慎重に実践すること（prudence）、実践的知恵（practical wisdom）を意味する。個別具体の場において本質を把握しつつ、全体の善のために最良の行為を選び、実践できる知恵だ。この賢慮は生来の資質ではなく、高質な暗黙知であり、高質な経験や先達の薫陶によって初めて伝授・育成されるとしている。

　垂直方向に意識の発達段階を高めていくアプローチとして、いくつかの試みがある。たとえば、野中も関与している一橋大学大学院国際企業戦略研究科が、2008年以来、日本企業の経営幹部候補30人を集め、15カ月間にわたって開催しているナレッジ・フォーラムというリーダー育成プログラムもその1つだ。フォーラムは、ビジネスリーダーが人格を高め、誠実さを築くための「場」とされている。特徴的なのは、哲学、歴史、文学、政治学、軍事戦略、経済学などの分野の第一人者を招き、最新の研究内容と人生訓を学び、リベラルアーツへの理解を深める内容になっている点、そして同大学院の教員がメンターを務める、一人ひとりとのコーチング・セッションが組み込まれている点にある。

　ここで注目したいのは、師匠と弟子が1対1で学ぶ「徒弟制」、そして人格面の涵養を促すリベラルアーツだ。

◆徒弟制アプローチ

　高いレベルのスキルを自ら「学び取る」ことを促す育成方法としては、職人や伝統芸能の世界で実践されている技能伝承の方法論である、徒弟制が挙げられる。

　弟子が師匠と寝食を共にするなかで師匠の技を学び取るアプローチは、ビジネスリーダーの育成にも応用されている。たとえば、ビジネススクールの学生が一定期間、現役の経営者に随行する「シャドウイング」というワークがある。会議に同席し、顧客訪問にも同行する。四六時中一緒にいて、リーダーの言動を観察することを通じ、指示の仕

方や時間の使い方といった表に見える振る舞いはもちろん、その根底にある判断基準や考え方を学び取ろうとするものだ。企業内のジョブ・ローテーションの一環で、幹部候補者を社長秘書の任に就けるのも同様のアプローチといえるだろう。

GEのリーダー育成にも関与していたことで有名なラム・チャランは、リーダーの資質のある人材を早期に見極め、意図的にチャレンジングな機会を付与し、1対1でコーチングしていく**徒弟制アプローチ**をより体系的に進めることが、真の経営者を育成するうえで有効だとしている。

「徒弟は実践を通して学ぶ人のことである。練習、フィードバック、修正、そしてまた練習。将来性のある人材一人ひとりに合った仕事の機会を、本人がついていける最大のスピードで与える。新しい仕事で学ぶべきことを明確にし、きちんと身についたことを確認してから次の段階に進ませる」（ラム・チャラン著、石原薫訳『CEOを育てる』ダイヤモンド社、2009年）。

彼の提唱する徒弟制度モデルは、「コンセントリック・ラーニング」と「意識的練習」の2つの基本概念から構成されている。有望リーダーのキャリア形成を同心円上に拡張していこうとするのが、コンセントリック・ラーニングの考え方だ。外側に行くにつれ、仕事の領域と難易度が増していく。最も内側の円は、最初のマネジメント職で身につけた基礎的なコア能力である。次の仕事がより広範で困難でも、リーダー自身に試練に見合う才能があれば、そのコア能力をうまく新しい状況に適用し、能力を拡大し、さらに広範で困難な仕事にも臨めるようになる。

そして、スポーツや芸術などの能力開発と同様に、リーダーシップも長期にわたる意識的な練習の積み重ねで開発されるとするのが、意識的練習である。経営者に必要な能力は、反復と努力に加え、建設的で具体的なリアルタイムのフィードバック、それを受けて直そうとする意志によって培われる。意識的練習を重ねることで、自動的・直感的に特定した反応ができるようになる。それが、成功しているリーダーたちに見られる一流の判断力の根底をなしているのだ。

GEのジャック・ウェルチも、コンセントリック・ラーニングと意識的練習によってマネジメント・スキルを磨いたのだと、長年彼とGEを観察してきたチャランは言う。

ウェルチは、ホッケー選手だった10代の頃から、他のメンバーにフィードバックやアドバイスを与えるスキルを身につけていた。GEのプラスチック部門で初めてリーダー職に就いたときも、オフィスでの形式的な面談だけでなく、バーで語り合うなどのインフォーマルなコミュニケーションを駆使して部下を評価・育成した。こうして、部下へのコーチングを通じてビジネスの勘所を押さえることが、彼のコアスキルとなった。

ウェルチはGEで昇進していく過程で、それまで縁のなかった複雑なビジネスや状況

に対処するようになっても、部下には目前の問題をダイレクトに報告させ、部下やビジネスについてひらめきや知識を得る訓練を繰り返した。彼がGEを去るその日まで、少なくとも年5回は繰り返していた全事業と全マネジャーの評価は、「個々を育成し、集団としてまとめ、結果を出す」というコアスキルを磨くための「練習」の機会だったと見ることもできる。ウェルチが並外れたコーチかつメンターになれたのは、そうした意識的練習のおかげだった。

◆リベラルアーツの重要性

　人格面の涵養を促し、意識の次元を上げるアプローチとして、リベラルアーツを学ぶことを推奨する人は少なくない。自身が最高責任者として経営を担った経験から、リベラルアーツを学ぶ必要性を訴える経営者の1人が、2005年から09年まで東芝のトップを務めた西田厚聰だ。西田は東大の大学院で西洋政治思想史を学んでいた。リベラルアーツを学ぶことを通じて、正解のない問いに向き合い、自分なりの解を見つけていく「自己内対話」の力が培われるという。古典に向き合い、先人たちが生きていた時代背景を想像し、その思考の過程を丁寧に追体験することを通じ、自ら学び取る姿勢も鍛えられる。

　30年の長きにわたり富士ゼロックスのトップにあった小林陽太郎も、ビジネスリーダーのリベラルアーツ教育に熱心な経営者の1人だ。小林にとってリーダーのロールモデルは、米ゼロックスCEOだったジョセフ・ウィルソンである。冷徹な判断を下しつつ、高い教養と志を持ち、高い次元で人を惹きつける魅力を備えた人物だった。

　そのウィルソンにすすめられて、小林がコロラドにあるアスペン研究所の本部を訪ねたのは1977年のことだ。そこでは、冷徹な経営者として知られている人々が、自然体でアリストテレスやプラトンを語り、毛沢東について議論していた。日本の経営者にこれができる人は、はたして何人いることかと、小林は圧倒されたという。事前に何百ページもの古典を入念に読み込んできた経営者たちが、広い視野で世界の問題を議論し、人間としてのあり方を真剣に考えている姿に大きな衝撃を受けた小林は、その後、日本国内にもそうした学びができる場をつくろうと、日本アスペン研究所の設立に尽力し、いまはその理事長を務めている。

　「専門家が個々の専門にとじこもって社会や人間の生き方や全体像を見失うことなく、また獲得した技術知を真に人間的な知として高められるよう、自分を磨いていただく場にしたいと思っています」(前掲『日本型リーダーの研究』)。

　意識の次元を上げること、自分自身「人としてどうありたいか」の基準を自覚的に高

めることにゴールはない。垂直的開発の発展余地は大きいものと期待される。

◆集合的リーダーシップへのシフト

　過去50年のリーダーシップ開発の考え方は、個人の能力に焦点を当てていた。すなわち、置かれた状況を分析的に理解し、問題解決方法を示し、人々を動かせるリーダーをいかに育成するかを考えていた。しかし、こうした発想自体に疑問符が付けられるようになってきた。我々を取り巻く環境は複雑さを増し、解決方法どころか、だれも「問題」を定義することすらできない状況も、めずらしくなくなった。こうした解の見えない課題に対しては、異なる利害を持つ、多様なステークホルダーが協働していくことが必要となる。

　そこでは、多様性をマネージしながら協力させ、巧みに影響力を発揮していけるようなリーダーシップが求められるだろう。こうした局面では、1人のリーダーの力以上に、相互のつながりの中でさまざまな人が、さまざまなかたちでリーダーシップを発揮し、その結果として集団が望ましい方向へ動いていく状況をつくることが、より重要になるという見方がある。

　2010年末にチュニジアで起きた暴動に端を発し、中東地域の長期独裁政権が相次いで倒れた「アラブの春」は、必ずしも特定個人が扇動したものではなく、ツイッターなどのソーシャル・ネットワーク・ツールを通じて、人々が相互に呼びかけ合って起きたといわれている。革命運動に参加した若者たちの中にリーダー的存在の人物がいたのではなく、リーダーシップはネットワーク全体の中に拡散して存在していたのだ。

　こうした時代背景から、リーダーシップの概念を、個人や個人の役割としてではなく、いわば非属人的なプロセスとして捉える見方が出てきている。たとえばハーバード行政大学院のロナルド・ハイフェッツは、リーダーシップを、「人々を困難なチャレンジに向かわせるプロセス」として定義している。特徴的なのは、組織ヒエラルキーにおける地位や権威にひもづけることなく、プロセスとしてリーダーシップを捉えていることだ。だれがリーダーなのかは重要ではなく、システムやネットワークの中でどうすればリーダーシップが生まれるかを考えることにフォーカスが移っているのだ。マサチューセッツ工科大学のオットー・シャーマーが提唱している**U理論**も、ソーシャル・ネットワークが生み出す連鎖反応が社会問題解決の有効なアプローチになる可能性を説明する新しい考え方の1つだ。

　第2章でも触れたようにフォロワーに着目し、リーダーとフォロワーの互恵的関係の

中にリーダーシップの源泉を見出していこうとする考え方もある。ヒエラルキー組織におけるタテの分業を想定したリーダーとフォロワーの関係ではなく、チーム型組織におけるフラットな相互依存関係としてリーダーとフォロワーを捉え、両者が共有する意味を形成していく過程に注目するのである。リーダーシップ開発が組織開発と統合され、進化していく可能性を感じさせる。

　たとえば、ある自動車関連会社のマーケティング部の例を考えてみよう。この会社では従来、製品ごとに世界共通のマーケティング・ポリシーを策定してきたが、最近は地域ごとの特性に応じ、より柔軟なマーケティング施策を展開していくことになった。これまで、リーダーのマーケティング部長には、製品発想からマーケティング・プランを構想し、その意味を語ることはできたが、地域視点からの発想はなかった。今後は、マーケティング部全体として地域別のマーケティングに挑戦し、部長も答えのない新たなアプローチを模索していくことになる。

　これは従来の見方をすれば、製品発想では不十分だということに気づいた部長が、新しい地域別発想のアプローチも統合するようにチームを方向づけた、部長の「リーダーシップ」行為と捉えられるだろう。しかし同時に、マーケティング部が集団として、2つのアプローチをとることの意味を見出し、新たな要望を理解してそれに対処するという、変化への適応能力を開発していくプロセスと見ることもできる。こうした組織開発的観点からは、信頼、感情、開放的なコミュニケーション、効果的な相互作用などを通じたチームの育成が、リーダーシップ開発につながるのである。

　このようなリーダーシップ観は、リーダーとフォロワーがチームとして協働し、意味を創出していく過程の中心に、リーダーシップを位置づけようとするものである。リーダーシップは、共通の目標を定め、それに向けて人々を動機づけていくことだけでなく、目標を意味あるものにする、あるいは目標がないことにも意味を見出すための基盤になるものと捉えられる。そうした観点からのリーダーシップ開発は、リーダー個人の能力開発というより、リーダーがフォロワーと一緒になって、チーム全体として取り組む組織開発の営みとして、今後は統合・進化していくかもしれない。

コラム◎リーダーシップ開発をリードする専門機関CCL

　CCL（The Center for Creative Leadership）は非営利の国際的教育機関で、リーダーシップの理解、実践、開発を通じて世界各地の社会に貢献することを使命としている。ヴィックス社創始者であるスミス・リチャードソンの財団によって、

1970年にノースカロライナ州のグリーンズボローに設立され、現在リーダーシップ研究に取り組む世界最大規模の機関の1つになっている。

CCLのリーダーシップ開発プログラムには、毎年、世界中の1000以上の企業・団体から2万7000名以上が参加している。そのプログラム設計のベースには、アセスメント（評価・測定）、チャレンジ（困難を伴う課題）、サポート（支援）の3要素を盛り込んだ、独自のリーダーシップ開発モデルがある（**図表3-10**）。

リーダーは主に経験から学ぶことがわかっているが、すべての経験が等しく能力開発につながるわけではない。能力のぎりぎりいっぱいまでストレッチすることを要求され、多くのフィードバックがあり、サポートされている感覚がある状態のほうが、そうした要素がまったくない状態よりも、個々のリーダーシップ開発を促す刺激になりうる。アセスメント、チャレンジ、サポートの要素があれば、それが研修プログラムであろうと、実際の業務アサインメントであろうと、その経験をより豊かな能力開発機会にすることができるのだ。

アセスメントにより、人は自分の置かれている状況、自分の現在の強み、現在のパフォーマンスやリーダーシップのレベル、能力開発が必要とされる点を理解できる。アセスメント・データには、自分自身でつくれるものもあれば、他の人々から得られるものもある。また業績評価、顧客評価、360度評価、従業員満足度調査のようなフォーマルなものもあれば、同僚からの日常的なフィードバックや、自分の行動に対する他者の反応の観察など、さほど構造化されていないプロセスを通じて得られるインフォーマルなものもある。

能力開発の観点から最も優れた経験は、人をストレッチさせ、困難を伴うような

図表3-10　CCLのACS(Assessment, Challenge, Support)モデル

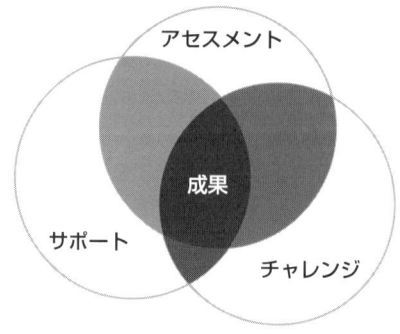

出所：``How CCL Drives Results'',The Center for Creative Leadership. のホームページより

チャレンジにある。人はチャレンジングな経験を積むことで、自分にとって居心地のよい領域から踏み出し、新しい強みを習得する必要性を否応なく感じる。

　チャレンジに直面するとは、たとえば現在の自分のレベルを超えたスキルや能力が必要とされる状況に直面したとき、状況が複雑で先の見通しが立たないとき、対立する部門間で板ばさみになるときなど、あまりかかわり合いたくない状況に陥ったときだ。

　成長を促す経験は、人々をストレッチさせ、その強みや弱みを明らかにするが、サポートが伴うことによって、自分にはチャレンジを乗り切る力があるという、ポジティブな姿勢を維持することができる。サポートは、上司や仕事仲間、家族、友人、コーチやメンターといった人々から提供されるだけでなく、組織の文化や制度・仕組みがサポートになることもある。

　能力開発に理解のある組織は、学習のための資源提供、学習する人々への承認と報奨、活発なフィードバックや部門を越えた情報共有など、学習と成長へのサポートを組織文化の一部としている。

　CCLのリーダーシップ開発プログラムは、数多くのバリエーションが用意されているが、基本設計は共通していて、上述のアセスメント、チャレンジ、サポートの3要素が組み込まれている。アセスメントには、事前に職場での360度評価やMBTIのような自己診断サーベイだけでなく、研修中のワークをアセッサーが観察することも含まれる。チャレンジとしては、リアルなビジネスシーンを再現したシミュレーションワークやケース討議の中で、限られた時間や情報での意思決定を迫られ、利害の対立する役割の人と交渉する、といった疑似体験の機会が用意されている。サポートとしては、コーチ役のスタッフに自由に相談できるほか、研修中の様子やサーベイの結果などは派遣元にさえも開示しないという守秘義務を徹底しており、安心して自己開示できる環境面でのサポートもある。

　最も特徴的なのは、大半の時間をフィードバックに使うことだ。ロールプレイやグループ討議などでのメンバー同士でのフィードバックはもちろん、3人に1人の目安で専門のアセッサーが付き、1対1でのフィードバックとコーチングに相当の時間を費やす設計になっている。

　たとえば、ノースカロライナのCCL本部で開催されているオープン・エンロールメント・プログラムでは、マジックミラーで別室から研修の様子を観察できるようになっており、定員24人のコースなら8人が、アセッサーとして参加者に張り付く。彼らの多くは心理学やコミュニケーション分野の博士号を持つ専門家で、過去の参加者から収集した膨大なデータとリサーチをもとに、行動科学による分析か

ら導かれる所見を、ストレートに参加者にフィードバックする役割を担っている。参加者がそのフィードバックを受け止め、じっくりと自己内省するための時間も十分に確保されており、普段は多忙なビジネスリーダーに、自分自身を見つめる機会を提供している。

　膨大な実証データに裏打ちされた科学的アプローチに基づいて組み立てられたCCLのリーダーシップ開発プログラムは、世界的に高い評価を得ており、「フィナンシャル・タイムズ」のExecutive Educationランキングで、10年以上にわたってトップ10に入っている（2013年時点）。

◆まとめ

　今後のリーダーシップ開発の方向性として、2つの潮流が注目される。1つは、従来重んじられてきた知識やスキルの幅を広げる水平的開発に対して、哲学や倫理観などの涵養を通じ、より高次の意識の発達を求める垂直的開発だ。もう1つは、ある個人に焦点を当ててその能力を伸ばそうとするアプローチではなく、あえて個人には焦点を当てずに、問題解決や新たな意味を見出すプロセスに着目した集合的リーダーシップ開発である。

　前者は、徒弟制アプローチやリベラルアーツの導入などの例が挙がるが、一部では従来から「帝王学」などと称されて、一握りのトップ候補に対して行われてきたものと通じるところがあろう。後者については、社会的創発のテクノロジーとして近年注目されている「U理論」の可能性に期待が高まっている。いずれにしても、再現性のある方法論としていかに体系化できるかが今後の課題となりそうだ。

【キーワード】
　・垂直的開発
　・集合的リーダーシップ
　・意識の発展段階：ロバート・キーガン
　・賢慮のリーダー：野中郁次郎
　・徒弟制アプローチ：ラム・チャラン

第II部

実践編

第4章
リーダーシップを磨く

第4章の概要と構成

◆概要

　第Ⅰ部では、ビジネスにおけるリーダーシップとは何か、どのように開発されるのかについて、その理論の変遷や最近の動向について整理してきた。本章からは、思い切って視点も体裁も変え、Off-JT（Off the Job Training）のリーダーシップ開発が、実際にはどのような思考過程で行われているのか、いくつかの例を紹介していきたい。

　ここで紹介するのは、グロービスが提供しているリーダーシップ開発プログラムの中のある場面において、実際に講師と受講者の間でやりとりされた会話をもとに、個人の設定を架空にするなどして再構成したものである。

　世の中では多くのリーダーシップ開発研修が実施されており、それぞれに意図や特徴がある。筆者らはここで紹介するアプローチこそが唯一最善と主張するわけではなく、あくまでも１つのアプローチの例であるということを、あらかじめお断りしておきたい。また、この種の対話式のアプローチは、自分のこととして真剣に考えるという臨場感・切迫感が重要な要素であり、紙面に再現できるのはその一部を切り取ったものでしかない。だが、これらはグロービスが多くのクライアント企業を対象に実施してきたなかで、数多くの講師や受講者の声を反映させながら磨き上げてきたものであり、受講されたリーダー候補の方々からも高い評価をいただいているものである。したがって読者の方々におかれても、十分参考にしていただけるものと自負している。

　以下の各節では、冒頭のケース部分で実際のクラスを再現したやりとりを描き、その後、講師の意図や背景を解説するという構成をとっている。クラスをリードする講師の質問に対し、「あなただったらどう答えるか」を考えながら読み進めていただきたい。そのような読み方をすることによって、実際にクラスで体感する気づきに近いものを得ることができる。特に、指差しマークを付けた部分（「☞読者のみなさんも考えてみてください」など）では、立ち止まって、「わがこと」として考えてみることを強くおすすめする。

◆ポイント

4-1 ありたい姿を描く
　リーダーシップを磨くための出発点は、リーダーとして自分がありたい姿を描くことである。これは、今後の行動指針となるだけでなく、他者との比較を通じて、自分のリーダー観に足りない点がないか、目指す水準は適切か、気づくことに意義がある。

4-2 現状の自分を客観視する
　次いで、自分が現状どうなっているか、客観的な評価を知る。他者からの360度評価で知るだけでなく、自己内省によって知ることも重要だ。加えて、自分の大事にしている価値観を言語化してみることも、今後の学びに生きてくる。

4-3 ギャップを埋める
　これまで明らかにしてきた、ありたい姿と現状の間のギャップを埋めるには、OJTとOff-JTの2つのアプローチがある。OJTでは、成果を出すことにこだわって成功体験を積むこと、ポジティブな側面からの評価も忘れず自己効力感を育てることが、難所を乗り切るために役に立つ。

4-1　ありたい姿を描く

CASE

【状況設定】
　横井創一は、大学を出て地元のインフラ系企業に入社した。真面目な努力家であることが上司から評価され、入社12年目になる今年、主任に任じられた。部下は2人しかいないが、主任としての役割を果たすためにリーダーシップを学びたいと、横井はビジネススクールの夜間コースに通うことにした。この日は、自分の目指すリーダー像について考えるクラスだった。席の近い受講生同士、4～6人のグループをつくって授業を聞いている。

【本日のテーマ】
　・自分自身の目指したいリーダー像を明らかにする
　・他者との比較を通じて、足りない点、自分が重視している点に気づく
　・他者との比較を通じて、あるべきレベル感を自覚する

【授業開始】
講師：こんばんは。今日は、みなさんが「どのようなリーダーを目指したいのか」、その具体像を持っていただくための授業です。まず始めに、みなさんはリーダーについて、どのような人をイメージしていますか？　**「リーダーとは○○である」、この○○にあてはまるものを3つ以上挙げてみてください。**人物名はNGです。もしだれか人物が頭に浮かんだら、その人のどのような側面や要件をリーダーとして評価しているのか、具体的項目を挙げてください。

☞**読者のみなさんも考えてみてください。**

横井：（うーん、リーダーの要件といきなり言われても……）

講師：みなさんが尊敬する上司や経営者をまず思い浮かべて、なぜその人を尊敬するのか、その要素について考えてみると、答えやすいかもしれません。

横井：（尊敬できる人でまず頭に浮かぶのは、入社したときにいろいろ教えてくれた佐々木課長だな。理由は、新人の自分のことをいつも温かい目で見ていてくれたから。人に対する優しさ、ということか。それと、常に目的や目標を明確に示していたこと、まだ不安があった自分にいろいろ仕事を任せてくれたこと、それから……）

講師：さて今度は、いま自分が挙げたリーダーの要件を、グループで共有してください。そしてそれを、どのような切り口でも結構ですから、3つのカテゴリーに分類してみてください。制限時間は、20分です。グループワーク、開始！

（メンバーそれぞれが、個々考えたリーダーの要件をホワイトボードに書く。それらすべてをグループで共有したうえで、議論しながら3つに分類していく）

講師：さて、どう分類したか、グループごとに発表してもらいましょう。

受講生Ａ：はい。我々のグループは、「方向性を決める」「メンバーを動かす」「結果を出す」の3つに分類しました。

横井：（なるほど。自分では気づかなかったが、重要な視点かもしれない）

講師：最初にＡさん個人が考えていたリーダーの要件は、3つのどれに当てはまりましたか？

受講生Ａ：私の場合は、まんべんなく散らばっていました。自分の仕事の特性上、こういったプロセスで考えることが多いもので。

講師：なるほど。物事を進めていく手順、プロセスで分けているわけですね。……最後のグループからは、横井さん、発表してください。

横井：我々のグループでは、要件間の因果関係を整理してみて、最終的に、「行動」「能力」「人間性」という3つにまとめました。行動を起こす要因となるのは能力ですが、そのベースに人間性がないと、行動で人に影響を与えることはできないと考えたからです。

講師：グループ作業をしてみて気づいたことは何ですか？　横井さんが個人で書かれたリーダーの要件は、3つのどこに入っていましたか？

横井：みなさんの意見を聞き、自分では気づかなかった大事なものに気づきました。また、自分が最初に挙げた要件は、行動に属するものが多いことに気づきました。

講師：なぜ、行動に関係するものが多かったのでしょう？　そこからの気づきは？

横井：リーダーは行動しなければ結果を出せないと思っているからでしょうか。自分が行動志向だというのは、多分に性格も反映されていると思います。ただ一方で、あ

るべき行動を自分ができていないとしたら、その要因として、残りの2つ、能力や人間性にまでさかのぼって考えないと発展しないことにも気づきました。

講師：素晴らしい。いま横井さんは、重要なことを2つおっしゃいましたね。1つは、リーダーは行動してなんぼだということ、もう1つは、能力や意識がなければ、そもそも行動できないということです。それがいわゆる「氷山モデル」です（123ページを参照）。

☞ みなさんが挙げた要件は、行動、能力、意識のどれが多かったですか？

☞ そこからどのようなことが言えるでしょうか？

講師：さて、みなさんの「目指したいリーダーの要件」が言語化されたとして、これで本当に目指すべきリーダー像は明確になったと言ってよいのでしょうか？　何かまだ考えなければいけないことがあるとしたら、何でしょう？　みなさんが挙げた各要件で必要とされる「度合い」「レベル感」は、分類だけではわかりませんよね。

横井：でも、「度合い」は定義できませんよね。たとえば「目的や目標を明確にする」というテーマに度合いはつけにくいですし。

講師：目的や目標を明確にすることの「徹底度合い」と言ったほうがよいでしょう。「目的や目標を明確にすること」がなぜリーダーに必要なのかをしっかり腹に落とすと同時に、それをどのぐらい徹底してやることが「目的や目標を明確にすること」になるのかを、深く理解することです。それを実感していただくために、みなさんが挙げたリーダーの要件のそれぞれについて、5段階で自己評価してみてください。

☞ どこができていて、どこができていないか、現状の自己評価をしてみてください。

横井：（できていないものもあるけど、いつも意識していることは多いよなあ。平均3点といったところかな）

講師：できましたか？　では、いまやっていただいた自己評価の結果は、いったん横に置いてください。ここであるリーダーについてのショートケースを議論してみましょう。

【ショートケースのあらすじ】
　主人公はワンマン社長が率いる新興企業に中途入社した。頭脳明晰で勤勉、人柄への評価も上々。その企業は大規模な新規事業を立ち上げている最中であり、彼も一地方を管轄する事業部長として、その地域における事業の立ち上げを指揮することになった。
　ところが着任早々から、本社のカウンターパートである役員とうまく折り合えないのをはじめとして、さまざまな困難が起こる。部下の不満、マンパワー不足、社外のステークホルダーとの衝突……。結果として、事業立ち上げの予定は後へずれ込んでいく。本社や社長から厳しく督促されるが、必要な支援はなかなか得られない——。

講師：このショートケースの主人公を、先ほどみなさんが挙げたリーダーの要件ごとに、それぞれ5段階で点数をつけてみてください。
横井：（大変な事態だけれど、実際、進捗してないからなあ。2点いかないかも）
講師：みなさん辛辣なコメントが多いですね。他人のことなら厳しく言えるものです（笑）。では次に、主人公以外の登場人物を5段階で評価してみてください。
横井：（主人公もひどいが周囲の援助もなさすぎる。平均2.5点ぐらいかな）
講師：今度は、リーダーの要件ごとに、みなさんの自己評価をやり直してみてください。
横井：（待てよ。主人公と比べて、自分はどうだろうか？　冷静に考えてみると、彼よりも自分はイケてないよな。となると……全体的に点数が1点ぐらい下がっちゃうぞ）
講師：いかがでしたか？　自己評価に何か変化はありましたか？　横井さんはどうでしたか？
横井：かなり下がりました。
講師：なぜだと思いますか？
横井：リーダーとしてはいまひとつだと思った主人公と比べてみたら、自分もまだまだだと感じたからです。
講師：自己評価が下がったわけですね。でもこの30分の間に横井さんの能力が下がったということはありえないですよね（笑）。ということは？
横井：……
講師：さっき自己評価したときよりも、リーダーとして各要件を満たすべき基準（あるべき姿の基準）が上がったということじゃないですか？
横井：そうですね。
講師：では、なぜ基準が上がったのでしょう？

横井：初めに私がリーダーとしてあるべき姿の基準としていたのは、せいぜい課長に求められるレベルだったのかもしれません。一方、このケースで議論した主人公は事業部長ですから、当然職位も高く、求められるレベルも高くなりました。そのせいだと思います。

講師：なるほど、リーダーという言葉から連想した職位の違いによるものですね。ほかの要因は考えられないでしょうか？

横井：グループの方と議論し、各要件の本当の意味、徹底の必要性が、より明確になったことも大きいと思います。職位の違いを差し引いたとしても、ほかの方々が自分より厳しく主人公を評価されていたのには正直ショックでした。だってうちの会社の事業部長は、主人公よりもっとダメですから（笑）。

講師：いま最後におっしゃったことがポイントです。実は、ケースを議論する前にみなさんにやっていただいた自己評価の結果で、みなさんが所属する組織のリーダー、たとえばみなさんの上司のレベルが、だいたいわかってしまいます。

横井：どういうことですか？

講師：これまで多くのリーダーの方に同じ問いを投げかけてきましたが、たとえば、みなさんの当初の自己評価が比較的高い場合には、みなさんの上司のリーダーレベルは、世間の平均よりも低いことが多いんです。なぜだと思いますか？

受講者B：自己評価が高いということは、自分に自信がある場合もありますが、そもそもリーダーとしてのあるべき姿のレベルを低いところに設定していると、相対的に自己評価は甘くなり、結果、自己評価の数字は高くなるということではないでしょうか？

講師：いいですね。だとすると、それと上司のリーダーレベルとの関係は？

受講生C：リーダーとしてのあるべき姿のレベルを低いところに設定してしまっているのは、いちばん身近にいる自分の上司のレベルが低いからで、部下である自分は、リーダーはその程度でいいと思い込んでしまっているからだと思います。

講師：つながりましたね。ダメな上司を見て反面教師にすればいいのですが、人間はいつの間にかその環境に慣れてしまう弱いところがあります。「**組織はリーダーの器以上には大きくならない**」という言葉を聞いたことがありませんか？　組織に属している人は、その組織のリーダーの日々の言動や行動を見て、良くも悪くもそれをまねるようになります。それがいわゆる組織文化になっていくのです。

横井：（自分は当初の自己評価がほかの企業の人よりも高かったから、ちょっと天狗になっていた。でもそれは反対で、あるべきリーダーの水準レベルがほかの人よりも低かったからなのか。突き詰めると、うちの会社のリーダーレベルの低さに起因している。これは喜ぶ

どころか、恥ずかしいことなんだ……)

☞ みなさんの自己評価はどうでしたか？

☞ 評価する際、リーダーとしてあるべき姿の基準は妥当なものでしたか？

講師：では、ここからのレッスンとして、リーダーとしてあるべき姿の基準レベルを高く意識するようにするには、どうしたらよいと思いますか？　横井さん。
横井：より高みを目指すためには、社内にとどまらず外の世界も見て、優れたリーダーと接し、議論し、常にそういう方をベンチマークするように意識するということでしょうか？
講師：そのとおり。一流に会うことです。それに、他の世界の方とこうしたテーマで議論することも、いい機会ですよね。
横井：はい。それに気づけただけでも、今日は大きな収穫です。

解説

　到達点を知らなければ、船はたどり着けない。リーダーシップを磨きたいと願うならば、まずどのようなリーダーになりたいのか、そのレベル感や具体的要件まで踏み込んで描くことである。これは、今後の行動指針となる。
　さらには、自分の考えるリーダー像が、世間相場から見てどのくらいのレベルに相当するのかを知らなければ、井の中の蛙になりかねない。自分のリーダー観に足りない点がないか、目指す水準は適切かを知るには、他者との比較が不可欠である。

◆リーダーとしてあるべき姿の描き方① 身近なリーダーの長所を具体化する

　「あなたはどのようなリーダーを目指したいのか？」と問われると、答えに困る方も多いのではないだろうか。一方で、「あなたが尊敬する経営者や上司は？」「理想とする歴史上の人物はだれ？」と問われれば、少しはハードルが下がるだろう。実はそこに、あなた自身の目指したいリーダー像が透けて見えてくる。
　しかしながら、「自分は織田信長を尊敬する」と言うだけで終わってしまっては、思考は深まらない。そのリーダーのどのような側面に自分は惹きつけられるのか、その要件をなるべく多く具体化していく作業が必要となる。

さらには、なぜそのような要件を自分は重視しているのか、その理由を深く掘り下げていくことも重要だ。それは大事にしたい価値観に合うからなのか、日々直面している困難な状況を打開するために必要だと強く感じているからなのか。その理由が明確になればなるほど、そのありたい姿に向けて努力しようとするあなた自身のコミットメントが強まる。ここまでは個人の作業となる。

◆リーダーとしてあるべき姿の描き方②　他者と共有して気づきを得る

　個人で洗い出した**リーダーの要件**を他者と共有することで、彼我の差を知り、いろいろな気づきを得ることができる。多様性のメリットを享受するためにも、4～5人のチームでやってみるのが有効だろう。
　作業を効率的に進めるために、大きめの付箋を用意し、各自が重要と考えるリーダーの要件を1項目ずつ1枚の付箋に書いて、ホワイトボードに貼っていく。1人が5つ程度書くだけで、チームでは20ぐらいの付箋でホワイトボードがいっぱいになる。
　よく挙げられる代表的な要件は、「ビジョンを打ち出す」「高い目標を掲げる」「夢を語る」「周囲を巻き込む」「個を生かす」「能力を最大限に引き出す」「主体性を引き出す」「環境整備と資源配分」「正しく（意図どおり）伝える」「わかりやすく伝える」「汲み取る」「問う」「考えさせる」「やる気とエネルギーを与える」「育てる」「洞察力がある」「決断力がある」「説得力がある」「問題解決能力がある」「歴史観がある」「先見性がある」「独創性がある」「多様性への理解力がある」「知識と人脈が豊富である」「強い信念を持っている」「ぶれない軸がある」などである。
　ほかにも、「熱心な」「情熱的な」「冷静な」「誠実な」「謙虚な」「懐が深い」「器が大きい」「オープンな」「明るく前向きな」「フェアな」「逃げない」「タフな」「厳格な」「責任感が強い」「達成意欲が強い」といった言葉も出てくるだろう。
　次には、これらをチームで3つ程度に分類していく。この際、付箋を貼ったりはがしたりしながら、グループで議論を深める。
　よく出てくる分類例としては、「方向性の提示に関する要件」「他者への働きかけに関する要件」「リーダーの能力に関する要件」「リーダー自身の人間性に関する要件」などが多い。
　「経営は他人に事を成してもらうこと」という定義があるとおり、リーダー個人に関するものと、組織を目的に向かって動かしていくものとに大きく分類されるのは理解できる。ただし、重要なのは、正しい分類方法を知ることではなく、他者と共有、議論することで自分が考えていなかった要件に気づいたり、分類することで自分がどのような側

面を重視しているかに気づいたりできることである。

◆リーダーとしてあるべき姿の描き方③　あるべきレベル感を自覚する

　リーダーの要件が挙がっても、要件の中には、たとえば「成果を出す」と「人を育てる」など、しばしば二律背反で追求しなければならないものもある。これを両立させようとすれば、非常に高いレベルでの判断や行動が求められる。リーダーとして何よりも、そうした自覚を強く持てるか否かが、各要件で想定している**あるべきレベル感**、すなわちリーダーとしての自覚レベルに大きく影響を与える。

　では、どうすれば自らが想定しているあるべきレベル感を知ることができるだろうか。それには、リーダーのケースストーリーを読み、そのリーダーシップに関して他者と議論したうえで、自分たちが整理したリーダーの要件に当てはめ、そのリーダーを評価していくやり方が効果的だろう。他人のことであれば、客観的に評価できるからだ。

　興味深いのは、同じ素材（リーダー）を評価しても、その結果が人によって大きく違ってくることだ。普段から緩いリーダーの下で仕事をしている人は、素材のリーダーに対する評価は高く（甘く）なる。一方、常に高いレベルのリーダーシップを要求されている環境で鍛えられている人は、評価はおのずと低く（厳しく）なる。

　この結果を見ることで、その人が勤めている企業、もしくは職場が、普段から求めているリーダーのレベルを、ほぼ的確に診断できるのだ。他者と、できれば他企業のメンバーとこうした議論をすることによって、「井の中の蛙」に陥ることなく、リーダーとしてあるべき姿の基準を高い次元で設定できるようになる。

◆ありたい行動を起点に考える

　第3章で言及したとおり、リーダーは行動を通じて評価される。そして多くの場合、リーダーの行動そのものが、他者に影響を与えていくのである。それがリーダーシップである。したがって氷山モデルの、海面から上に出ている行動に関する要件（ビジョンを打ち出す、高い目標を掲げる、夢を語る、周囲を巻き込む、個を生かす、能力を最大限に引き出す、主体性を引き出す、環境整備と資源配分、正しく〈意図どおり〉伝える、わかりやすく伝える、汲み取る、問う、考えさせる、やる気とエネルギーを与える、育てるなど）の中から重要と考えるもの（あるいは相対的に強化したいもの）を絞り込む。そして、それを実現するためには、どのような能力や意識（自覚）を持つことが必要なのか、さかのぼって考えてみるのがよい。

◆リーダーの「あるべきレベル感」と組織文化

　企業の役員クラスの方から、「最近の従業員にやる気や成長意欲が感じられないのですが、どうしたらよいでしょう」との相談を持ちかけられることがある。その原因はいろいろ考えられるだろう。ただ、そうした相談を持ちかけてくる役員たちにも、共通して覇気が感じられない。

　組織のメンバーは必ずリーダーを見て、良くも悪くもその言動・行動をまねる。それが組織としてのものの見方や考え方、すなわち組織文化になっていく。「リーダーは、自身が思っている以上に、フォロワーである組織メンバーから見られている」という現実に対し、リーダーが強い自覚を持てるかどうかが大きな問題である。それはリーダー自身の、自己成長に対する姿勢についてもいえる。

　豊富な実務経験をもとに成功を重ね、組織の高いポジションに就くと、成長意欲が徐々に停滞してくることがある。そうなってしまったリーダーは、いまさら「ありたいリーダー像」と言われても、それを考えようとする意欲が湧いてこないだろう。しかし、それでもフォロワーは、そんなリーダーの姿勢・行動をつぶさに観察していることを忘れてはならない。

　組織はリーダーの器以上には大きくならないと言われるとおり、高い次元でリーダーのあるべき姿を思い描き、自分をそこに近づける努力を惜しまないリーダーが率いる組織は、成長・発展できる。停滞したリーダーが率いる組織は、停滞を続けてやがて衰退する。その自覚を持つことが、リーダーシップを磨くためのスタートラインに立つということだ。

コラム◎反面教師としての"飲み屋症候群"

　エリート風の中年サラリーマンのグループが、飲み屋に陣取って飲んでいる。どうも大企業の部長たちのようだ。自社の経営陣に対する不満が漏れ聞こえてくる。
「トップが明確な方向性を示してくれないから、俺たちの部門の方向性も決められない」

　別の飲み屋では、課長風グループがやはり会社の不平不満をぶちまけている。
「うちの部長、何とかならないかなあ。部の方向性を明確に示してくれないから、課の方針が決まらないよ。下は方向性を決めてくれと突き上げてくるし、たまった

もんじゃない」
　他の飲み屋では、若手社員が気勢を上げる。「うちの課長は何を考えているんだろう。早く決断して、説明責任果たしてほしいよなあ。じゃないと、俺たち動けないよ。こんな状態が続くのなら、上への直訴も考えなきゃな」
　事実かどうかはさておき、こうした意識はいまだ多くの企業に蔓延している。この症候群にかかってしまった管理職や従業員に共通するのは、以下の２点である。

・自分は不幸だと思っていて、その原因は他人（組織の上位職、最後はエグゼクティブ層）にあると思っていること——他責意識
・上位職（最後はエグゼクティブ層）が、組織の方向性を明確に示しきれていない（語りきれていない）こと

　後者は上位職（最後はエグゼクティブ層）の問題だが、実は前者の他責意識も同じである。なぜなら、組織のメンバーは上位職の日々の言動をよく見ており、良くも悪くもまねるからだ。親を見て育つ子どもと同じだ。上位職が他責の言動をするから、同じ行動パターンが部下にも刷り込まれていくのだ。「組織はリーダーの器以上には大きくならない」とは、まさにこのことである。

◆まとめ

　自分がありたいと思うリーダーの要件を深く掘り下げていくと、自分の大事にしたい価値観や、仕事上必要と感じていることなどがわかる。これが明確になると、リーダーシップを高めることへのコミットメントも強まる。
　同時に、こうした自己観照は、他者と共有し議論することが重要だ。他者との比較を通じて、自分の足りない点への自覚が芽生えたり、あるべきレベル感を知り、向上心が湧いてきたりするからである。

【キーワード】
　・リーダーの要件
　・あるべきレベル感
　・「組織はリーダーの器以上には大きくならない」

4−2　現状の自分を客観視する

CASE

【状況設定】
　足立敏夫は某精密機械メーカーに入社し20年。中南米の現地法人の立ち上げなどで実績を上げてきた。現在は上級課長として10数名の部下を率いている。より上のポジションを目指そうと、ビジネススクールでリーダーシップの授業を受けている。

【本日のテーマ】
　・他者評価を通じて、自分の長所・短所を知る
　・徹底した自己内省によって、自分の行動の原因となる意識や価値観を自覚する

【授業開始】
講師：今日のテーマは「自分自身の現状の姿を客観的に理解する」です。現状の姿を理解するには、まずは自分の何を見たらよいと思いますか？
受講生A：氷山モデルにあったように、目に見えるものは行動しかありません。行動について現状把握することです。
講師：そうですね。では、どうやって現状を把握するのですか？
受講生B：自分でチェックするのがいちばん正確だと思います。
講師：自分自身の毎日の行動が、自分に見えていると思いますか？
受講生C：私は自信があります。いつも意図を持って行動するようにしていますから。
講師：そもそも人間には、意識して行動していることと、無意識に行動していることがありますが、たとえ意図を持って行動していることであっても、それが他人にどのように映っているのかは、また別の問題ですよね。
受講生D：たしかに。他人の目にどう映っているかを聞いてみるってことですね。
講師：だれにでも同じように見えると思いますか？
受講生E：いつも近くにいる人が、いちばんよく見えていると思います。直属の上司と

か、同じ部署の同僚や部下とか。
講師：この授業を行うにあたり、事前にこちらからみなさんの上司・同僚・部下の方に、みなさんの行動について評価をしてもらいました。いわゆる360度評価です。それを点数化した定量評価の結果をお渡しします。……足立さんは結果を見て、どう感じましたか？
足立：正直、かなりショックでした。特に部下からの評価が予想以上に低かったので。あれだけ彼らのことで日々悩んでいるのに、私の気持ちをまったく理解してくれていない。いまは部下を信じてよいものか、気持ちが揺らいでいます。
講師：足立さんは360度評価にネガティブな感情を持っているようですが、見方を変えれば、今回の結果に足立さんの成長可能性が潜んでいるということですよ。
足立：？
講師：思っていた以上に評価が低いというのは、自己評価よりも他者評価が低かったということですよね？
足立：はい、そういうことです。
講師：でも、全項目がそうだったわけではないでしょう？　自己評価よりも他者評価のほうが高かった項目は、ありませんでしたか？
足立：はい、少ないですが、いくつかありました。
講師：それは、ご自身では**気づいてなかった強み**と捉えられますよね。
足立：たしかに、そうですね。他者評価のほうが低い項目が圧倒的に多かったので、高い項目について、そういう解釈ができることには気づきませんでした。
講師：一方で、他者評価が自己評価より低い項目が多かったということは、自分では意識して行動していると思っていたことが、相手にはそのように見えていないということです。まだ足りないということなんですよ。その事実を真摯に捉えられるかが重要です。

☞ **みなさんがこのような結果を突きつけられたら、どのように感じ、反応しますか？**

講師：次に、評価してくださった方々からのコメントをお返しします。このコメントを読んで、再度みなさんの定量評価の結果について考えてみてください。
　（部下からのコメントに目を通すと、事実をもとに、足立に何が足りないのかが具体的に書かれていた。自分では部下のことを考えているつもりだったが、彼らの心の内や悩みについて何もわかっていなかったということも痛感した。そこに書かれているコメントはけっして自分に対する批判ではなく、こんな上司になってほしいという自分への期待だった。足立は目頭が熱くなると同時に、部下にすまないと強く感じた）

講師：いかがですか、足立さん？

足立：自分が恥ずかしくなりました。数字の結果だけでは気づかなかったことが、このコメントを読んで腹に落ちました。このコメントは、部下から私への贈り物ですね。一生大切にしたいと思います。

講師：まさにここが出発点です。目に見える行動をもとに、他者から自分はどのように見られているのか、それは自己認識と合致するのか、もしそこにギャップがあるとしたら、それはなぜなのか。客観的に現状の自分を知ることは非常に重要です。

　次に考えてみたいのが、行動の根っこにある自分自身の意識や価値観についてです。これも自分の内面を正しく理解するために不可欠な作業です。みなさんの「**会社に入ってからの出来事で最も忘れられない原体験**」は何でしょうか。うれしかったこと、つらくてもやり遂げたことなどを、できるだけくわしく書いてください。

☞ **ご自身の原体験をできるだけくわしく書いてください。**

講師：それではクラスを代表して、足立さんに原体験を披露してもらいましょう。

足立：当時の想いがよみがえって話せなくなりそうなので、書いたものを読み上げます。

（足立が自分の原体験について書いたものを読み上げる）

講師：素晴らしい物語ですね。ではこの原体験から、価値観を探ってみましょう。足立さんが生きていくうえでの信条とか、絶対に譲りたくないことって何でしょうね？

足立：……

講師：抽象的な質問では答えにくいと思うので、原体験に関連させてお聞きします。学生時代にはアルバイトで学費を稼ぎながら大学に通い、さらに練習のハードなアメリカンフットボール部に所属していらっしゃった。これはなぜですか？

足立：私は幼いとき父を病気で亡くし、母が働きながら女手ひとつで私と妹を育ててくれました。ですから、良い大学に入って安定した企業に就職し、早く母に楽をさせたかった。大学に進学すると決めたときから、学費は自分で稼ぐつもりでいました。

講師：なぜ、ハードな部活まで？　尋常ではない大変さですよね？

足立：自分で稼いだ金で大学に行くのですから、しっかり勉強して多くのことを学んでやろうと思っていました。でもそれだけではなく、精神的にも肉体的にもタフになって、しっかり自分の力で生きられる人間になりたかった。だから、時間的にはかなり大変でしたが、文武両道を目指したんです。アメフト部を選んだのは、通っていた大学ではいちばん厳しい部だと言われていたので、自分を鍛えるにはいいと思ったからです。

講師：いまのお話から想像するに、足立さんが志向していたのは"自立"でしょうか？
足立：たしかに、"自立"という言葉がぴったり合うような気がします。
講師：では、自立という観点で考えて、会社に入ってからはどうでしたか？
足立：会社に入ってからも、早く一人前になりたいという気持ちが非常に強かったですね。自主的に勉強会を開催したりしたのも、その表れだと思います。後輩の指導も進んでやりましたが、そこで彼らに言ってきたのは、"道は自分で切り拓け"ということでした。
講師：その後、志願して中南米での拠点立ち上げに携わった。その点はどうですか？
足立：早く結果を出さなければ、という気持ちが強かった。自立の一種かもしれません。
講師：一方で、中南米のスタッフに対して、当初なかなか仕事を任せられなかったとのことでしたが、彼らの自立という観点で考えたとき、そこはどう評価しますか？
足立：任せられなかったという点では、私が彼らの自立を阻んでいたのかもしれません。ただ私も、そこは非常に悩んでいたのです。
講師：ということは、彼らに自立してもらいたいという気持ちがあったのですね。
足立：あったどころか、中南米に行ったのも、現地の人たちが働ける場をつくり、努力すれば援助ではなく自立して生きていけることを知ってほしいと思ったからなんです。まさにそれは、私の少年時代の原体験にも通ずるわけで……。
講師：足立さんが生きるうえでの信条の1つが、かなり明確になってきた感じがしますね。ほかにも大事にしたい信条がないか、質問を続けたいと思います。足立さんにとって、学生時代、会社員生活を通じて、絶対に失いたくなかったものは何でしょうか？
足立：……
講師：足立さんの物語に頻繁に出てくる言葉があります。思い出してみてください。
足立：……仲間、信頼ですかね。アメフトには、ボールに触れ得点に直結するポジションがある一方、ひたすら相手にぶつかるだけの地味なポジションもあります。各々役割をまっとうする仲間をリスペクトし信じなければ、チームとしての結果は出せません。自分がキャプテンを務めたとき、いちばん恐れたのは信頼を失うことです。そうならないよう必死でした。

　中南米でもまったく同じでした。現地の人たちは、我々日本から来た社員のことを、出世のために来ているぐらいにしか思っていません。そうではないことをいかに理解させ、信頼してもらうか。それには自ら率先垂範して、彼らにとってプラスになる結果を出すしかありませんでした。それをできない自分、すなわち現地の人たちに信頼されない自分は、絶対に許せなかったのです。

講師：熱い想いを吐露してくださり、ありがとうございます。でもこれで、ご自身の信条がだいぶ見えてきたのではないですか？　それを言語化するとどうなりますか？

足立：かなり明確になりました。私の根っこにある信条を言語化すると、「私は、自らの足で立って生きていきたい。人間努力すれば道は拓けるし、自立していけるのだ。同時に私は、仲間との信頼関係を大事にしていきたい。私にとって仲間との信頼関係は絶対に失ってはいけないものである。自立と仲間の信頼、この2つが、私が生きていくうえで根底に置く信条である。自立と仲間の信頼を何より重んじることが、私が生きていくうえでの信条だ」ということですね。

☞ **ご自身の原体験から、信条や大事にしている価値観を言語化してみてください。**

講師：ありがとうございます。ではその信条に基づいて、足立さんが大事にしたい基本行動と期待成果についても言語化してみましょう。

足立：信条だけはダメですか？　なぜ行動と成果まで考える必要があるんでしょうか？

講師：信条は必要条件のようなものですが、大事にしたい基本行動まで明確にしなければ、具体的行動に落ちていかないからです。また、期待成果を明確にすることで、どういう状態になることが自分にとってうれしいのかがわかり、評価もしやすくなりますし、それに向かって前進しようというエネルギーも湧いてきます。

足立：なるほど、行動ですか。でも、どう考えたらいいんだろう？

講師：これも原体験から、ご自身が選択した行動特性の共通点を探索していくと、見えてくるものがあります。学生時代は文武両道を志した。しかも、厳しいと評判のアメフト部を選択した。言葉のハンディがありながらも、あえて中南米への赴任を選んだ。これらに共通する行動特性を言語化するとどうなりますか？

足立：なるほど、"チャレンジ＝挑戦"ですね。身の丈以上のことに挑戦するのは当然だと自分では思っていますが、たしかに挑戦を嫌がる同僚も周りには少なからずいるわけですから、これは自分の行動特性と言えるんでしょうね。

講師：ほかにありますか？

足立：先生とのやりとりから気づいたのですが、アメフトにしても中南米にしても、そのときは自分から手を挙げる人はあまりいなかった。ただ挑戦するんじゃなく、人があまりやっていないことや新しいことにチャレンジしたいという気持ちが、自分にはあるようです。したがって、私が大事にしている基本行動を言語化すると、「人があまりやっていないこと、新しいことに挑戦する」です。

講師：いいですね。そうした基本行動を通じて期待する成果は何ですか？

足立：それは信条でもある、自立して生きる力をつけるということです。
講師：自立は足立さんの信条であり、期待成果でもあるということですね。あえて、「自立して生きる力をつける」という最終の期待成果の、もう少し手前で設定できるものはないですか？　人がやっていない新しいことに挑戦して、どのような状態になったら足立さんはうれしいのか？　どういう状態になったら、さらに新しいことに挑戦し続けようというエネルギーが湧いてくるのか？　と考えてもよいです。
足立：……それは"成長の実感"を持てることですね。私自身もそうですし、会社の若手や現地スタッフに対しても同じです。彼ら彼女らに成長の実感をいかに持ってもらうかということを、いつも強く意識していますから。
講師：はい、ここまでで足立さんの大事にしたい価値観を構成するキーワードがいくつか出てきましたね。少し時間を使ってかまいませんから、そのキーワード間の関係を意識して、ご自身の大切にしたい価値観を構造化してみてください。

☞ ご自身の価値観を構造化してみましょう。

足立：私の大事にしたい価値観をまとめると、次のようになります。
「私は、自らの足で立って生きていきたい。人間努力すれば必ず道は拓けるし、自立していけるのだ。同時に私は、仲間との信頼関係を大事にしていきたい。私にとって仲間との信頼関係は絶対に失ってはいけないものである。自立と仲間の信頼、この2つが私が生きていくうえで根底に置く信条である。その信条に基づき、私は人がやっていない新しいことに挑戦することを、大切な基本行動とする。その期待成果として、成長の実感を持てることを常に意識したい。それが自立して生きる力をつける信条をより強化することにつながり、心から充実した人生を送ることができる」
講師：とてもわかりやすいですね。足立さん、いまのお気持ちは？
足立：すっきりしました。自信を持って生きていけそうです。
講師：よかったですね。今日はみなさん自身の原体験から、「自分は何に喜びを感じるのか？」「自分が絶対に譲れないことは何なのか？」「何を大事にして日々の仕事を続けているのか？」といったことを明らかにし、掘り下げて、自分が大事にしたい価値観を言語化しました。人間、簡単に価値観が変わるものではないので、その価値観に素直に向き合って生きていけばよい、ということがわかるだけで心が楽になるはずです。

> **解説**

　あるべき姿の明確化、他人の客観的な評価に加え、もう１つ大切なことがある。自己内省である。何を起点に、何を改善し、何を伸ばしていくべきかは、自分自身を知らなければわからない。
　その際に欠かせないのは、自分の大事にしている価値観を言語化してみることである。かれこれ人生数十年、それぞれが学生時代、社会人生活と、経験を積んできているはずだが、何を軸に動いてきたかを意識することはあまりない。他の人から指摘を受けて、初めて気づくこともある。そうした機会をあえて設けることが、あらためて自分自身を客観視することにもつながる。

◆自分自身の現状分析

　ありたい姿を描くことができたら、次に行うのが自分自身の現状分析だ。その際に必要な視点は、「自分の何を分析するのか」（What）、「どのような方法で自分を知るのか」（How）である。
　まず、自分の何を分析するのかについては、氷山モデルにある、行動なのか、能力・知識なのか、意欲・意識なのか、という切り口で捉えるのが考えやすい。前節の「ありたい姿」では、人に影響力を及ぼす行動を起点に考えたが、現状分析においても同様に、行動から分析を加えていくのがよい。そこから「なぜ？　なぜ？」と繰り返していけば、能力・知識や意欲・意識へと掘り下げていくことになる。
　２つ目の、どのような方法で自分を知るかについては、他者からどのように見えているのかという他者評価を材料にして内省を深めていくやり方と、自己認識を徹底した内省によって明らかにしていくやり方がある。以下で、２つの方法について説明する。

他者評価を材料にした方法
　他者評価の代表例は**360度評価**である。360度評価とは、その人に持っていてほしい能力や意識、姿勢が行動に表れているか、測りたい項目ごとに上司、同僚、部下など、当人の周りにいる人たちに評価してもらうものである。定量評価を基本にするが、評価者からのコメントも加えると、本人にはより効果的なフィードバック情報となる。同時に、同じ項目について本人も自己評価を行う。
　360度評価が有用な点は、他者からの評価と自己評価（自己認識）との間に隔たりがあった場合に、自分ではわからなかった自分に気づけることである。自分ではできてい

ると思っていたことについて、他者からの評価が厳しければ、自分が意識しているほどには行動に表れていないことになる。したがって本人は、なぜそのような自他認識ギャップが生じているのか、原因をしっかり把握する必要がある。それが行動変革のきっかけになるからだ。逆に、自分ではあまりできていないと思っていたり、さほど意識していなかったりする側面を、他者が高く評価しているケースもある。それにより、これまで見えなかった自分の長所に気づかせてもらえるのである。

　360度評価のほかに、たとえば"若い頃の自分"を知る人物から、当時の自分の目立った行動や長所について、具体的にフィードバック・コメントをもらうというやり方もある。他人のサポートを借りることによって、自分では忘れてしまった側面を思い出したり、ポジティブな側面に光を当てたりできる。自己の価値観や特長を前向きに捉え直すことができるのである。

　実は360度評価において本人の心にいちばん届くのは、評価者が相手の成長のために心を込めて書いてくれた、具体的なコメントであることが多い。

徹底した自己内省による方法

　内省して自分の現状分析を行う方法として、自身の過去を振り返る方法と、他人を鏡にして自分を客観視する方法について説明したい。特にここでは、表出した行動の源泉となる意識・姿勢や価値観を確認するやり方を中心に考えてみる。すべての行動はそこが起点になっており、自分を理解するうえで避けて通れないものであるからだ。

❶自分の過去を振り返る場を設ける

　アップルの創業者であるスティーブ・ジョブズの、スタンフォード大学の卒業式における有名なスピーチの一節に、「点と点をつなぐ話」というのがある。それは、過去に経験したことは1つ1つバラバラの点であっても、将来それが必ず線となってつながっていくというものだ。点と点が将来どこかでつながると信じることで自信が生まれる。だれでも年齢と経験を重ねてきたなかには、多くの点が存在する。重要なのは、それを点として強く認識することだ。さらに言えば、将来のエネルギーにつながるような"ポジティブな意味合い"を、1つ1つの点から見つけ出すことだ。

　では、どのような観点で過去を振り返ればよいのか、具体的な**振り返り**の方法について考えてみよう。

　1つは、**感動体験**やうれしかった出来事を思い起こし、自分はなぜそのとき感動したのか、なぜうれしいと思ったのかを深く掘り下げてみることだ。そのプロセスから、たとえば、新しいものを創造すること、人の役に立つこと、自分の成長を実感できること、

高い金銭的報酬が得られること等々、自分の喜びの源泉が何なのかが見えてくる。喜びの源泉の同定は、自己を未来へ駆り立てていくために不可欠なことだ。

　もう1つは、困難な体験や挫折経験を振り返ることだ。逆境の中で自分の心の支えになったのは、どんな考え方だったのか、絶対に譲れなかったことは何だったのか、そこに自分の価値観の軸が見えてくる。また、大きな挫折経験やそこからの学びは、その後の自分の生き方に大きな影響を及ぼしていることが多い。たとえば、東日本大震災の経験によって、否が応でも価値軸を自問自答させられたという人も少なくないはずだ。

　感動体験にしても**逆境体験**にしても、対象は必ずしも仕事上のものである必要はない。幼少期や学生時代の経験がその後の自分の価値軸を形成していたり、その頃のほうが夢を追い求めていた記憶が強かったりするなら、むしろ仕事以外の経験の振り返りが必須になる。

　一方で、仕事上の経験の振り返りも大切だ。たとえば、入社以来の仕事上の感動体験や逆境体験を振り返り、そこで自分に作用した価値軸を言語化してみる。これは、自分が個人として大事にしたい価値観の抽出作業である。

❷他人を鏡にして自らを映す

　これは、尊敬する上司や、メンターと思える先輩、尊敬する経営者、歴史上の人物など、自分にとって影響力を持つと思われる他者を鏡にして、自らを見つめ直すやり方だ。

　まずは自分を深く内省する鏡になるような対象を選ぶことから始める。手短に探すのであれば、歴史上の人物の伝記や、著名な経営者・リーダーについて書かれた書籍を活用するとよいだろう。なるべく多くの人物を鏡にするほうがよいので、限られた時間の中でやる場合には、1冊に複数の人物のエピソードが紹介されている書物が手頃だろう。

　本に登場する多くの人物の中から、リーダーとして自分が共感できる人物を複数選択し、その理由をまず言語化してみる。たとえば、仲間を思うこと、努力したら報いること、人の可能性を信じること、考え抜くこと、新しいものを創造し続けること、約束を守ること、強い責任感、強い好奇心・探究心、負けん気、謙虚さ、他人への感謝の気持ち、国を背負っているという気概等々、選択したリーダーが大切にしていたであろう価値観を抽出する。実は、あなたが共感したそれらの価値観が、自らが大事にしたい価値観でもあるのだ。

　こうして、歴史上の人物という鏡を使って自分が大事にしたい価値観が見えてきたら、次にはそれを深掘りして、「共感するリーダーと比べて、自分に足りないものは何か？」を考えていくのである。

　他人を鏡にすることで、自分がリーダーとしてありたい姿を高い次元で明確にし、そ

れに比べて現状の自分に足りないものは何かを確認する。次のステップは、そのギャップがなぜ生じているのかを明確にしていくことだ。

◆まとめ

　リーダーとしての「ありたい姿」を明確にしたら、次には自分の現状を正確に知る必要がある。自分の態度や行動が周りの人たちにどう受け止められているか、360度評価などを通じて確認する。周囲からの評価と自己認識とには差があることがしばしばである。その差を知ることから、自分をリーダーとして伸ばしていこうとする動機が生まれる。

　また、徹底した自己内省によって、自分の大事にしたい価値観を言語化してみる。仕事との関連性にはとらわれずに、過去の感動体験や逆境体験を振り返ることによって、あらためて自分の中の価値観を確認し、抽出することが可能になる。

【キーワード】
　・360度評価
　・振り返り
　・感動体験／逆境体験

4-3 ギャップを埋める

CASE

【状況設定】
　山田亜由美は、某メガバンクに入行して15年目。法人営業担当として、昨年、課長級に昇格した。足で稼ぐ営業はもはや通用しにくくなり、投資計画や取引先開拓などに関して顧客に提案するソリューション営業が求められていることから、リーダーシップ講座を受けている。山田もこれまでの講座を受講し、ありたいリーダー像を描き、360度評価で上司や同僚のコメントも聞いたものの、他の会社の受講生の環境とは何かが異なるように感じ、もやもやしたものを抱いていた。

【本日のテーマ】
　・ありたいリーダー像と現状とのギャップをいかに埋めるか
　・OJT（On the Job Training）によって学ぶ際のポイント
　・Off-JT（Off the Job Training）によって学ぶ際のポイント

【授業開始】
講師：今日は、ありたいリーダー像に向けて、いかに自己成長を遂げて近づいていくか、問題解決的に言うと、「ありたい姿と現状とのギャップの埋め方」について議論します。まず、自己成長を遂げる手段にはどのようなものがあるでしょうか？
受講生A：勉強することですね。OJTとか研修とか……。
講師：OJTとOff-JTとでは、どちらが効果的だと思いますか？
受講生B：やっぱり最後は仕事で生かせなければ意味がないので、OJTでしょう。
講師：リーダーシップの研究機関として世界的に有名なCCL（Center for Creative Leadership）の調査結果によると、学びがもたらされる要因として最も多いのは、「試練を経験すること」で、次に「挑戦的な課題」となっています。どちらも、自らの仕事での経験、特に大きな負荷がかかるような経験が学びに寄与していること

を示しています。ただ、同じ経験をしても、そこから学ぶのが上手な人と、そうでない人がいると思うのですが、学び上手の人にはどんな特徴があるでしょうか？
受講生C：経験をしっかり振り返っている人は学びも多いと思います。
講師：経験をきちんと振り返っている人は、なぜそれがうまくできるのでしょうか？

☞ **みなさんが、良い振り返りができるときは、どんなときでしょうか？**

受講生D：振り返ることを習慣にしているからではないでしょうか？
講師：よく、PDCAが大事と言いますが、振り返りはC（Check）ですよね。でも、何を振り返るかを勘違いしているケースが、けっこうあるように思います。山田さんは何を振り返っていますか？
山田：予算の目標を達成できたかどうか。まず結果ですね。
講師：そこで肝心なことは何でしょう？
山田：特にできなかった場合、なぜできなかったのか、原因を振り返ることが必要です。
講師：では、原因の振り返りはうまくできていますか？
山田：いまひとつです。原因が特定できず、上司から怒られることもよくあります。
講師：上司は怒るだけですか？　アドバイスなどはくれないのですか？
山田：そもそも原因追及よりも、できなかったという結果を厳しく叱責されます。
講師：それではいつまでたっても、意味のあるPDCAは組織に定着しませんね。ここで言う意味のあるPDCAとは、まさに経験から学べる、今後につながる意味のある振り返りを伴ったものなのです。なぜ上司の方は、叱責するだけなのだと思いますか？
山田：結果責任を問われるからではないでしょうか？
講師：でも、山田さんへの上司の関与の仕方がそのままでは、いずれにせよ結果は出ないと思いますよ。山田さんはいま、何に悩んでいるの？
山田：営業の結果が思うように出ないことです。
講師：どうしたら結果が出るか、上司と話し合ったことはありますか？
山田：以前、上司がアドバイスしてくれたやり方で営業をしたことがありますが、結果が出ませんでした。環境がすっかり変わっているので、上司の成功体験は通用しないんですよ。それ以降、アドバイスをしてくれなくなりました。
講師：上司のほうも、成功に導く営業プロセスのイメージを持ち合わせていない、ということですか。ところで、あなたはどんな営業活動をしているの？
山田：新規顧客の開拓が必要ですが、アポすら取れないので、どうしても既存顧客相手

に、それもクレーム処理など受動的な対応に追われていることが多いですね。
講師：山田さん自身も営業プロセスのイメージを持って動けていないわけですね。とすると、今後につながる振り返りはそもそも不可能です。なぜだかわかりますか？

☞なぜ行動プロセスのイメージがないと、意味ある振り返りができないのでしょうか？

山田：……
講師：意味のある振り返りができるかどうかは、実は行動する前に決まっているのです。成功するための営業プロセスのイメージを持って臨む、つまり成功するための因果の仮説から導かれた意図を持った行動をすれば、おのずと因果仮説が正しかったかを検証したくなる。それが次につながる、意味のある振り返りです。
　本来、そのサポートをすべきなのは上司です。もし上司が成功に導くプロセスをイメージできていないのであれば、部下と一緒にそれを考えなければなりません。そうしなければ部下への丸投げになり、プロセス管理はできません。当然、結果の評価も○×でしかできず、いつまでたっても経験から学ぶことができないわけです。
山田：なるほど、これまで何がいけなかったのか、わかりました。
講師：一方、成果にこだわれば、経験からより多くのものを学べるということについても、確認しておきましょう。なぜ、成果にこだわると学びも増えるのでしょうか？
受講生Ｅ：成功するためのプロセスのイメージを、具体的によく考えるからです。
講師：良い結果を出したいという気持ちが強ければ強いほど、想定した結果が出なかったときくやしくて、プロセスのどこに問題があったのか、徹底的に解明しようとします。それが学びを深めるんです。また、絶対に成果を上げなければいけないと自分を追い込むことは、自分に対する試練やチャレンジの度合いを上げることでもあります。CCLの調査結果にもあったように、試練やチャレンジの度合いが増せば増すほど、そこからの学びは大きなものになります。だから、成果にこだわることが重要なのです。
受講生Ｆ：よく成功体験が大切だと言われますが、それと、成果にこだわると学びが増えるということとは、何か関係があるんでしょうか？
講師：成果にこだわって成功に導ければ、それが成功体験となって、その人の自己効力感を向上させると言われています。自己効力感とは、ある成果を出すためにどう行動したらよいかを予期すること（結果予期）と、自分にはそのように行動する力があるという自信（効力予期）の２つの要素の掛け算ですが、成果からの学びはその両者にプラスに働きます。また当然、成果を早く出せば、新たな成長機会が組織か

ら与えられるというメリットもありますね。
受講生F：理屈はわかるんですが、いまの仕事に納得していない場合もありますよね。そういうときは、自分のやりたいことをほかに模索するしかないのでしょうか？

☞みなさんもそんな経験はありませんか？　そんなときには、どのような姿勢で臨みますか？

講師："青い鳥症候群"ですね。残念ながら、目の前の仕事にベストを尽くし、早く成果を出すことにこだわらなければ、学びの機会を放棄することになりますし、自分は何が好きで何が向いているかも、本当のところはわからないでしょう。

受講生G：一方で、ある程度権限のある立場でないと学べないこともあるのでは？

講師：たしかに立場や責任が人を成長させるのは事実ですが、その立場になる前から、係長であれば課長の立場で、課長であれば部長の立場で、部長であれば経営者の立場でと、1つ上の立場で物事を考える習慣を持つようにすれば鍛えられます。

たとえば、組織のビジョンが明確でないということをしばしば聞きます。教科書論的には、ビジョンは組織のトップが示すものですが、だからといって常々ビジョンを持つよう意識していない人は、その立場になってもできないでしょう。

＊

講師：次に、Off-JTから何を学べるかを考えてみましょう。そのメリットの1つは、非日常の学習の場で、日々のルーチンの中では考えないテーマや物事の見方に触れられることです。山田さんは外部の学校に通ってみて、どのような感想を持ちましたか？

山田：私はメガバンクに15年間勤務しているのですが、よく「銀行の常識は世間の非常識」と言われますよね。外の世界を知らなければ、これからの激動の時代で使いものにならないのではという危機意識が強くありました。事業会社の方々と議論することで、自分の見方がきわめて偏っていて、なおかつ視野が狭いということを痛感しました。

講師：外の世界を知ることで、自身の世界とのギャップを知る。それは自身が目指すべきリーダー像と、現状との差を知る道しるべでもあります。同じ事象であっても、所属してきた業界や業種、職種によって、物事の見方や課題の捉え方が異なります。それらは、その業界や会社の成功体験の蓄積によるものですが、今日のような変化の激しい時代には、競争のルールも刻一刻と変化し、成功体験や常識が通用しないことも多い。だからこそ、異なる業界や企業の方と議論することは、新たな切り口

で複眼的に思考することの訓練になり有効なのです。特に規制の多い業界の方ほど、広い世界に触れることを強くおすすめします。
山田：もうひとつ、考え方のベースが違う方をリードすることや、コンセンサスをつくっていくプロセスも、大変勉強になると感じました。
講師：いまや企業連携など、他社と協力して目的を達成するのも当たり前となりました。そこでは、社外のネットワークを各方面に広げ、異質性の高い人々と議論し、合意形成して巻き込んでいく力が求められます。ネットワーク構築やヒューマンスキル醸成も、今後のリーダーには必要だということです。

解説

ここまでさまざまな視点から自分を客観視してきた。そうして知った自身の現状と、理想の間のギャップを埋めるには、どうすればよいのだろうか。自分自身をありたい姿に向かって成長させるには、大きく分けるとOJT（On the Job Training）とOff-JT（Off the Job Training）の2つのアプローチがある。

OJTは仕事の中で日々行うものであり、成果を出すことに徹底してこだわること、そのエネルギーをもって試行錯誤を繰り返し、**成功体験**を積むことが重要である。成功体験は前にも述べたとおり、自己効力感を育てるものであり、このようなポジティブな評価は、その後の――ポジションとともにさらに大きくなる――難所を乗り切るために、大いに役立つものである。

そうして経験を積みながら、一方で、Off-JTによって広い視野を獲得していく。常に世間の目で、自分の経験や成長を相対化することが、次なる目標を具体化することにもつながっていく。

◆経験から学ぶ

ありたい姿と、現状の自分とのギャップを埋めるということは、自己成長を遂げることにほかならない。ストーリー中に挙げたCCLの研究結果によると、学びがもたらされる要因としては、「試練を経験すること」が34％で最も多く、「挑戦的な課題」が27％、「他人からの学び」が22％、「その他の出来事」が17％という順になっている。人間は経験を通じて多くのことを学ぶのである。

では、試練を経験しさえすれば、みな等しく成長できるのだろうか。ここに、まったく同じ能力・知識を持った2人の若手社員がいて、まったく同じ経験をしたとしよう。

1年後の2人の成長度合いがまったく同じになるかといえば、実はそんなことはなく、2人の成長度合いには差が出るのが普通である。それがわずかな違いでしかないこともあれば、大きな差になることもある。では、何が差をもたらすのか。それは経験への向き合い方だ。

経験から学ぶプロセスを分解すると以下のようになる。このプロセスをうまく回していけば、経験を成長に結び付けることができる。

- **自己分析を的確に行い、正しく認識する**：そもそも、自分自身の現状分析がしっかりできていなければ、経験から学ぼうという姿勢になれないだろう。
- **試練や困難を前向きに捉える**：「試練はそれを乗り越えられる者にしか訪れない」とよく言われるが、逆境こそが人間を成長させる絶好の機会であると、ポジティブに物事を捉え直すことである。目の前にある厳しい現実を直視しながらも、未来に対しては、絶対に成し遂げられるんだという自らの可能性を信じることである。
- **徹底的に考え、明確な意図を持って行動する**：直面する課題に対して、自分の頭で徹底的に考えることがまずは必要だ。そのうえで1つ1つの行動に意図を持って臨むと、おのずと結果に対する意識が高まる。結果への意識が高まれば、想定どおりの結果でなかった場合に、なぜそうなってしまったのか、原因を追及したくなる。それが学びを生み出す。
- **振り返り／学びを言語化する**：振り返ることによる気づきや学びを明確化し、言葉に落とし込まなければ、理解は進まないし、次の行動にもつながらない。
- **学びを他人に教え、自ら実践する**：経験からの学びを他人にも教えることで、自らの理解がより深まる。自ら実践することにより、自分の中に学びが定着する。「意識を変える」とよく言うが、意識が変わったかどうかを知る唯一の方法は、行動習慣が変わったかどうかを見ることである。

次に、この学びのサイクルを回して自己成長していくうえでの難所について、いくつか考えてみよう。

◆成果にこだわり成功体験をつかむ

経験の中でも成功体験は、人間の可能性を飛躍的に高める。まず、成功体験は本人に自信をつけさせる。また、成功体験を振り返ることで結果を出すための仕事のプロセス（型）が身につき、成功の再現性を高めることができる。成功すれば組織から信頼を得

て、次の新たな挑戦機会が与えられる。同時に、こうしたポジティブな経験を重ねることで、自分のやりたいことが明確になってくる。このように、成功体験はグッドサイクルをもたらしてくれるのだ。

しかし、右肩上がりで市場が成長していた時代とは異なり、いまは成功体験を得る機会自体が少なくなっている。事業によっては"千三つ"（千のうち３つ程度しかうまくいかないという意）と言われるように、ほとんど成功しないものだ。これでは、成功体験のグッドサイクルはなかなか回らない。

自信も、仕事の型も、組織からの信頼も、そしてやりたいことも見つけられずに、その原因を組織のせいにして不満ばかりを募らせる人が目につく。自分のやりたいことはほかにあるかもしれない、という幻想ばかりを追いかけ、現実逃避の転職を繰り返す、青い鳥症候群に陥ってしまっている人も多い。

こういう時代だからこそ、若いうちから成果にこだわって、いま与えられている機会に全力を注ぐ姿勢が必要である。一生懸命やることが仕事を楽しくするコツでもある。いまある自分が、いまある所でいちばん幸せなのだと考え、自分で緊張感を高めて取り組むことが、前向きな姿勢をつくる秘訣である。そして、直面している課題や困難から逃げずに、頭がちぎれそうになるまで考え抜き、あきらめずに行動することだ。成果も出していないのに、その仕事が好きとか嫌いとか、自分に合っているとかいないとか、勝手な判断を下していては、いつまでたっても成功体験は勝ち取れない。成果や実績は、それ自体がとても大きなパーソナルパワー（個人の力）になるのである。

◆自己効力感を高めるための振り返り

第２章２－４で触れたように、アルバート・バンデューラは、人間は外界に対して働きかけを行い、求める結果を導くことができるという**自己効力感**を提唱した。自己効力感は、ある結果を導くためにどのような行動をすればよいかを予期できる力（結果予期）と、自分にはその行動をする能力があるという自信（効力予期）に分解でき、自己効力感を高めるには、以下の４つの要素が必要であるとした。

- 制御体験（成功体験）
- 代理体験
- 言語的説得
- 生理的状態

最も重要な要因である制御体験（成功体験）に関しては、なかなか成功実感を持ちにくい時代だからこそ、いま目の前にある機会に全力を投入し、成果にこだわる姿勢が大事であることは、前述したとおりである。
　もう1つ、自信を深めるのに大切なのは、振り返りに対する姿勢である。なかなか成功実感を持ちにくいのは、視点を変えれば、目標達成のためのハードルが高く、なかなかそこにたどり着けないからだ。ビジネスリーダーのコミットメントへの振り返りを見ると、「○○ができなかった」というのが圧倒的に多い。もちろん、できなかった理由を振り返ることも有益なのだが、そればかりだとどういうことになるか、想像してみてほしい。ある意味、それは自己否定の連続になり、自信喪失につながりかねない。これが、振り返りで陥りがちな罠でもある。
　では、どういう姿勢で振り返ることが大事なのか。目標には達していなくても、すべてがダメなわけではなかったはずだ。ましてや何も努力しなかったわけではない。努力して前進した側面については、しっかりポジティブに自己肯定する姿勢がとても大事である。そのうえでまだ足りない部分を反省すればよい。
　どうしても行動を否定的に評価してしまう姿勢は、内省のときだけに出るわけではない。日々のコミュニケーションや、他者を評価する際の姿勢も、批判的になっていることが多い。そうしたリーダーに導かれる組織は、たまったものではない。批判的であっても、同時に建設的な代替案を出したり、改善策を提案したりするのであればまだ救われるが、ただ批判に終始するだけでは、組織のエネルギーは奪われていくばかりだ。リーダーの内省の特徴は、リーダー本人に閉じる話ではなく、組織風土にも影響を与えるのである。

コラム◎公式権限を持つまでに後輩指導でパワーを磨こう

　管理職になる手前のビジネスパーソンには、公式権限（ポジションパワー）を持てばもっと仕事がしやすくなる、という幻想がしばしばある。しかし、その状態ではポジションパワーの効力は限定される。権威の力を過度に信奉していると、公式権限を持ったときにそれを振りかざし、かえって組織の成果が出なくなるのだ。
　そうならないためにも、公式権限を持つまでに、パーソナルパワーやリレーショナルパワーを醸成しておくことが大事だ。この2つのパワーを磨いておけば、ポジションパワーを持ってもそれを乱用することなく、効果的にバランスよく使えるようになる。

では、管理職になる前に、パーソナルパワーやリレーショナルパワーを鍛える機会として、どのような場が考えられるだろうか。その絶好の機会（経験）は、後輩の指導である。

　若いうちから「仕事への基本姿勢」（成果にこだわるなど）や「組織人としての基本」（まず自分から相手に施すなど）が身についている人は、後輩が入ってきたときに指導役を任されることが多い。それが管理職の前哨戦ともいうべき経験となり、その後のパワー構築の基盤となるのである。

　後輩の指導を任されたら、それを権威によってではなく、人間性によって人に影響を与えられるようになる訓練の機会と捉えてほしい。そして、この訓練を通じて、人に対して関心を持ち、理解を深めるという基本姿勢を身につけるように努力する。そうすれば、後に管理職となり公式権限を持った際にも、信頼関係に基づいて部下をリードすることが可能になる。持続的に人に影響力を与えるうえで不可欠な、人間性というパワー基盤が醸成されるからだ。また、謙虚になって、上司が求めていることを正しく理解する姿勢を学ぶこともできるだろう。

　後輩への関与は同時に、自分の未熟な点（他責の姿勢など）を客観視する最初のチャンスでもある。自分のパワー基盤とその有効性を客観的に見つめるために、他人からフィードバックをもらう重要性を知ることができる。

　後輩を指導するためには、自分自身の仕事の型やプロセスを振り返り、言語化する必要がある。それが自身の専門性や仕事の社会的意義への理解を深めることにもつながる。他人とのかかわりを通じて、パワー基盤となる専門性の深め方、志の醸成の仕方を知ることができるのである。

◆Off-JTから学ぶ

　ここまでビジネスパーソンの学びに最も影響を与える仕事上の経験の重要性と、その学びを成長に結び付けるポイントについて考えてきた。仕事を通じて学ぶのはいわゆるOJTに入ることだが、仕事以外の場で学ぶOff-JTについても、少し考えてみよう。

　Off-JTの効用は、具体的に強化したい能力や知識にフォーカスしたプログラムを、個別に受講できることだ。Off-JTの場として代表的なのは、社内の企業研修と社外の異業種の人たちが集まるビジネススクールだ。

　最近の企業研修では、ケースやレクチャーで経営の定石や考える力を訓練した後に、自社の経営課題について議論し、経営に提言するアクション・ラーニングという形態が

増えている。経営に採択された提言内容は現場で実行されるので、Off-JTとOJTの垣根を取り払った実践型の学習形態といえる。

社外のビジネススクールなどを受講することの効用には、以下のものがある。

❶経営を擬似体験する

バンデューラは自己効力感を醸成する方法の1つに代理体験を挙げたが、企業研修やビジネススクールの中で経営を擬似体験できるのがケースメソッドである。

これは、自分たちが経営者であると想定し、実際の企業事例をもとに、経営判断の擬似体験を行う学習法である。実際の企業事例で経営環境を細かく分析し、とるべき戦略、意思決定についてディスカッションする。その過程で「経営の定石」を習得し、「考える力」を養う。また、自分の考えを積極的に発言することで、「人を巻き込む力」（伝える力）も磨かれていく。ケースメソッドを何度も繰り返し行うことで、3つの能力を伸ばすことができ、自己効力感の向上につながる。

❷社外の人と議論する

社外のビジネススクールの魅力は、何といってもさまざまな業種・企業のリーダーたちと議論し、交流できることだ。

社外の人たちと議論し交流することで、具体的に次のようなメリットが期待できる。

- さまざまな業界に触れることで、世の中の潮流を知る（内向き志向の打破）
- 異なった、多様な視点に触れることで、視座が高まり、物事の見方に幅が出る
- 異質性・多様性が自社・自己のアイデンティティの理解を促進する
- 利害関係のない他社の仲間（メンター）と悩みを共有することで力が湧いてくる
- 志の高い他社のリーダーと交わることで刺激を受ける
- 社外のリーダーとネットワークができる

このように社外のビジネススクールで学ぶことで、「経営の定石」「考える力」「人を巻き込む力」、そしてその中核にあるべき「志」といったパーソナルパワーと、社外のネットワーク構築によるリレーショナルパワーの向上が期待できるのである。

環境変化が激しく、既存の枠組みが日々変化していく社会においては、内向きにならず、常に社外に向けてアンテナを張り、関心を持つ姿勢がより重要になってくる。社外のビジネススクールのような場の価値が、以前より高まってきているのは間違いない。

◆まとめ

　ありたい姿と現状とのギャップを埋めて成長するための方法には、OJTとOff-JTの2つがある。
　OJTを通じて学ぶには、PDCAのサイクルを回すことが前提になるが、これを意味のあるものにするには、行動の前に因果関係の仮説を持つこと、成果にこだわること、振り返り／学びを言語化すること、などが重要となる。
　特に、成果にこだわり、小さくとも成功体験を積むことが大事で、成功への努力はポジティブに自己評価して自己効力感を育てていくことが、学びによって成長するうえで重要になる。
　Off-JTでは、経営を擬似体験すること、さまざまな立場の人とネットワークをつくることが、大きな効用である。

【キーワード】
　・成功体験
　・自己効力感：アルバート・バンデューラ

第5章
リーダーシップを発揮する

第5章の概要と構成

◆概要

　第4章では、自己のリーダーシップの能力をいかに開発するかについて述べた。第5章では、実際に日々の仕事の中でいかにリーダーシップを発揮していったらよいのか、その要諦と行動上で想定される難所、さらにその克服法について考えてみたい。

　ここでは、リーダーのとるべき行動をプロセスで捉えることにする。そうすることでより実践的になり、行動の再現性も高まると考えるからである。ここで言うプロセスとは、目的・目標の明確化と共有→計画立案→実行と振り返りのPDCAサイクルである。

　なお、このサイクルは、組織の上に立つリーダーに限らず、人が他人に働きかけて何かの行動を起こそうとするときに、だれもが意識すべきことである。したがって、これから述べることは仕事やポジションを問わず、適用できる考え方である。

◆ポイント

5-1　目的・目標の明確化と共有
　部下をリードしていく際の出発点が、目的・目標を明確に示し、メンバー間で共有することだ。ところが現実には、成功基準があいまい、目的・目標に取り組む意義に自らが納得できない、伝えたつもりになってしまう予断、目的・目標がメンバーに共感されないといった難所があり、その克服がカギとなる。

5-2　計画立案
　目的・目標を共有したら、次は、いつまでに、だれが何をやる、といった具体的な計画を立てる。丸投げ・丸抱えになることなく、部下への適切なエンパワーメントを行いながら、成果を残すことを追求する、難易度の高い行動である。

5-3　実行・振り返り
　現実に部下を動かしていくためのコミュニケーションや、その後の振り返りにおいて

も、いくつかの難所が存在する。人を動かすには、「影響力」などの人間心理についての理解が欠かせない。また、振り返り段階では、リーダー自身が心理的な落とし穴にはまらないよう、注意が必要である。

5-1　目的・目標の明確化と共有

CASE

【状況設定】
　軍司智子はヘルスケア業界の中堅企業に入社して13年目を迎えた。最近、課長に昇格し、営業部内のあるチームのリーダーとなった。部下を抱え、営業目標に責任を持つことになったのをきっかけに、ビジネススクールに通い始めた。

【本日のテーマ】
・計画を実行するための第1ステップとして、目的・目標を明確化し、チームで共有する
・その際の難所と対応策

【授業開始】
講師：今日は、現実の場面でリーダーシップをどのように発揮すべきか議論していきます。ここではリーダーシップの発揮の仕方を、時間軸を意識したプロセスに分解して考えてみたいと思います。さて、**なぜプロセスで考えるのでしょうか？**

☞**読者のみなさんも考えてみてください。**

受講生A：手順を意識できるので、行動に落とし込みやすい。自分のリーダー行動のどこがうまくいっていないのか、チェックしやすい。有効なリーダー行動を再現しやすい、といったことでしょうか。
講師：いいですね。では、みなさんが行動しようとするとき、最初に考えることは？
軍司：それが自分にできるかどうか、ですか。
講師：いきなり？　もちろん、どういう行動をとるか考えるときには、そういう観点からのチェックも行いますが、まず始めに考えることとしては何がありますか？

軍司：目標ですか？
講師：ご自身の例で説明してもらえますか？
軍司：来週は新規チャネル開拓に注力する予定ですが、なぜそう考えたかといえば、現時点で四半期の営業目標の達成が厳しいと感じているからです。営業の数値目標が私を行動に駆り立てる起点になっています。
講師：営業目標を達成するということは、軍司さんにとってどんな意味があるのですか？　それを達成しなければならない理由と言い換えてもいいんですが。
軍司：数字を達成しなければ、チームリーダーとしての責任を果たせないからです。責任を果たせなければ自分の給料も上がりませんし、昇進もできない。チームのメンバーたちの給料も上げてあげることができません。
講師：軍司さんは、営業目標を達成できれば"ワクワク"しますか？
軍司：……数値目標に関してはないですね。義務感でやっているというのが本音です。
講師：昇給・昇進以外に、営業目標を達成しなければならない理由はありませんか？　給料などの経済的報酬は、長期的な動機づけ要因にはならないと言いますよね。

☞ **みなさん自身は、何のために目標を達成しようとしていますか？**

講師：そもそも、軍司さんはなぜ、いまの会社に就職したんですか？
軍司：他社がやっていないようなユニークな商品で、社会の人々の健康をサポートし続けたいという企業理念に共感したからです。
講師：もし軍司さんの会社がなくなったらだれが困るかと聞かれたら、どのように答えますか？
軍司：……。ヘルスケア業界は競争相手も多いし、似たような代替商品をすぐ出してくるので、正直、消費者はあまり困らないでしょうね。
講師：いまはそうかもしれませんが、これからはどうありたいですか？　だれに困ると言われたいのか、軍司さんの意思を聞きたいですね。
軍司：先ほどの就職した動機とも関係しますが、うちはニッチながらも医薬品も手がけています。その技術と開発力で他社にない革新的な商品を出そうというDNAがあります。
講師：御社が革新的な研究開発や商品開発を怠ると、だれが困るのでしょうか？
軍司：常に革新的な商品を信頼して買ってくれている、世界の人々の健康が損なわれることになりますね。そうか。どうしても短期の成果ばかりに気を取られて、そこまでつなげて考えたことはなかったですね。いま、ハッとさせられました。

☞ **みなさんは、自社の社会における存在意義について、どうありたいと考えますか？**

講師：いまは競合他社にすぐに商品を模倣され、シェアを奪われてしまうという現実もあるでしょう。ただ大切なのは、自身がどうありたいかという、自らの存在意義です。それが、いくつもの大きな壁を乗り越え続けるエネルギーの源泉になるのではないでしょうか？
　では、自らの存在意義を定点観測する際の指標は何だと思いますか？
軍司：それが売上げとか利益、市場シェアなんですね。
講師：そのとおり。では、ここまでのご自身の気づきを言語化するとどうなります？
軍司：「組織のリーダーたるもの、設定した目標をなぜ達成しなければならないのか、やらないとだれがどう困るのか、その大義・目的まで深く腹に落とさなければ、持続的なエネルギーにはなりえない。そのうえで、大義の実現度合いを測る指標として、具体的目標を位置づける必要がある」、こんな感じでしょうか？
講師：いいですね。売上目標の達成そのものが目的だとリーダー自身が思考停止していたら、そこにワクワク感は生まれないでしょう。リーダーが目標に対してワクワク感を持たなければ、部下たちはリーダー以上にワクワクできるわけがない。まずはそのことを肝に銘じてください。
　それでは、次に行きましょう。目標（What）と、その上位にある大義・目的（Why）がリーダーの頭の中でしっかり整理されたら、次の難所は何でしょうか？
受講生Ｂ：それを組織のメンバーにいかに伝え、動いてもらえる状態にするかです。
講師：**目標を伝えるのに悩んでいる**リーダーの方いますか。どんな点が難しいですか？

☞ **みなさんの場合はどうでしょうか？**

軍司：再び登場で申し訳ないです（笑）。先ほどの営業目標のように、数字で明確に示せるものはいいのですが、たとえば営業活動の効率化を図るといった定性的な目標は、なかなか理解してもらいにくいですね。
講師：営業活動の効率化って、そもそも何ですか？
軍司：厳しいご時世なので、全社的に人件費の削減をしなければならない状況があります。その中で、少ない人件費でいかに営業成果を上げるかということです。
講師：理解してもらいにくいのは、どのあたりでしょうか？　その背景や目的についてなのか、営業活動の効率化のゴール（目標）をどう定めるかについてなのか。

軍司：両方ですね。ただ後者の目標の定量化については、メンバーと相談しながら決まりつつありますが、なぜこれを進めなければならないかが腹に落ちないようです。
講師：背景説明などはしっかりされたんですか？
軍司：会社がこんな状態だし、いまやらなきゃいけないということは話しました。でも、わかると思うんですよね。会社の現状を考えれば。
講師：そこが落とし穴なんじゃないですか？　軍司さんはリーダーだから、経営の現状と厳しさについては十分理解されているでしょう。でも部下のほうは、軍司さんに比べて受け取っている情報は圧倒的に少ないですし、たとえ情報共有できたとしても、どれだけクリティカルな問題であるか、理解するにはそれなりの経験年数が必要ですよ。
軍司：見ている世界が違う、情報の解釈力に差があるということは、いま再認識しました。でも正直、こっちも忙しいからそれぐらいわかってよ、とも思いますね。
講師：私が忙しいことをわかってほしい、という本音ですね。でもそれが、部下に対してはマイナスのメッセージを発信していることにお気づきですか？
軍司：相談しにくい雰囲気をつくってしまっている、ということですね。
講師：よくわかっているじゃないですか（笑）。軍司さんは、夕方になると部下から難しい相談を持ちかけられませんか？
軍司：そうなんですよ！　私が帰ろうとすると、決まって難題を持ち込んでくるんです。
講師：日中は忙しそうでなかなか相談できないんですよ。でも夕方になって、やっぱりにっちもさっちもいかなくなる。その頃には、問題はより解決しづらい、難しい状況になっていることが多いんです。本来、相互理解のためには、部下が相談や質問をしやすい環境にしてあげる必要があります。それを自ら遮断しているわけですから、目標や目的の理解に齟齬が生じても、当然ではないですか。
軍司：自業自得ですね……。すべて自分に非があるということを再認識しました。
講師：ここまで、リーダーがメンバーと正しく目標を共有することの難しさについて、議論してきました。では、正しく目標を共有できたら、それで終わりでしょうか？ 目標共有という点で、ほかにリーダーが意識しなければならないことは？
軍司：それで部下がやる気になってくれるかどうかですね。
講師：部下個人にとっての意義とか利益実感が必要だということですよね。先ほどのやりとりで、軍司さんには社会への貢献実感が、ご自身の動機づけの源泉になりうることが明らかになりましたが、何に喜びを感じるかは人それぞれです。軍司さんの部下は、**どんなことに喜びを覚えるタイプ**でしょうか？

☞ **みなさんの部下はどんなタイプでしょうか。考えてみてください。**

軍司：人から感謝されることに喜びを感じる人、とにかく難しいことに挑戦するのが好きな人、自分が成長できていることに喜びを感じる人、の3パターンぐらいに分かれそうです。

講師：掲げる目標や目的が、部下それぞれの喜びの源泉とどのようにつながるかを示してあげられればよいですよね。どうしましょうか？

軍司：私自身もそうですが、人から感謝されることに喜びを感じる人には、「我々はどの競合よりも世界の人々の健康を願い、人々から感謝される存在でありたいと考えている。それを実現するために、高い技術力で革新的な商品を開発し、世に送り出している。あなたは、その商品が人々の健康にどれだけ寄与するか、消費者に粘り強く啓蒙し続ける役割を担っている」と言ってあげればよいのでしょうか。

講師：いいですね。あとの2つのタイプについても、ぜひ考えてみてください。こうしたことは、上司が一方的に説明するのではなく、本人に考えさせながら答えを引き出せればいいですね。いくら論理的にわかりやすく説明しても、部下がそれをどう受け止めるかはわかりませんから。自分のこととして腹に落とすには、やはり自ら考えて言語化してみないと、その後の行動には結び付きません。

　会社の目標・目的を、自分の目標にやりがいを感じながら落とし込むには、個別の懇切丁寧なコミュニケーションが不可欠です。とはいえ、リーダーも忙しいわけですから、手を抜かずにコミュニケーション・コストを最小化することがとても重要なのです。そのために、どんなことを意識すればよいでしょうか？

受講生C：視点を同じくするために、日常の情報共有をしっかり習慣化することです。

受講生D：理念を共有することではないでしょうか。ここまでの議論を振り返ると、企業の存在意義・大義である理念につながっています。やはり、それを共有することが結果的にコミュニケーション・コストの最小化につながるのでは、と思いました。

講師：では、**理念の共有**は、いつ、どのようなやり方で行えばよいのでしょう？

☞ **みなさんの会社はどのように理念を共有していますか？**

受講生E：「鉄は熱いうちに打て」で、入社時に自社の理念をしっかり理解する時間を設けるのがよいのではないでしょうか。実際にうちの会社では、新入社員研修の冒頭で、人事部長が自社の理念について解説するようにしています。

講師：多くの会社にそうした機会がありますが、もっと前にすべきことはありませんか？ 採用時に、自社の理念に合った人材を選ぶとか。
軍司：でも、かなり大人数が応募してきますし、一人ひとり見極めるなんて無理ですよ。
講師：御社ではどのような人材に来てほしいか、組織内で共有化されていますか？
軍司：……。人事からは、一緒に仕事をしたい人を選んでくださいと言われます。
講師：結果的にそれは、理念に合う人を採用していることになるでしょうね。
軍司：自分が一緒に仕事をしたいということは、自分の価値観に合っている人を選んでいるということですか？
講師：そうです。では御社の**大事にしたい価値観**とは？

☞ **みなさんの会社が大事にしている価値観は何でしょうか？**

軍司：それを言語化せよと言われても、すぐには出てきません。ましてや組織内でそれが共有化されているとは、とても言えませんね……。

解説

チームの目標達成はリーダーの最重要ミッションといっても過言ではない。その際、メンバーに目的・目標を明確に示し、共有することは不可欠である。

しかし、それはなかなかうまくいかないことが多い。同じ会社にいても、メンバーの個性はそれぞれであり、目的・目標をすんなり受け取る人もいれば、なぜ取り組むべきか納得いかない人もいる。面従腹背もありうる。

一方でリーダー側も、自分は伝えたつもりでも、実際のところ予断にすぎない、ということも多々ある。マネジャーとメンバーでは、普段得ている情報レベルが違うし、経験値による解釈力が違う。前提が違うことを、つい忘れてしまうのだ。

さらには、そもそも組織全体において、成功基準が明確でないケースもある。伝わらない、と思い悩む前に、その原因を要素分解してみる必要がある。

◆目的・目標の明確化

第4章4－1で説明したように、人・組織を動かすリーダーの行動の起点は、「ありたい姿を描く」こと、すなわち行動する目的・目標は何かを明確にすることである。目標を明確にしなければ、それを実現するためにどう行動したらよいかがわからないし、

振り返ってその行動が良かったのか悪かったのかも評価できない。さらに、目的が明確にされなければ、実現に向けて人の動機づけがなされないことも忘れてはならない。

だが現実には、これらが意外にできていない。しばしば見られる難所は以下の2つだ。

❶成功基準があいまい

会議の生産性の低さがしばしば話題になるが、生産性が低く、不満が噴出する会議というのは、その目的や、会議終了時点での具体的な**成功基準**があいまいなものが多い。

あるいは、日々仕事の現場で使われる「課題」という言葉も曲者だ。そもそもその課題を解決して、具体的にどのような状態になればよしとするのか。顧客のクレームなど、顕在化した課題であればわかりやすいが、顕在化されてない設定型の課題などは、成功基準を明確にしておかなければ打ち手の評価もできない。その行動によって実現したい姿はどのような状態であるのか、さらには、何をもってそれが実現できたと判断するのかを、リーダー自らが明確にすることが大切である。

❷目的・目標に取り組む意義を自らが納得していない

目的や目標が明確だとしても、それだけで人が動機づけられるとは限らない。それをやる意義が、リーダー自らの腹に落ちているかどうかも1つの難所である。

たとえば、経営陣からろくに説明もないまま、売上げなどの数値目標がトップダウンで来ることも多いのではないか。なぜそのレベルの目標が必要なのか、目標を達成することでどのように自社のビジョンに近づくのか、それをリーダー自らが十分に咀嚼して意義づけ、部下に伝えられることはとても大切だ。

しかし、リーダー自身も腹に落ちないままその目標を受け入れ、部下に投げているケースが多いように思われる。それでは部下からの**共感**を得られないし、自分の中で、また部下たちの間にも、やってやろうという自発的なエネルギーが生まれない。リーダー自らのワクワク感なくして、部下の高揚感など期待できないのだ。

残念ながら長引く不況の下、日本企業はリストラや負の資産の処理に追われ、多くが前向きなビジョンを打ち出せないまま現在に至っている。ジョン・コッターは、不適切なビジョンの例として、「昨対〇〇％成長」といったように、過去の延長線上の論理に従った計画や予算を行動指針としたものや、コスト削減を柱に据えたものは、従業員のやる気を減退させ、不安を増幅させることになると言っている。

そして良いビジョンの要件として、「心躍ること」「大胆であること」「実現可能であること」「明快であること」「時間軸を意識していること」などを挙げている。たしかに、

いま元気な日本企業やスタートアップ企業には、高揚感あふれるビジョンがある。

◆目的・目標のメンバーに対する伝達・共有

「経営とは、目的に向かって他人に事を成してもらうこと」という定義があるように、リーダー1人が行動して目標を達成できることはまずない。高い目標であればあるほど、他人の力を借り、強みを最大限に発揮してもらい、チームで一致団結して取り組まなければ事は成し遂げられないのである。

　他人に事を成してもらうためには、リーダー自らが明確にした目的・目標をメンバーたちにしっかり伝え、理解してもらうとともに、実行意欲が湧くように共感してもらうことが必要になる。その際の難所が2つある。

❶伝えたつもりで、わかってくれているだろうと予断する

「目的や背景についてあれほど説明したのに、なぜ理解してないんだ。それぐらいわかってくれよ。こっちはそれでなくても忙しいんだから」――部下や後輩に対して、こうした苛立ちを覚えたことはないだろうか。そうなるのは、自分が多忙で、部下とのコミュニケーションを効率的にすませようと一方的に説明し、あとは部下の理解力に委ねてしまうからだ。これはリーダーの犯しやすい過ちの1つである。

　では、時間を十二分に取って説明しているのに、部下の理解が不十分であったり、間違っていたりするケースが起きるのはなぜだろう。それは、リーダーと部下とでは経験年数や立場が違い、物事を見る視点や情報を解釈する力にも差があるからだ。したがって、同じ情報を100パーセント共有したとしても、その解釈には違いが生じてしまうのである。昨今、経営情報をできるだけオープンにして、組織全体で見えている世界を共有しようという動きが顕著だが、その際にも、情報の解釈には違いが生じることは、押さえておく必要がある。

　そして、情報を出しっぱなしにせず、相手が正しく理解したかどうかを必ず確認するべきだ。確認するときは、理解した目的や目標について、相手の言葉で説明させるのがよいだろう。

❷メンバーが目的・目標に対して共感できない

　その目的・目標の実現が、自分にとってどのような意義を持つのかが腹に落ちているといないとでは、モチベーションが大きく変わり、成果にも大きく影響する。にもかかわらず、多くのリーダーはここに十分な注意や労力を払わず、権威によって強制すると

か、金銭的報酬だけを強調して動機づけようとしがちである。しかし、それではなかなかうまくいかない。フレデリック・ハーツバーグの動機づけ・衛生理論によると、金銭的報酬などの衛生要因に手を打つことにより不満は解消されるが、そのことが満足感やモチベーションを高めるとは限らないとのことである。ちなみに彼は、仕事の満足度を向上させる動機づけ要因として有効なものは、達成感、承認、仕事そのもの、責任、自己成長の5つとしている。

相手にとっての意義を考えるには、どうすればよいだろうか。相手はどのようなことに喜びを感じるのか、相手が大事にする価値観について、リーダーが理解する必要がある。しかし、これは本人も明確に自覚できていないことが多いので、適切な問いを通じて本人に内省を促していくのがよいだろう。過去のうれしかった原体験から、何に喜びを感じたのか、なぜうれしいと思ったのか、と価値観の源泉にまで掘り下げていき、最後に言語化してもらうのだ。それが明確になったら、新しい仕事の目的や目標が本人の価値観とどう結び付くのか、リーダーがサポートしながら本人に気づかせるようにする。

もうお気づきかと思うが、この一連の流れは、リーダー自身が大事にする価値観を掘り起こし、それを仕事の目的・目標とつなげ、意義づけするプロセスとまったく同じである。したがって、リーダー自身がたどった思考プロセスを、メンバーたちにも問いを使って体験させればよいのである。

◆まとめ

リーダーとなって人を動かす際の出発点は、行動する目的・目標を明確化し、それをメンバーに伝え、共有することだが、意外にできていないことが多い。

しばしば見られる難所は、成功基準があいまい、リーダー自らが取り組む意義を納得していない、伝えたつもりでメンバーはわかってくれるだろうと予断する、メンバーが目的・目標に共感できない、の4つである。

いずれも、リーダーがどこかで思考の詰めを怠っているため、難所を生んでしまう。取り組むべき行動について、そして共に動くメンバーについて、きめの細かな配慮と深い思考が必要だ。

【キーワード】
・成功基準
・共感

5-2　計画立案

CASE

【状況設定】
　辻川宏は私鉄を中核事業とする持株会社で、傘下企業を統括する部門のマネジャーである。複数社の転職経験があり、現在42歳。高橋幸恵は教育サービス業のコンテンツ開発部門で課長を務める。現在39歳。それぞれ現職に就いて数年経ち、いっそうのキャリアアップに備えてリーダーシップ講座を受けている最中である。

【本日のテーマ】
・目標達成のために具体的な計画を立案する
・その際の留意点

【授業開始】
講師：目標が共有できたら、次は目標達成のための実行計画を立てるプロセスに入ります。計画立案の際にリーダーがまず考えるべきことは何でしょうか？
受講生A：いつまでに、だれが、何をするのかを具体化することです。
講師：だれがそれを具体化するのですか？
辻川：私の場合、リーダーである私がいつもやっています。最後は自分が責任を取らなければいけないのですから、人に任せるなんて絶対にできませんよ。
高橋：何でもかんでもイチからやっていたら、辻川さんがパンクしちゃうでしょう。私は部下に任せています。
講師：なるほど、お二人のスタイルは真逆ですね。まず辻川派、つまり人に任せずに自分でやってしまう派から見ていきましょう。そのメリットとデメリットは何でしょうか？

☞ **みなさんはどちらのタイプですか?**

☞ **それぞれのメリット、デメリットを考えてみてください。**

辻川：メリットとしては、この分野では自分がだれよりも経験があるので、しっかりしたプランをつくれることです。人に任せるより安心です。デメリットは、それでなくても忙しいのに、これ以上自分の仕事が増えるとパンクする不安があります。

講師：辻川さんの時間がなくなると？

辻川：自分が新しいことにチャレンジする時間がなくなりますね。新しいことをやってみたいという気持ちはあるのですが、緊急に処理しなければならないことが多すぎて、新しいことを考える時間の余裕がありません。

講師：ほかにデメリットは？　辻川さんはリーダーですから、成果を出すと同時にやらなければならないことがありますよね？

辻川：部下の育成ですね。でも、任せるだけが育成ではないと思います。それに、任せられるだけの力が部下になければ、結果は出ませんよ。我々リーダーは常に成果を求められているわけで、学校ではないのですから。任せられるレベルに到達していない部下には、まずはしっかり勉強しろと言っています。

講師：人は経験から学ぶ度合いがいちばん大きいという話を、以前にしましたよね。もちろん、仕事の重要度やリスク許容度、そして相手の力量によって、そもそも任せられるかどうかの問題があるでしょうし、任せるにしても、任せる度合いが変わってくるのは当然でしょう。辻川さんは、部下に部分的に任せるようなことはしないのですか？

辻川：中途半端に任せることはしていません。部分的に任せるとなると、そのプロセスをつぶさに見てあげる必要があるので、それこそ大変ですよ。自分でやってしまうほうが早いですし、楽ですね。任せるのなら、100パーセント任せます。

講師：**100パーセント任せる**とは、どういうことでしょう。今度は、部下に全部任せる高橋派に聞いてみましょう。高橋さんの場合、計画立案の段階から部下に任せるということですが、チェックはされないのですか？

高橋：リスク対策はきちんとしてねと念を押しますが、経験豊富で、まず間違いなくできるような部下に任せる場合は、いちいちチェックしませんよ。

☞みなさんは、部下にどのように仕事を任せていますか？

講師：任された側は、どう感じているんでしょうね？

高橋：意気に感じていると思いますよ。責任が人を育てるって言いますし。ただ、長年やらせていると、マンネリ感が出るかもしれませんね。

講師：ということは、その方にもっとチャレンジを促すことも必要かもしれませんね。

高橋：ただ、そうは言ってもローテーションもなかなか難しいもので……。

講師：同じ仕事であっても、過去のやり方に対してあくなき改善を求めていくこともできますよね。それが組織の成長にもつながりますし、本人の自己成長にもなります。前例踏襲が多くなっていませんか？

高橋：たしかに、お客さまの要望も少しずつ変わってきているので、やり方を見直していかなければいけないなとは感じているのですが。ただ、そのプロセスに関与する時間がなかなか取れなくて……。

講師：ということは、高橋さんは、自分が忙しいからという理由で、部下にすべての業務を割り振っているということですね？　その場合、中長期視点になりますが、部下の成長や組織の成長のために、あえて自分の時間を割くということをしていかないと、3年後、5年後にどうなると思いますか？

高橋：たしかに、まずいですよね。

辻川：いまのやりとりを聞いていて、実は自分も高橋さんと同じ罠にはまっていることに気づきました。私が部下に任せられないのは、部下の経験が浅いこともあり、自分が指導に相当の時間を割かなければ、任せても結果が出ないと思っているからです。結局、目先の自分のROI（投資利益率）だけで業務付与のジャッジをしていた。これでは、いつまでたっても部下は育ちませんよね。

講師：仕事を任せることを短期的な生産性だけで考えるのではなく、人を育てるという大事な視点を見失わないことです。100の力のある人に100の力でできる仕事を任せても、その人は成長できません。常にプラスアルファを要する機会を付与していくことが、リーダーの役割でもあります。それがエンパワーメントです。

辻川：人材育成と成果創出は、短期的には二律背反になりがちだけど、それを乗り越えなければ長期の成長はない、ということですね。

講師：はい。では次に、**計画づくりを任せる**際に留意すべきことは何でしょう？　計画づくりをしてもらう際の難所と言い換えてもよいでしょう。

☞ **みなさんが計画づくりを他人に依頼する際、気をつけていることは何ですか？**

受講生Ｂ：リスク対策をしっかり押さえているかが一番のポイントだと思います。
講師：リスクが何かを明らかにして、それが顕在化したときにとる具体的対応と、そもそもリスクが顕在化しないように事前に打つ施策の両方ですね。ほかには？
受講生Ｃ：潜在的リスクに近いことですが、実行段階で何が難しいかを、双方で確認しておくことが大事だと思います。
講師：**実行段階での難所**を具体的に押さえられているか、さらにその難所にどう対処しようと考えているかを具体的に描けているかですね。では、漏れがないかを含めて、その妥当性をしっかりチェックするにはどうしたらよいですか？

☞ **みなさんは何を基準に、計画の妥当性を判断しますか？**

受講生Ｂ：任せる自分が、ゴール達成までのプロセスと、何が難しいかを、頭の中で動画としてイメージできなければ、チェックできないと思います。
受講生Ｃ：私は、計画を立てるときはリスク対策も考えるのですが、なかなか計画どおりにいかないことが多いんです。実行フェーズでの問題なのかもしれませんが。
講師：実行段階での難所と対応策が、具体的に詰められていないところに問題がありそうですね。実際に部下の方は、どんなところでつまずいていますか？
受講生Ｃ：たとえば、他部門の人たちの意識を変えることに苦労します。目標達成のためには他部門の協力が必要なのですが、いくら説明してもなかなか動いてくれないんです。
講師：それは事前にわかっていたことではないのですか？
受講生Ｃ：たしかに想定はしていましたが、合理的に説明すれば動いてくれるという、淡い期待を持っていたのも事実です。具体的なアプローチまでは事前に十分詰めずに、見切り発車していました。なかなか手が回らなくて……。
講師：相手の意識改革が必要な場合、合理的アプローチだけではまず人は動きません。本当に目的を実現したいという強い思いがあるのなら、仮説に基づいた現実感のある対応策を考え抜いて臨む必要があります。では、**他部門を巻き込み、意識変革を必要とするような事案**を前に進めるために、まず考えなければならないことは何でしょう？

☞みなさんも他部門を巻き込んだ意識改革を進める際の手順を考えてみてください。

辻川：まずは、動いてもらわなければならない相手を特定すること。
講師：そうですね。会社のポリティクスなどを理解したうえで、キーマンになりそうな人、権限を持った人、あるいは公式権限はないけど実質的に影響力のある人はだれかを特定することですね。それは複数であるかもしれません。それから？
辻川：その相手が事案にどう反応するか、それはなぜなのかを考えます。
講師：そのために、相手の何を押さえますか？
辻川：相手の業務目標、仕事の優先課題、それらに対して事案がどう影響するか、です。
講師：その人の関心事、困っていること、仕事の優先課題、さらに性格や価値観、社内のネットワークなど、いろいろあるでしょう。では、それらを踏まえて？
辻川：相手へのアプローチを考える？
講師：どのように考えますか？
辻川：……
講師：2つの方向が考えられます。1つ目は、相手に動いてもらうためには、相手が欲しいものをあなたが与えられることを示す。これは相手にとってうれしい話です。もう1つは、相手が失いたくないものをコントロールする力があなたにあることを示す。これは不安や恐怖をあおるという、相手にとってはうれしくない話です。
辻川：なるほど、どちらのケースでも、相手が自分に依存しているという状態をつくるわけですね。これまで頭の中で考えていたことが整理されました。
講師：相手が自分に依存せざるをえない関係性をつくることは重要です。では、そこで意識しなければならないことは？
高橋：自分に何ができるかですか？
講師：そう、ご自身の持っている強みですね。それは公式権限であるかもしれないし、専門性や思考力といったパーソナルスキルかもしれない。あるいは、より偉い人との人的ネットワークであったりするかもしれない。いずれにせよ、相手が自分に依存せざるをえなくなる武器を使うのです。事前の計画段階で、このぐらいまでイメージを持てていたらどうでしょう？
高橋：はい、かなりうまくいきそうです。しかも、ここまで考え抜いたんだから絶対に実現してやろうという思いが、より強くなるように感じます。
講師：多くの企業で変革が進まない理由がここにあります。アクションが徹底・実行されず、同じ組織課題が3年、5年と解決されないまま、毎年議論の俎上にのぼって

は消える。要は、計画段階で十分に考え抜かれていないのです。
高橋：うちのトップの経営会議での口癖が、「で、どうやってそれを実行する？　そこでの阻害要因は何だ？　抵抗しそうな奴はだれだ？　それを具体的にどう動かしていくんだ？」なんです。その理由が腹に落ちました。
講師：ここまで事前に組んでいれば実行に移せますし、**実行後にもメリット**があります。実行後のメリットとは何でしょう？

☞ **みなさんも考えてみてください。**

高橋：……あっそうか。振り返りがしやすくなりますね。
講師：なぜ？
高橋：目的を実現するための行動仮説がプラン段階で具体化できていれば、想定したとおりの結果にならなかった場合、どの仮説が間違っていたのかを検証できますよね。
講師：そのとおり。次の行動改善につながる、学びのある振り返りができます。よい振り返りができるかどうかは、実は計画段階がポイントとなります。
高橋：PDCAはすべてつながっているということですね。

解説

　目標達成には、いつまでに、だれが何をやるか、具体的な計画が欠かせない。その際、部下やメンバーに何をどのように任せるかが、非常に重要である。
　ある仕事を100パーセント任せるのか、部分的に任せるのか。その場合、どの部分を任せるべきか。そもそも、その部下にその仕事を任せてよいのか。任せたことで、その部下の成長につながるのか。
　丸投げ・丸抱えは最悪のパターンであるが、往々にしてそうなりやすい。計画立案は、部下への適切なエンパワーメントを行いながら、成果を残すことを追求する、難易度の高い行動である。

◆計画立案におけるポイントと好ましくないパターン

　目的・目標の明確化と共有が終わったら、次はそれを実現するための具体的計画を立案することになる。計画立案においてのポイントは、計画立案をだれがやるのかと、計画内容をいかにチェックするかにあるといってよい。なお、ここでの計画立案とは、何

か具体的なプロジェクトを計画したり、経営全般にわたる計画を立てたりといった中期的な話だけでなく、次の四半期や半期に、だれが何をどの程度行うかといった、日常業務レベルの計画も含むものと考えていただきたい。

　計画立案の主体は、仕事の難易度、重要度、リスク許容度、緊急度と相手（部下）の能力などを見て、任せるかどうか、任せるならだれに任せるかを判断するわけだが、よく見る失敗は、リーダー自身が丸抱えするため人が育たないケースや、逆に、部下に丸投げしてしまったために成果が出ず、部下もつぶれてしまうようなケースだ。

❶ 丸抱え

　確実に結果を出したい、リスクを冒したくない、との思いは人間だれしも持つものだ。リーダーが十分経験を積んだ仕事で、かつリスクを回避する気持ちが強ければ、計画立案を部下に任せずに、自分で丸抱えする傾向が強まる。そのほうが確実に結果を出せるからだろうが、それでは部下は育たない。同時にリーダー自らも、新たなチャレンジ機会を失うことになる。その結果、組織全体が成長できないという事態に陥ってしまうのである。

　ただし、有事の際に迅速に、かつ確実に結果を出すためにリーダーが率先垂範することは、非常時のリーダーシップとして必要でもあり、この限りではない。

❷ 丸投げ

　丸投げというのは、計画策定から実行まで、すべてを部下に委ねて、そのプロセスにリーダーがいっさい関与しない状態だ。リーダーが多忙で、本人のキャパシティを超えて仕事を抱えていたりすると、そうなりやすい。

　部下の経験や能力で十分にこなせる仕事であれば、丸投げをしたことで失敗するリスクは小さいだろう。しかし、部下の成長を促すべき立場にあることを考えれば、部下の能力レベルより少し難易度の高い仕事を割り振り、リーダーがサポートしながらチャレンジさせるのが、本来のあるべき姿だろう。そうでなければリーダーとしての育成責任を果たせない。

　それでは、育成の観点から難易度の高い仕事を部下にやらせたとしても、そのプロセスにリーダーがまったく関与しなかったらどうなるだろうか。その場合、成果が出ずに失敗する確率が高いし、育成効果も認められない結果となる。したがって、リーダーが担うべき結果責任と育成責任のどちらも果たせないことになる。

◆エンパワーメント

　リーダーとしてどのように仕事を任せるのが、本来のあるべき姿なのか。それは、部下の能力レベルよりも少し難易度の高い目標を課し、その計画策定から本人に任せて考えさせ、行動を見守りながら必要に応じてサポートする、というやり方である。二律背反になりがちな成果と育成を、同時に追求していく、難易度の高いリーダーシップ行動である。第１章１−６で触れた**エンパワーメント**がこれだ。部下に主導権を与えてリーダーはそれをサポートするという意味で、同じ節で紹介したサーバント・リーダーシップにも相通じるものである。

　それを実践するうえでの難所を意識しながら、大事なポイントを見てみよう。

❶実現性の高い具体的な計画を策定させる

　計画立案を任せる際には、いつまでに策定しなければならないか、最終期限を明確にして指示を出し、必要があれば途中でアドバイスすることも伝える。策定に行き詰まったらすぐに相談できるよう、リーダーは日頃から部下が相談しやすい雰囲気をつくっておくことが大切だ。そして部下が真剣に考え、策定した計画を最終チェックする。

　計画内容をチェックするときの基本は、**６Ｗ１Ｈ**だ。すなわち、「何を目的に」（Why）、「だれが」（Who）、「いつまでに」（When）、「何を」（What）、「だれに対して」（Whom）、「具体的にどうやって」（How）、「その際のリスクと対策」（What if）が明確になっているかである。そしてさらに、「最終的にそれによって目標を達成できるか」（達成後の状態の定義）が組み込まれているか、しっかり確認することである。

　部下はこの計画に沿って実行することになるので、ここでのチェックが甘いと、後で不都合が生じる。たとえば、想定どおりに結果が出なかったとき、計画に沿って実行したのに想定外の結果となったのか、実行段階での阻害要因を見落としたためにうまくいかなかったのか、阻害要因への対処策を間違ったのか、といった原因分析を行えない。いかなる場合でも、結果責任はリーダーが負わなければならないが、計画段階での詰めが甘いと部下の執行責任も問えないことになる。

　経済が右肩上がりで成長していたときには、結果に対するリーダーの叱咤激励だけでそこそこの業績を残せたかもしれない。しかし、外部環境が変化して過去の成功体験が通用しない状況下では、求める結果を出すためにどのようなプロセスが最適なのか、そこを徹底して考え抜かなければならない。

　同じようなプロジェクトが組織内ですでに動いているのであれば、その進め方を１つ

の標準として参考にできる。過去のナレッジを活用するためにも業務マニュアルは有効だ。しかし、関係部署やメンバーの意識改革が必要とされるようなプロジェクトでは、過去のやり方を踏襲するのではなく、実行段階で想定されるメンバーの抵抗や阻害要因を1つ1つイメージして、その対処法を考えておかなければならない。きわめて非定型な、難易度の高いプロジェクトの場合には、リーダーも計画立案段階から参画して、部下と一緒に考えていくことが求められる。

❷現実感を持って人を動かす計画を策定させる
　人が他者からの働きかけで動く理由には、大きく分けて以下の3つがある。

- **合理的判断**：自分にとって、そうしたほうが損か得か、ロジックで考えて動く
- **感情・価値観**：必ずしも合理的、功利的ではないが、愛情や意志、恐怖などから自覚的に動く
- **生物的本能**：深層心理への働きかけによって、無自覚のうちに反応してしまう

　人を動かすために行いがちなのは、しっかりした事前準備をせずに、自分が正論だと思うことを一方的に相手に説き、納得してもらおうとするやり方、あるいは、自分の権威を振りかざして相手を服従させようとするやり方だ。しかし、これらは**相手起点での働きかけ**をまったく無視しているので、納得させることは難しい。
　相手起点での働きかけとは、以下の手順で1つ1つ丁寧に考えていくことである。

- 目的を達成するために動かさなければならない相手を特定する
- 動かさなければならない相手を知る
- 相手を動かすのに効果のある武器を使って合理と情理に訴える

　まずは、動かすべき相手を特定する。権限を持った人物、権限はないが実務面で影響力を持った人物を洗い出し、自分を支援してくれそうな人物と抵抗しそうな人物を分けてみる。
　抵抗しそうな人物をいかに懐柔するかが成功のカギになる場合、その人物のことをよく知ることが重要だ。どのような性格や価値観を持った人物なのか、どのような人物と親しい（影響を受けている）のか、といったことだ。それを踏まえ、当人の仕事の目標や優先課題に対してプロジェクトがどう影響するのか、どのようなニーズや感情をプロジェクトに持つのかなど、できる限り事実ベースで情報収集し、仮説を立てる。

そして、相手の関心事やニーズに応えるために、自分が持っている武器（強み）をいかに駆使するかを計画する。たとえば、相手が最新の技術情報を入手するのに苦慮しているのであれば、自分が得意とする技術情報チャネルや社外の専門家を紹介したりするなどして、相手が自分に依存せざるをえない関係性をつくることを考えればよい。

　成果とは、確からしい戦略と、それを正しく実行することの掛け算によってもたらされるが、戦略はしょせん仮説でしかない。ましてや、これだけ変化の激しい時代での成功確率は、相当低いことを前提とせざるをえない。
　そこで必要になるのは、正しく実行することを徹底することだ。それを支えるのが、スピード感を持って実行に移し、不断に修正を加えていく姿勢と、高い当事者意識と責任感で最後までやり抜く実行力である。

◆まとめ

　具体的な実行計画を示す際は、丸抱えや丸投げを避け、期限や実現可能性など現実感のある計画を、メンバーに考えさせながら策定していくことが望ましい。
　ここでも重要なのは、事前にしっかりと考え抜くことである。６Ｗ１Ｈを押さえた実現性の高い計画にしなくてはならない。
　加えて、他人に任せるのは不安だ、忙しいなかで細かいことを考えるのは面倒だ、自分の気のすむように振る舞いたい、といったリーダーの感情面の抵抗もある。これらを自覚し、克服していかなくてはならない。

【キーワード】
　・丸投げ／丸抱え
　・エンパワーメント
　・６Ｗ１Ｈ
　・相手起点での働きかけ

5-3　実行・振り返り

CASE

【状況設定】
　中堅広告代理店に勤務する大野康史は、入社15年目で営業一筋、いまは課長を務めている。エース級の営業マンとして着実にキャリアアップしてきた大野だが、昨今は勤務先の業績が芳しくなく、彼の課も思うように成果を上げられない。社内では、リストラやビジネスモデルの見直しが課題となっている。彼は、課長の職責を果たすためにはマネジメント全般を学ぶ必要があると考え、人材開発部門を説得してビジネススクールの受講を認めさせたのだった。

【本日のテーマ】
・計画を実行段階に移す際のポイント
・振り返り段階における難所と対策

【授業開始】
講師：今日は、相手に影響を与えるために実行段階で知っておくとよい人間の習性と、実行フェーズで陥りがちな罠、そして振り返りの難所について考えていきます。まず、みなさんは、どのようなときに行動に踏み出そうとしますか？
大野：約束した期限が迫っているときですね。最後の数日は徹夜もざらです。
講師：夏休みの宿題を最後の3日でやるタイプですね（笑）。ではなぜ最後に追い込むのでしょう？　アドレナリンが出て気持ちいいとか？
大野：まさか。崖っぷちで、大きなプレッシャーと不安でいっぱいです。
講師：不安や恐怖、危機感をあおられると行動せざるをえなくなる、というのが1つですね。人が行動に踏み出すのに、ほかにどんなきっかけがあると思いますか？
受講生A：いまの話と真逆ですが、私は一歩を踏み出したくなるようなワクワクする夢を提示してもらうと、やってやろうという気持ちになります。ポジティブ派なので。

講師：不安や恐怖、危機感によって動かすか、夢や希望によって動かすか。人は他者を動かす際、**理か情に働きかける**わけです。

☞ **みなさんは、危機感醸成派ですか？　ワクワク感醸成派ですか？**

受講生A：不安や恐怖、危機感で人を動かすというのは、僕はいやだな。
講師：ただ、人間にはそういう習性があると理解しておくことは必要でしょう。マキャベリの『君主論』にも書かれているやり方ですね。進化心理学が最近注目されていますが、それによると、恐怖の感情を適切に持っている人のほうが、持っていない人よりも生き残りやすく、寿命が長いと考えられるそうです。
大野：状況によると思います。再生や変革なら、最初に危機感の醸成が不可欠です。
講師：なぜ夢や希望ではダメなのでしょう？
大野：スピードが求められるからです。夢や希望を待っていたら、会社がつぶれてしまう。まずやるべきは、止血すること。そのためには理由、すなわち、このままでは死に直結することをはっきり認識してもらう必要があるからです。
講師：生存の危機においては行動の選択肢も限られていて、とにかく素早く決断し、行動に移す必要があります。置かれた状況をしっかり認識してもらい、四の五の言わずにやるべきことを行動に移してもらう必要があるからですね。でも、危機感、危機感と言い続けると、どうなるでしょうか？
受講生A：たいてい麻痺して危機意識が薄れます。あるいは疲弊して、それこそ組織が死んでしまう。
講師：では、疲弊しないためには何が必要なのでしょう？
大野：苦しんだぶん変わることができたという、利益実感ではないでしょうか？
講師：変革には小さくても早期の成功事例が大事だというのはそういうことですね。そして小さな変化の兆しが出てきたら、次に必要となるのが希望やビジョンです。ポジティブ感情への訴求は、思考や行動を広げやすくなるという利点があります。
　では次に、**実行フェーズでの難所**について考えてみましょう。

☞ **みなさんがリーダーとして実行段階で難しいと思うことは何ですか？**

大野：やはり、当初に想定した結果が出ないと不安になりますね。
講師：その結果、リーダーであるみなさんはどのような行動に出ますか？
大野：部下を厳しく叱りますね。

講師：部下の何を、どんなふうに叱るのですか？　ちょっと再現してみてください。
大野：「何をやっているんだ！　どうして数字取れないんだよ！　このままじゃどうなるかわかっているか？」
講師：厳しいですね（笑）。部下にそう言うことで、何を期待しているんですか？
大野：……
講師：では、「何をやっているんだ」に込められた意味は？
大野：相手の足りない部分が気になって、見切ってしまう感情ですかね。つまり、相手に期待しないということです。「こいつはもうダメだ」とあきらめてしまう。
講師：それを察知した部下は、どう思いますかね？　マザー・テレサは、「人間がいちばん辛いと感じるのは、他人から無視されるとき」だと言っています。もちろん、相手の改善すべき行動について具体的に指摘してあげることは必要ですが、とかくリーダーはストレスがかかると感情的になって、相手の人格まで否定してしまうような言動をとってしまうことがあるので、注意が必要です。
　部下に任せて想定した結果が出ないとき、ほかにやってしまいがちなことは何でしょう？
大野：自分が代わりにやってしまうことです。
講師：本当に任せられない仕事ばかりですか？　多少の失敗は許容できる仕事も、なかにはあるんじゃないですか？
大野：部下への信頼が薄いと、失敗を許容できるような仕事でも過干渉になってしまうんですね。
講師：いわゆる「平時の率先垂範」ですね。これはネガティブな意味ですよ。
　最後に、結果を振り返る際の難所について考えてみましょう。そもそも、何を振り返らなければいけないのでしょうか？
大野：目標を達成できたか、できなかったか。達成できた理由、できなかった理由です。
講師：成果が出たかどうかという結果と、なぜそのような成果になったのかという原因（プロセス）を振り返るということですね。ちなみに、振り返りは習慣化できていますか？

☞みなさんは振り返りを習慣化できていますか？

受講生Ｂ：難しいですね。仕事が次々出てくるので、正直なところゆっくり振り返る時間がないんです。
講師：時間がないのはみんな同じですよ。それでも振り返りを習慣化している人は、何

が違うと思いますか？
受講生B：やはり目標に対して執念を持っている人は、周りから言われなくても、結果をきちんと振り返っていますね。
講師：なぜ目標に対して執念を持っている人は、それができるのでしょう？
受講生B：絶対に結果を出そうと思ってやっているので、思いどおりに結果が出なかったら、なぜ出なかったのかと考えるからだと思います。
講師：さらに言うと、そういう人は、どういうプロセスを踏めば結果が出るのか、事前に徹底的に考えているからです。つまり、プロセスについて動画でイメージが描けているので振り返りやすい。では次に、振り返りの難所について考えてみましょう。

☞振り返りの際、みなさんが難しいと思うことは何ですか？

大野：部下を見ていて思うのは、うまくいかなかった理由を、環境や他人のせいにしがちなところがあるということです。
講師：現実を客観的に直視することができない、謙虚になれないということですね。人間はどうしても、自らを正当化しようという心理が働きますからね。
受講生C：逆に私は、うまくいかなかった自分を責めてばかりで、どんどん自信を失くしています。ここ数年の目標が高いこともありますが、ほとんど達成できず、自己反省の繰り返しなんです。本当に情けないです。
講師：自分に矢が向きすぎていて、自分の不十分な点ばかりを責めてしまうというケースですね。これに対しては、どのような心構えで臨んだらよいのでしょうか？
大野：でも、自分自身に対する課題認識を持ち続けることは、とても健全なことだと思いますよ。それがなければ高みは目指せません。
講師：ただ、未達成感ばかりが募っては疲弊してしまいます。もちろんタフネスは大事なのですが、何かセルフコントロールするやり方はないでしょうか？
受講生C：いきなり高い目標だけを意識するのではなく、ピッチを刻んだマイルストーンを決めて、その進捗度を意識すればいいのではないでしょうか？
講師：昨今の経済環境では成功のハードルも上がっていますから、うまくいかない自己の行動を全否定するのではなく、肯定する部分を見つけ、前進のエネルギーとする意識が非常に重要です。人間、正しく努力を続けていれば必ず前進します。近づいている自分を自己肯定したうえで、足りないところに目を向ければよいのです。

> **解説**

　人を動かす「影響力」――洋の東西を問わず、好むと好まざるとにかかわらず、人間心理についての理解が欠かせない。論理だけでも、感情だけでも、人は動かないのが現実である。ましてや、業績や成果に対するプレッシャーのあるなかで部下やメンバーを動かしていくためには、それなりのコミュニケーションが不可欠である。

　また、リーダー自身にとっても部下にとっても、成長に振り返りは不可欠であるが、これにはいくつかの難所が存在する。頭で理解していても、つい現実に直面すると、落とし穴にはまってしまう。注意すべき点を以下に挙げてみよう。

◆実行＝相手を動かすこと

　「現実感を持って人を動かす計画をつくる」目的は、相手を動かすための基本スタンスを決めることにある。すなわち、相手の関心事やニーズを特定し、それに自分が持っている武器（強み）を効果的にぶつけ、相手が自分に依存したくなる（依存せざるをえない）関係性をつくるために計画を立てる。

　そして、実行段階ではこの基本スタンスに沿って、実際に相手とのコミュニケーションをとっていく。第2章2-1で説明した「パワーと影響力」に関する知見が、効果を発揮する場面である。以下では、リーダー自らが、またはリーダーから実行を任された部下が、実行段階で相手と向き合ううえで、押さえておくべき人間心理のメカニズムの理解や、実行上の難所について考える。

不安・恐怖（危機感）か希望か

　人は他者に働きかけるとき情か理に訴えるが、実行段階では"相手が失いたくないもの"を念頭に置いて、相手の不安や恐怖、危機感をあおる行動をとるか、あるいは"相手が求めるもの"を念頭に置き、希望を持たせる行動をとるかを選択する。どちらが適切かは、置かれた状況（相手の状態、緊急度、使える武器など）によって変わってくる。たとえば、大企業の変革は非常に難しいとされるが、その着火点は危機意識の醸成にある。具体的にどのような方法が考えられるか。

　まず、トップが全社員に危機を訴えることが考えられる。このままではボーナスが出ない。給料も下げなくてはならない。雇用も保障できない。これは経営権という権威のパワーを後ろ盾に、雇用の安定に対する従業員の不安をあおるやり方だ。しかし、そこには根拠が必要であり、会社の厳しい財務状況、競合の具体的な動き、顧客からの具体

的クレームなど、厳しい事実をもって従業員に示さなくてはならない。

　カルロス・ゴーンによって実行された日産自動車のV字回復は、その好例だ。90年代、日産の業績は低迷を続け、何度か営業利益が赤字になることもあった。しかし、「技術の日産」というプライドを持っていた従業員たちは、その厳しい現実をなかなか受け入れることができなかった。社長に着任したゴーンは、前倒しのリストラ費用などで、当時の上場企業では史上最高額の赤字（約7000億円）を計上することで、従業員の目を覚まさせたのである。

　一方で、危機感の醸成期間が長く続くと、人は疲弊して倒れてしまうか、狼少年の寓話における村人たちのように危機感慣れしてしまい、動かなくなる。したがって、危機感に基づく施策をとるときは、その後の行動をスピーディに進め、早く結果を出すことが求められる。たとえそれが小さな成果であっても、血のにじむような努力の末に変化を実感できれば、人は自信を持つことができるのである。

　そして次の段階では、信頼されているリーダーが前向きなエネルギーを引き出すことが求められる。すなわち、ワクワクするような夢、希望、ビジョンの提示であり、個人の場合は自らの喜びの源泉につながるような目標設定が必要となるのだ。

　日産の場合、ゴーンの着任後、削減効果がすぐに出る費用の圧縮のほか、工場や販売拠点の閉鎖・売却など、負の資産を圧縮（資金の捻出）して稼働率を向上させ、原価率の改善を図り、コスト構造改革を一挙に成し遂げた。

　この一連の施策には、各部門から生きのよい若手メンバーを集めて組成した、クロスファンクショナル・チームが活躍した。そのプロセスを通じて、メンバーたちは自信をつけていった。一方、ゴーンは矢継ぎ早に、トップラインを上げるための前向きなビジョンを掲げ、日産をいっきに上昇気流に乗せたのだった。

人間は自己重要感を持ちたがる

　人間はだれでも、人から認められたい、気に留めてもらいたいという承認欲求や、価値ある人と思われたいといった自己重要感を持ちたがるものだ。

　デール・カーネギーは、人に好かれたり、人を変えたりするための原則として、「誠実な関心を寄せる」「重要感を与える－誠意を込めて」「名前は、当人にとって、もっとも快い、もっとも大切な響きを持つ言葉であることを忘れない」「聞き手にまわる」「ほめる」「期待をかける」などを挙げているが、裏を返せばこれらは、「自分に関心を持ってほしい」「重要感を持ちたい」「名前を覚えてほしい」「聞いてほしい」「ほめられたい」「期待されたい」と相手が求めていると読み替えることができる。

　こうした基本理解を持って相手に向き合うことが、相手を動かすには効果的である。

◆非言語の威力と無意識に働きかける6つの武器

　非言語の要素も、相手に影響を及ぼすことができる。アメリカの心理学者、アルバート・メラビアンは、好意を表す言葉"thanks"、反感を示す言葉"terrible"、マイナスでもプラスでもない中間的な言葉"please""well"といった短い言葉を使い、声の調子や顔の表情をプラスやマイナスに変えて発声したとき、好感、反感のどちらが強く伝わるかを測定した。

　その結果、感情や態度とは矛盾したメッセージが発せられたとき、他人に影響を及ぼす要素は、話の内容などのverbal（言語情報）が7％、口調や話の早さなどのvocal（聴覚情報）が38％、見た目などのfacial（視覚情報）が55％の割合となった。

　この実験からわかることは、好意・反感などの態度や感情のコミュニケーションにおいては、発信者がどちらともとれるようなあいまいなメッセージを送った場合、話の内容や使う言葉以上に、声の調子や表情の影響を受けやすいということだ。

　定期的に実施するMBO（目標管理）面接では、管理者は適切な評価を伝えるとともに、本人の今後の成長を促すような動機づけの場にしなければならない。そのために本人のできたところと、できなかった改善すべきところの両面を、事実に基づいてフィードバックする必要がある。そして、本人がこれからも努力して頑張ろうという気持ちで終えられるのが理想だ。

　しかし、面接する管理者がずっと腕組みをしている、あるいは眉間にしわを寄せた厳しい表情でいると、面接を受ける側は圧迫感を覚え、ポジティブなフィードバックでさえもほめられた実感を持てずに、最後は意気消沈して面接室を出るようなことになりかねない。相手に向けて発する言葉以上に、自分の態度にも十分に気をつける必要がある。

　非言語の威力に加えて、第2章2−1で解説したロバート・チャルディーニの**6つの武器**を活用することは、情と理をもってしても人がなかなか動かない変革時などには、大いに効果を発揮するだろう。それぞれの武器は、たとえば以下のように使うことができる。

①返報性
- 賃金カットはしても雇用は保障する（→それに応えるためになんとか頑張ろうという気持ちになる）
- 年俸や賞与のカットを経営陣から先に実施する（→単に経営責任上からという合理的理由とともに、従業員のために先に身を削ってくれたのだから我々もというように、返報

性の原理も働く可能性がある）
- 変革推進のプロジェクト・チームに若手などを抜擢する（→先に機会を与えてもらったことに対して、やってやろうという気持ちが働く）

②**コミットメントと一貫性**
- 変革のためのアクション行動を一人ひとりに考えさせ、言語化させる（→自らコミットしたことなので後には引けないという心理が強くなる）
- 一度失敗した人間に再チャレンジのチャンスを与える（→二度と同じ失敗はしない、絶対に目的を達成してやろうという気持ちが強くなる。返報性にも該当する）
- 入社したときの思いや、自分が大事にしたい価値観を思い起こさせる（→忘れかけていた自分の価値観に従おうという気持ちになる）

③**社会的証明**
- 小さくても早期に変革の成功事例をつくり出す（→やればできる、こう変われるんだという機運が高まってくる）
- 変革を成功させた経験のあるリーダーの下で変革を推進する（→あの人についていけば変われるという機運が生まれる）

④**好意**
- 自らが採用した価値観の合う人間に困難な仕事をアサインする（→自分と価値観の合うリーダーであるから、困難があってもついていきたいという気持ちになる。返報性にも該当する）
- 日々メンバーとのコミュニケーションを絶やさずに相互の信頼関係を醸成しておく（→信頼がベースにあれば、変革のために必要な厳しい行動も指示があれば実行しなければという気持ちになる。返報性にも該当する）

⑤**権威**
- その領域の知見に富む専門家に話をしてもらう（→専門家の指示を仰ごうとする心理が働く）

⑥**稀少性**
- 業績悪化で自主再建が許される期限が決められる（→生きるか死ぬか、残された時間の中で必死になる）
- 倒産の危機感醸成のために資金繰りの苦しさなどを数字をもって示す（→徹底して節約し、限られた資源を有効活用しようという意識に変わってくる）
- ポストを削減し、競争意識を促す

◆実行段階における難所

次に、実行段階での難所について考えてみよう。

❶相手への関心を持ち続けられない

人は自己重要感を持ちたがるから、相手起点で考えることが大事だと頭では理解していても、どうしても自分本位に考え、行動しがちになる。特に、相手が自分の思うとおりに動いてくれないと、相手の短所ばかりが気になってしまい、それが改善されないと相手を見切ってしまうことになる。

本来であれば長短同根、すなわち短所も状況によっては長所に変わりうるのだが、ネガティブな側面ばかりが気になり、良い側面を見ようとか、生かそうという意識を持てない。結局、相手の可能性を信じていないので、ダメ出しばかりして相手の成長にブレーキをかけてしまう。そして相手との間に一度線を引いてしまったら、それっきり相手に関心を示さなくなり、コミュニケーションの頻度も一挙に少なくなる。最後はマザー・テレサが言う、「愛の反対は憎しみではなく**無関心**です」という状態になってしまうのだ。

❷安易な権威の行使と平時の率先垂範

権力を行使することは、ある意味たやすい。そして、他人が権力に従うのを見て、それを自分の実力だと勘違いしてしまう。したがって人は権力を持ったら、それを乱用する誘惑に負けないよう、意識して自分を律する必要がある。

けっして、権力が無用の長物だと言っているわけではない。たとえば有事・緊急時などは、権力・権限を行使してスピーディに決断したり、人々を強引にでも動かしたりしなければならないことがある。しかし平時にも権力を振りかざしてばかりいると、メンバーは萎縮したり、受動的になって自ら考えることをやめたり、あるいは反発して面従腹背になったりする。メンバーの意識や能力の程度にもよるが、平時にはなるべく相手の自主性を引き出すように任せ、主体的に考えさせるような環境を与えることが、環境変化に強い組織づくりにつながっていく。

もう1つの罠に、**平時の率先垂範**がある。権力を振りかざすわけではないが、有事でもなく、部下に任せるチャンスがあるにもかかわらず、率先垂範の名の下に自分でやってしまうリーダーがいる。これも部下の自主性や考える習慣を奪うことになるので、改めなくてはならない。

❸自分の感情のコントロール

　相手に影響を与える適切な行動を起こすには、相手の感情への配慮が不可欠だ。だが同時に、自らの行動に大きな影響を与える自身の感情にも留意しなければならない。

　EQ（Emotional Quotient：感情指数）の優劣は、知能をはじめとするさまざまな能力をどこまで活用できるかを決めてしまう。感情には、ネガティブ感情とポジティブ感情があるが、ネガティブ感情の代表格である怒りや恐怖・不安といったものは、人間が生存していくうえで必要なものでもある。しかし、ずっとネガティブ感情に留まっていると、思考面でも行動面でも選択範囲が狭くなり、最終的には「逃避か、攻撃か」の２つの選択肢しかなくなってしまう。行動の選択肢と可能性を広げるためにも、自分のネガティブ感情をいかに少なくし、ポジティブ感情をいかに最大化するかに留意する必要がある。

　ネガティブ感情への対処法として、たとえば怒りの感情の場合には、「自分は何に怒っているのか？」と言葉にしてみたり、怒りそうになったときに一呼吸置く訓練をすることで改善が期待できる。

◆結果の振り返り段階における難所

　結果の振り返り段階で犯しがちな過ちには、以下の３つがある。

❶振り返ることをしない

　そもそも振り返ることをしない、というのが１つ目の過ちである。その原因として、次のことが考えられる。

- ・忙しいために、そもそも意識の中で振り返ることの優先順位が低い。そこそこうまくいっている場合には、周囲からの説明責任に対するプレッシャーも弱いため、振り返りを軽視しがちになる。
- ・事前の計画段階で実現性の高いプロセスをイメージできていない、すなわち、明確な意図を持った行動が少ないために、後で振り返ろうとしても行動が意識に残っていない。そのため、行動と結果の因果関係をひもづけて考えられず、行動改善につながるような振り返りができないのである。

　さらに、メンバーの振り返りを後押ししなければならないリーダーの立場で考えると、プロセス管理ができていなければ、メンバーの振り返りをサポートすることはできない。

だから振り返ることをしないというのでは、リーダー失格である。たとえば、バブル期などでプロセスの良し悪しにかかわらず成果が上がるといった状況に慣れてしまったリーダーが、乗り越えなければならない大きな壁である。

❷自らを合理化・正当化してしまう

　振り返りを行っても、自らの行為を意味なく正当化したり、うまくいかなかった理由を他人のせいにしたりするようでは、行動改善につながる学びにはならない。これもしばしば犯しがちな過ちだ。

　ジム・コリンズの『ビジョナリーカンパニー2―飛躍の法則』（山岡洋一訳、日経BP社、2001年）では、長期低落していた状態から復活を遂げた企業に共通に見られる特徴の1つとして、「第五水準のリーダーシップ」が挙げられている。

　第五水準のリーダーは、「結果が悪かったとき、窓の外ではなく鏡を見て、責任は自分にあると考える。他人や外部要因や運の悪さのためだとは考えない。逆に結果がよかったときは、他の人たち、外部要因、幸運が会社の成功をもたらした要因だと考える」のである。組織に見えている課題は、実は自分自身の課題を映し出している可能性が高い。「組織はリーダーの器で決まる。リーダーは見られている」という自覚はここでも大変重要だ。

　自分自身を冷静に客観視するうえで重要なのは、メンターの存在である。リーダーは「諫言の師を持て」とよく言われるが、上司に対して厳しいフィードバックをしてくれる部下は少ない。そもそも同じ組織内の利害関係があるなかで、そのようなメンターを持つこと自体、なかなか難しいのが現実だ。したがって、会社内でもできれば直接の利害関係がない他部門に、率直にフィードバックしてくれる、本音で悩みを打ち明けられる先輩や同輩を持つことが、ポジションが上がれば上がるほど重要になってくる。組織の上に行くほど、リーダーは孤独になるからである。

❸行動の反省を改善のエネルギーに転換できない

　3つ目の過ちは、振り返りの視線が自分のできなかった側面ばかりに向いてしまい、ネガティブな感情にとらわれて、悪いところを改善していこうという前向きなエネルギーに転換できなくなることだ。成長のためには、多少ストレッチした目標を掲げるほうがよいので、実行段階ではどうしてもうまく進まないことのほうが多いものだ。それを能力不足、努力不足と短絡的に結論付けて、自己否定に向かってはいけない。それが次第に、自らの能力に対する自信、自己効力感を減退させるという負のスパイラルを招き、成長意欲さえも喪失させかねないからだ。

こうした自己否定による負のスパイラルに陥らないためには、できていないマイナスの側面ばかりに目を向けるのではなく、一歩でも前進したプラスの側面も必ずあるはずなので、そうしたポジティブ面をしっかり見つめ、自らを肯定する姿勢を持つことである。たとえ小さなことであっても、できたこと、傾けてきた努力を自ら認めたうえで、足りていないことに対する原因分析と改善策を講じるのが、正しい振り返りの順番である。

　自己肯定が苦手なリーダーは、会議の場や日常の部下とのやりとりなどでも、相手のできていないことばかりに意識が向かい、相手を否定・批判するところから入ってしまうことが多い。そうしたリーダーのコミュニケーションが常態化していくと、次第にそれが組織の文化となり、部下のやる気は低下し、組織全体も実行力の乏しい評論家集団になってしまう危険性がある。

　変化が激しく、なかなか成功体験を持ちにくい時代だからこそ、よりチャレンジを奨励する言動をリーダーは意識し、多くの失敗に対しても、次の前進のためのエネルギーになるようなポジティブな側面を見出してあげる姿勢が求められる。

◆まとめ

　計画を実行段階に移すときは、人間心理に対する深い理解が必要になる。相手に関心を持ち、相手の感情に配慮した行動が求められるとともに、自分の感情のコントロールもカギとなる。

　実行後の振り返り段階では、そもそも振り返りを軽視してしまいがちな点に注意しなくてはならない。これに対処するには、目標設定の段階で自らのコミットメントを高める、計画をより具体的にして振り返りやすくするというように、おのずと振り返りをするような行動を前の段階からしておくことが肝要だ。そして振り返った結果に対しては、しっかり**現実を直視**し、これからの行動に対しては常に**ポジティブ思考**を忘れないことである。

【キーワード】

- ・非言語の威力
- ・6つの武器：ロバート・チャルディーニ
- ・無関心
- ・平時の率先垂範
- ・現実直視／ポジティブ思考

● あとがき

　本書は『MBAリーダーシップ』の8年ぶりの改訂新版である。企業活動のグローバル化、日本市場の成熟化、ITの社会インフラ化などのトレンドは、初版発行時にも見られていたが、この8年の間にすっかり浸透・定着した観がある。
　新版の第Ⅰ部では、こうした時代の変化を反映したリーダーシップ研究の最近の動向を踏まえながら、企業におけるリーダーシップについて体系的・網羅的に紹介し、ビジネスパーソンが明日の行動指針を考える際の一助になることを目指した。
　第Ⅱ部では、リーダーシップ開発の現場をなるべくリアルに描くことを通じて、自分がリーダーとして成長していくには何が必要か、また組織としてリーダーを開発・育成していくには何が必要か、考えていただくことを試みた。
　リーダーシップに関してはさまざまな先人たちの研究がある。第Ⅰ部で紹介した理論やフレームワークもそれぞれに有益だが、それらをただ知識として持つだけでは良きリーダーたりえない、ということも明らかになってきている。リーダーシップを体得するためには、第3章で述べたような各種の「経験」、あるいはそれに準じるものとしてケースメソッド等による「代理経験」が、非常に重要になってくるのだ。
　また、リーダーシップは、万人向けに一般化できる「正解」があるものではない。第4章のケースに登場した足立のように、リーダーでありたいという動機は個々人の経験から生じるもので、千差万別である。個人の特性も、価値観も、コミュニケーションスタイルも同様だ。そうしたなかでリーダーシップを高めるためのカギとなるのが、自らの動機、特性、価値観、得意なスタイルなどを掘り下げていく「自問」である。
　第Ⅱ部の仮想授業では講師からの問いかけのかたちをとっているが、あくまでも他者からの問いかけは1つのきっかけであって、決め手になるのは自分で自分の内面を掘り下げていき、「ああ、自分はこうなんだ」と気づくことだ。
　一方で、個別性の強いことゆえ、リーダーシップがうまく機能するかどうかも、「そのときの状況次第」と思考停止してしまうことは避けたい。昨今のように不確実性が高く、先を読めない経営環境だからこそ、第5章の各項で紹介したように、目的設定→計画立案→実行・振り返りのサイクルを愚直に粘り強く回し、心理学や組織論の知見など

も道具として適切に用いつつ、組織を導いていくことが求められる。

　自己のリーダーシップを高め、組織としてリーダーシップを育てるためには、このように先人の知恵をしっかりと理解して応用しつつ、一人ひとりの人間、刻々と変わる環境に正面から向き合い、行動を起こしていくことが必要なのだ。本書がその一助となれば幸いである。

　グロービスは、1992年に社会人を対象としたビジネススクール「グロービス・マネジメント・スクール」（GMS）を開校し、以来、一貫して実践的な経営教育を行ってきた。

　2003年4月には独自の修了証書を授与する「社会認知型ビジネススクール」をスタートさせた。その後、構造改革特別区制度を活用し、2006年4月よりMBAが取得できる「グロービス経営大学院」を開学、2008年4月からは学校法人立の経営大学院へと移行し、規模、評価とも、国内トップクラスの経営大学院へと発展している。キャンパスは東京、大阪、名古屋、仙台、福岡の5都市に置き、さらに2014年4月よりオンラインによる新プログラムのトライアル開講を行うなど、日本中のあらゆるビジネスパーソンが受講できる体制を整えつつある。

　また、2009年より英語で取得できるMBAプログラムも展開し、2012年からは全日制の英語によるMBAプログラムも開始して、これからも「アジアNo.1のビジネススクール」を目指していく。

　グロービスではまた、1993年から、企業の組織能力強化を支援することを目的に、実践的なトレーニング・プログラムをさまざまな企業に提供する企業内集合研修事業を開始し、MBAで学ぶ経営フレームワークや論理思考、リーダーシップ開発などの講座を開講している。2012年には上海、シンガポールにも事務所を開設し、グローバルなニーズに応えている。

　1996年からは、ベンチャー・キャピタル事業も展開している。いわゆる付加価値型のベンチャー・キャピタルとして、すでに第4号ファンドまでを展開した実績を持つ。

　グロービスはそのほかにも、実践的な経営に関する知を出版やオンライン経営情報誌「GLOBIS.JP」、動画専門サイト「GLOBIS.TV」などで発信している。さらに社会に対する創造と変革を推進するため、一般社団法人G1サミットによるカンファレンス運営、一般財団法人KIBOWによる震災復興支援も展開している。

　不確実性が高く、将来の成長が見通しにくい時代になったと言われて久しい。そうしたなかでより良い社会を築いていくためには、良きリーダーシップの発揮が決定的に重

要である。しかも、一握りの限られたリーダーさえいればよいというわけではない。世の中に存在するさまざまな組織の1つ1つにおいて、それぞれ良きリーダーが求められているのだ。

　次世代を担うビジネスパーソンが1人でも多く、創造に挑み、変革を導くリーダーとして、社会に貢献されることを願ってやまない。

グロービス経営大学院

● 参考文献

本書の執筆にあたっては、以下の文献を参考にした。邦訳がある場合は原著を省略。

■全般
金井壽宏著『リーダーシップ入門』日経文庫、2005年
ニッコロ・マキアヴェリ著、池田廉訳『新訳 君主論』中公文庫、2002年
スティーブン・P・ロビンス著、髙木晴夫訳『【新版】組織行動のマネジメント―入門から実践へ』ダイヤモンド社、2009年
ジョン・P・コッター著、DIAMONDハーバード・ビジネス・レビュー編集部、黒田由貴子、有賀裕子訳『第2版リーダーシップ論』ダイヤモンド社、2012年
ロバート・B・チャルディーニ著、社会行動研究会訳『影響力の武器［第2版］―なぜ、人は動かされるのか』誠信書房、2007年
モーガン・マッコール著、金井壽宏監訳、リクルートワークス研究所訳『ハイフライヤー―次世代リーダーの育成法』プレジデント社、2002年

■第1章
マーティン・M・チェマーズ著、白樫三四郎訳『リーダーシップの統合理論』北大路書房、1999年
マーカス・バッキンガム、ドナルド・O・クリフトン著、田口俊樹訳『さあ、才能（じぶん）に目覚めよう―あなたの5つの強みを見出し、活かす』日本経済新聞出版社、2001年
トム・ラス、バリー・コンチー著、田口俊樹、加藤万里子訳『ストレングス・リーダーシップ さあ、リーダーの才能に目覚めよう』日本経済新聞出版社、2013年
（図表1-2）*STRENGTH BASED LEADERSHIP* by Tom Rath and Barry Conchie. Copyright © 2008 Gallup. Inc. Japanese reprint arranged with Gallup EMEA holding,B.V.,Netherlands c/o Gallup Press, a division of Gallup, Inc., California through Tuttle-Mori Agency, Inc., Tokyo
佐々木常和著『労務管理概論［改訂版］』ふくろう出版、2004年
ケン・ブランチャード、P・ジガーミ、D・ジガーミ著、小林薫訳『1分間リーダーシップ―能力とヤル気に即した4つの実践指導法』ダイヤモンド社、1985年
小野善生「リーダーシップ論における相互作用アプローチの展開」『関西大学商学論集』第56巻第3号2011年12月
日野健太「関係とリーダーシップの有効性」『早稲田商学』第399号（2002年6月）
ジャン＝フランソワ・マンゾーニ、ジャン＝ルイ・バルスー著、平野誠一訳『よい上司ほど部下をダメにする』講談社、2005年
ジョン・P・コッター著、梅津祐良訳『企業変革力』日経BP社、2002年

ジョン・P・コッター、ダン・S・コーエン著、高遠裕子訳『ジョン・コッターの企業変革ノート』日経BP社、2003年
ロザベス・モス・カンター著、櫻井祐子訳『企業文化のe改革－進化するネットビジネス型組織』翔泳社、2001年
金井壽宏著『組織変革のビジョン』光文社新書、2004年
N・M・ティシー、M・A・ディバナ著、小林薫訳『現状変革型リーダー－変化・イノベーション・企業家精神への挑戦』ダイヤモンド社、1988年
ジャック・ウェルチ、ジョン・A・バーン著、宮本喜一訳『ジャック・ウェルチ　わが経営（上）』日本経済新聞出版社、2001年
ルイス・V・ガースナー著、山岡洋一、高遠裕子訳『巨象も踊る』日本経済新聞社、2002年
ロバート・K・グリーンリーフ著、金井壽宏監訳、金井真弓訳『サーバントリーダーシップ』英治出版、2008年
金井壽宏、池田守男著『サーバントリーダーシップ入門』かんき出版、2007年
NPO法人　日本サーバント・リーダーシップ協会　ホームページ
　　http://www.servantleader.jp
ジョセフ・ジャウォースキー著、金井壽宏監訳、野津智子訳『シンクロニシティ　未来をつくるリーダーシップ［増補改訂版］』英治出版、2013年
真田茂人「サーバントリーダーシップの効用」『人事マネジメント』2011年5月号
小久保みどり「リーダーシップ研究の最新動向」『立命館経営学』第45巻第5号2007年1月
ビル・ジョージ、ピーター・シムズ著、梅津祐良訳『リーダーへの旅路－本当の自分、キャリア、価値観の探求』生産性出版、2007年
ビル・ジョージ著、梅津祐良訳『ミッション・リーダーシップ―企業の持続的成長を図る』生産性出版、2004年
柏木仁「"本物"のリーダーになること－オーセンティック・リーダーシップの理論的考察」『亜細亜大学経営論集』第45巻第1号2009年10月
松原敏浩、Mohammad Ali Al Masum「リーダーシップ文献展望11　オーセンティック・リーダーシップとナルシスティック・リーダーシップ」愛知学院大学経営管理研究所『経営管理研究紀要』第14号2007年12月
松原敏浩「リーダーシップの文献展望8　Graenのリーダー・メンバー交換（LMXモデル）」愛知学院大学経営管理研究所『経営管理研究所紀要』第5号1998年12月
William L. Gardner, Bruce J. Avolio, Fred Luthans, Douglas R. May, Fred Walumbwa, "'Can

you see the real me?,' A self-based model of authentic leader and follower development," *The Leadership Quarterly* ,16（2005）

Bruce J. Avolio, William L. Gardner, "Authentic leadership development: Getting to the root of positive forms of leadership," *The Leadership Quarterly*, 16（2005）

ビル・ジョージ、ピーター・シムズ、アンドリュー・N・マクリーン、ダイアナ・メイヤー「『自分らしさ』のリーダーシップ」『DIAMONDハーバード・ビジネス・レビュー』2007年9月号

■第2章
ジェフリー・フェファー著、奥村哲史訳『影響力のマネジメント－リーダーのための「実行の科学」』東洋経済新報社、2008年

N・J・ゴールドスタイン、S・J・マーティン、R・B・チャルディーニ著、安藤清志監訳、高橋紹子訳『影響力の武器　実践編―「イエス！」を引き出す50の秘訣』誠信書房、2009年

ジョセフ・L・バダラッコ著、金井壽宏監訳、福嶋俊造訳『『決定的瞬間』の思考法―キャリアとリーダーシップを磨くために』東洋経済新報社、2004年

デビッド・マギー著、関美和訳『ジェフ・イメルト　GEの変わりつづける経営』英治出版、2009年

ジョン・P・コッター著、加護野忠男、谷光太郎訳『パワーと影響力―人的ネットワークとリーダーシップの研究』ダイヤモンド社、1990年

ジョン・P・コッター、ジョン・J・ガバロ「［新訳］上司をマネジメントする」『DIAMONDハーバード・ビジネス・レビュー』2010年5月号

Elizabeth Long Lingo, Kathleen L. McGinn, *Power and Influence: Achieving Your Objectives in Organizations*, Harvard Business School, 2007

アラン・R・コーエン、デビッド・L・ブラッドフォード著、高嶋薫、高嶋成豪訳『影響力の法則―現代組織を生き抜くバイブル』税務経理協会、2007年

アラン・R・コーエン、デビッド・L・ブラッドフォード著、高嶋薫、高嶋成豪訳『続・影響力の法則―ステークホルダーを動かす戦術』税務経理協会、2009年

アイラ・チャレフ著、野中香方子訳『ザ・フォロワーシップ―上司を動かす賢い部下の教科書』ダイヤモンド社、2009年

ロバート・ケリー著、牧野昇訳、『指導力革命―リーダーシップからフォロワーシップへ』プレジデント社、1993年

ルドルフ・ジュリアーニ著、楡井浩一訳『リーダーシップ』講談社、2003年

タッド・アレン「非常時のリーダーシップ」『DIAMONDハーバード・ビジネス・レビュー』2011年2月号
ノーマン・R・オーガスティン「クライシス・マネジメントはリーダーの仕事」『DIAMONDハーバード・ビジネス・レビュー』2011年5月号
田久保義彦著『日本型「無私」の経営力』光文社新書、2012年
ポール・アルジェンティ「非常時こそ企業文化が問われる」『DIAMONDハーバード・ビジネス・レビュー』2011年5月号
高田朝子著『危機対応のエフィカシー・マネジメント―「チーム効力感」がカギを握る』慶応義塾大学出版会、2003年
アルバート・バンデューラ著、本明寛、春木豊、野口京子、山本多喜司訳『激動社会の中の自己効力』金子書房、1997年
バーバラ・ケラーマン「頼れるフォロワー 困ったフォロワー」『DIAMONDハーバード・ビジネス・レビュー』2008年3月号
ジョセフ・L・バダラッコ著、高木晴夫監修、夏里尚子訳『静かなリーダーシップ』翔泳社、2002年
岡本浩一著『ナンバー2が会社をダメにする―「組織風土」の変革』PHP研究所、2008年
門田隆将著『死の淵を見た男―吉田昌郎と福島第一原発の五〇〇日』PHP研究所、2012年
マルコム・グラッドウェル著、高橋啓訳『ティッピング・ポイント―いかにして「小さな変化」が「大きな変化」を生み出すか』飛鳥新社、2000年
W・チャン・キム、レネ・モボルニュ「NY市警の改革者に学ぶ ティッピング・ポイント・リーダーシップ」『DIAMONDハーバード・ビジネス・レビュー』2003年12月号
W・チャン・キム、レネ・モボルニュ著、有賀裕子訳『ブルー・オーシャン戦略―競争のない世界を創造する』ダイヤモンド社、2013年
アルバート・ラズロ・バラバシ著、青木薫訳『新ネットワーク思考−世界のしくみを読み解く』NHK出版、2002年
ロビン・ダンバー著、藤井留美訳『友達の数は何人？―ダンバー数とつながりの進化心理学』インターシフト、2011年
ニコラス・A・クリスタキス、ジェイムズ・H・ファウラー著、鬼澤忍訳『つながり−社会的ネットワークの驚くべき力』講談社、2010年
ジェフリー・フェファー著、村井章子訳『「権力」を握る人の法則』日本経済新聞出版社、2011年

ラハフ・ハーフーシュ著、杉浦茂樹、藤原朝子訳『「オバマ」のつくり方－怪物・ソーシャルメディアが世界を変える』阪急コミュニケーションズ、2010年
マイケル・ワトキンス著、村井章子訳『ハーバード・ビジネス式マネジメント―最初の90日で成果を出す技術』アスペクト、2005年
キース・フェラッジ、タール・ラズ著、森田由美訳『一生モノの人脈力』ランダムハウス講談社、2006年
カール・E・ワイク、キャスリーン・M・サトクリフ著、西村行功訳『不確実性のマネジメント―危機を事前に防ぐマインドとシステムを構築する』ダイヤモンド社、2002年
カール・E・ワイク「［再掲］危機管理の落とし穴『不測の事態』の心理学」『DIAMONDハーバード・ビジネス・レビュー』2011年5月号
中西晶著『高信頼性組織の条件―不測の事態を防ぐマネジメント』生産性出版、2007年
小塩真司、中谷素之、金子一史、長峰伸治「ネガティブな出来事からの立ち直りを導く心理的特性―精神的回復力尺度の作成」『カウンセリング研究』2002年 Vol.35, No.1
佐藤琢志、祐宗省三「レジリエンス尺度の標準化の試み―『S-H式レジリエンス検査（パート１）』の作成および信頼性・妥当性の検討」『看護研究』2009年2月
平野真理「レジリエンスの資質的要因・獲得的要因の分類の試み―二次元レジリエンス要因尺度（BRS）の作成」『パーソナリティ研究』2012年 第19巻 第2号
ダイアン・クーツ「［再掲］危機や難局を乗り越える不思議な力『再起力』とは何か」『DIAMONDハーバード・ビジネス・レビュー』2011年5月号
一般社団法人 日本ポジティブ心理学協会 ホームページ
　　http://www.jppanetwork.org/positivepsychology/aboutpp1.html
宇野カオリ「困難に勝つ力がつく『レジリエンス・トレーニング』とは」プレジデント・オンライン
　　http://www.president.co.jp/pre/backnumber/2010/20100503/14678/14687/

■第3章
ウォーレン・ベニス著、芝山幹郎訳『リーダーになる』新潮文庫、1992年
ウォーレン・ベニス、ロバート・トーマス著、斎藤彰悟監訳『こうしてリーダーはつくられる』ダイヤモンド社、2003年
ジョン・デューイ著、市村尚久訳『経験と教育』講談社、2004年
松尾睦著『経験からの学習－優れたマネジャーはいかに経験から学んでいるか プロフェッショ

ナルへの成長プロセス』同文舘出版、2006年
松尾睦著『成長する管理職』東洋経済新報社、2013年
松尾睦著『職場が生きる 人が育つ「経験学習」入門』ダイヤモンド社、2011年
中原淳、荒木淳子、北村士朗、長岡健、橋本諭著『企業内人材育成入門－人を育てる心理・教育学の基本を学ぶ』ダイヤモンド社、2006年
中原淳著『経営学習論－人材育成を科学する』東京大学出版会、2012年
金井壽宏著『仕事で「一皮むける」』光文社新書、2002年
ノール・M・ティシー、イーライ・コーエン著、一條和夫訳『リーダーシップ・エンジン－持続する企業成長の秘密』東洋経済新報社、1999年
ノール・M・ティシー、ナンシー・カードウェル著、一條和夫訳『リーダーシップ・サイクル―教育する組織をつくるリーダー』東洋経済新報社、2004年
C・D・マッコーレイ、R・S・モスクレイ、E・V・ヴェルサ著、金井壽宏監訳『リーダーシップ開発ハンドブック』白桃書房、2011年
古野庸一、リクルートワークス研究所著『日本型リーダーの研究』日本経済新聞出版社、2008年
ラム・チャラン著、石原薫訳『CEOを育てる―常勝企業の経営者選抜育成プログラム』ダイヤモンド社、2009年
ラム・チャラン、ステファン・ドロッター、ジェームス・ノエル著、グロービス・マネジメント・インスティテュート訳『リーダーを育てる会社つぶす会社－人材育成の方程式』英知出版、2004年
柳井正著『成功は一日で捨て去れ』新潮文庫、2012年
アンドリュー・S・グローブ著、佐々木かをり訳『インテル戦略転換』七賢出版、1997年
シャロン・ダロッツ・パークス著、中瀬英樹訳『リーダーシップは教えられる』ランダムハウス講談社、2007年
ノール・M・ティシー「企業内大学が全社変革を加速する」『DIAMONDハーバード・ビジネス・レビュー』2001年8月号
DIAMONDハーバード・ビジネス・レビュー編集部、細川昌彦、蒋麗華「企業内大学白書：リーダーシップバリューの時代」『DIAMONDハーバード・ビジネス・レビュー』2002年12月号
大嶋淳俊「『コーポレートユニバーシティ論』序説―"リーダーシップ開発"と"プロフェッショナル能力向上"のプラットフォーム」『季刊 政策・経営研究』三菱UFJリサーチ＆コンサルティング、2009年 vol.2

ロバート・キーガン、リサ・ラスコウ・レイヒー著、池村千秋訳『なぜ人と組織は変われないのか～ハーバード流自己変革の理論と実践』英知出版、2013年
谷口智彦著『マネージャーのキャリアと学習～コンテクスト・アプローチによる仕事経験分析』白桃書房、2006年
中土井僚著『U理論入門』PHP研究所、2014年
松下幸之助著『人間を考える』PHP研究所、1995年
野中郁次郎、竹内弘高「実践知を身につけよ‐賢慮のリーダー」『DIAMONDハーバード・ビジネス・レビュー』2011年9月号
ベン・ダットナー、ロバート・ホーガン「「他責的」「無責的」「自責的」のカテゴリーから見る失敗と責任の心理学」『DIAMONDハーバード・ビジネス・レビュー』2011年7月号
多田和市、飯山辰之介「社内道場で鍛えよ～リーダーは修羅場で育つ」『日経ビジネス』2012年5月7日号
Katz, R.L., "Skills of an Effective Administrator," *Harvard Business Review*, 31. 1, 1955
Kolb, D.A., *Experiential Learning: Experience as the Source of Learning and Development*, vol.1, Englewood Cliffs, New Jersey: Prentice-Hall.
McCall, M.W., *Developing Executives Through Work Experience*, No.33, Center for Creative Leadership, 1988.
Nick Petrie," Future Trends in Leadership Development," CCL White Paper, 2011
Center for Creative Leadership ホームページ
　　http://www.ccl.org/leadership/products/

■第5章
グロービス・マネジメント・インスティテュート編「財務諸表に見るV字回復の軌跡」
　　『グロービス・マネジメント・レビュー』Vol.1、ダイヤモンド社、2002年12月
デール・カーネギー著、山口博訳『人を動かす　新装版』創元社、1999年
Mehrabian, A., *Silent messages*, Wadsworth, Belmont, California, 1971
ジム・コリンズ著、山岡洋一訳『ビジョナリーカンパニー2‐飛躍の法則』日経BP社、2001年

索引

■C
CCL ……………………… 127, 132, 151, 159, 188

■E
EQ ……………………………………………… 230

■L
LBDQ（リーダー行動記述質問票） ……… 18, 21
LMX-7 …………………………………………… 38, 39
LMX理論 ………………………………………… 36, 39
LPC尺度 ………………………………………… 24, 30

■M
MBO ………………………………………… 29, 227
MBTI …………………………………………… 12, 14
M（maintenance）行動 ………………………… 18

■O
Off-JT ………………………………………… 192, 196
OJT …………………………………………… 192, 196

■P
PDCAサイクル ………………………………… 198
PM理論 ………………………………………… 18, 21
P（performance）行動 ………………………… 18

■あ
相手起点での働きかけ ……………… 219, 220
アクション・ラーニング …………… 144, 196

■い
意識的練習 …………………………………… 156
意識の発達段階 ……………………… 153, 162
委任型 …………………………………………… 28

■え
影響力 ………………………………………… 70, 73
援助型 …………………………………………… 28
エンパワーメント ………… 55, 65, 218, 220

■お
オーセンティック・リーダーシップ … 59, 60, 63, 65

■か
活動家 ………………………………………… 89, 94
カッツ・モデル ……………………… 122, 132
カリスマ型リーダー ………………… 42, 51
カリスマ性 …………………………………… 11, 72
関係性の力 ……………………… 72, 73, 84
カンター、ロザベス・モス …………… 49, 51
感動体験 ……………………………… 185, 187

■き
企業内大学 …………………………… 146, 148
希少性 ……………………………… 73, 76, 228
逆境体験 …………………………… 186, 187
教育する組織 ………………………………… 139
教育的見地 …………………………………… 138
強制力 ………………………………………… 72

■く
クルーシブル（厳しい試練） ……………… 125

■け
経験学習モデル ……………………… 126, 132
結果予期 ……………………………… 109, 194
ケリー、ロバート ………………… 87, 90, 94
権威 ………………………………… 73, 75, 228
言語的説得 …………………………………… 110
賢慮（フロネシス） ………………………… 155

■こ
コーチ型 ………………………………………… 28
コーチング …………………………………… 155
コーポレート・ユニバーシティ ……… 142, 148
好意 ………………………………… 73, 75, 228
硬骨漢 ………………………………………… 89, 94
公式の力 ……………………………………… 72, 84
高信頼性組織 ……………………… 111, 114

効力予期 ………………………………… 109, 194
交換・交流理論 ………………………… 31, 34
行動理論 ……………………………………… 15
個人の力 …………………………………… 72, 84
コッター、ジョン ……………… 43, 46, 81, 96
コミットメントと一貫性 …………… 73, 74, 228
孤立型フォロワー ………………………… 87, 94
孤立者 ……………………………………… 89, 94
コンセプチュアル・スキル ………………… 122
コンセントリック・ラーニング …………… 156

■さ
サーバント・リーダーシップ …………… 56, 65
サクセッション・プラン ……………………… 141
参加型 ………………………………………… 26
参加者 ……………………………………… 89, 94
360度評価 ………………… 160, 179, 185, 187

■し
支援型 ………………………………………… 26
自己内省 …………………………………… 185
自己効力感 ……………………… 109, 194, 198
指示型 …………………………………… 26, 28
シチュエーショナル・リーダーシップ理論
 （SL理論）………………………… 28, 29, 30
実務型フォロワー ………………………… 87, 94
社会的交換理論 …………………………… 34, 39
社会的証明 …………………………… 73, 74, 228
シャドウイング ……………………………… 155
集合的リーダーシップ ………… 152, 158, 162
順応型フォロワー ………………………… 87, 94
消極的フォロワー ………………………… 87, 94
条件適合理論 ………………………………… 22
少数者の法則 ……………………………… 97, 103
情報力 ………………………………………… 72
信頼性蓄積理論 …………………………… 35, 39

■す
垂直的開発 ……………………… 151, 152, 162

水平的開発 ……………………… 151, 152
ストレングス・ファインダー ……… 13, 14, 131

■せ
制御体験 …………………………………… 110
成功体験 ………………………… 192, 193, 198
正当権力 ……………………………………… 72
生理的状態 ………………………………… 110
専門力 ………………………………………… 72

■そ
相互依存性 ………………………………… 34, 39

■た
第五水準のリーダーシップ ………………… 231
代理体験 …………………………………… 110
タイレノール事件 …………………………… 107
タスク指向型 ………………………………… 24
達成志向型 …………………………………… 26
ダンバー数 ………………………………… 98, 103

■ち
チーム効力感 ……………………………… 109, 114
チェンジ・リーダー ………………………… 144
チャルディーニ、ロバート ………… 73, 84, 227

■て
ティッピング・ポイント ………………… 97, 103
ディレイルメント（脱線）………………… 128
テクニカル・スキル ………………………… 122

■と
同一化力 ……………………………………… 72
同調性 ………………………………………… 35
特性理論 ……………………………… 10, 12, 14
徒弟制アプローチ ……………… 155, 156, 162

■に
人間関係指向型 ……………………………… 24

索引

■ね
- ネットワーク ……………………… 95, 96
- 粘りの要素 ………………………… 97, 98, 103

■は
- パーソナリティ研究 ……………………… 12
- 背景の力 …………………………… 97, 98, 103
- パス・ゴール理論 ……………………… 26, 30
- パワー …………………… 70, 71, 78, 80, 81, 83

■ひ
- ビジネス・フレームワーク ……………… 122
- 非常時のリーダーシップ ………………… 104
- ビッグファイブ …………………………… 12, 14
- ヒューマン・スキル ……………………… 122
- 氷山モデル ………………… 123, 132, 175

■ふ
- フォロワー ………………………… 34, 87, 90
- フォロワーシップ ………………………… 85, 87
- 振り返り ………………… 185, 187, 223, 230

■へ
- 平時の率先垂範 ………………… 229, 232
- ベニス、ウォーレン …………………… 89, 124
- 変革型リーダー ……………………… 49, 51
- 変革のリーダーシップ ……………………… 43
- 変革プロセス ……………………………… 45
- 変革への抵抗 ……………………… 44, 51
- 返報性 ………………………… 73, 74, 228

■ほ
- 傍観者 ……………………………… 89, 94
- 報酬力 ………………………………… 72
- ポジティブ心理学 ………………… 13, 113
- ボス・マネジメント ……………………… 81, 84

■ま
- マインドフル ……………………………… 111

■み
- マネジリアル・グリッド ………………… 19, 21
- 丸抱え ……………………… 216, 217, 220
- 丸投げ ……………………… 216, 217, 220

■み
- ミルグラム、スタンレー ………………… 74, 99

■む
- 6つの武器 ………………………… 227, 232

■め
- メラビアン、アルバート …………………… 227
- メンター ……………………………… 231

■も
- 模範的フォロワー ……………………… 87, 94

■よ
- 弱い紐帯 ………………………………… 99

■り
- リーダーシップ開発 ……………… 115, 121
- リーダーシップ・エンジン …………… 137, 148
- リーダーシップ・パイプライン ……… 139, 148
- リベラルアーツ ………………………… 157

■れ
- レヴィン、クルト ……………………… 45, 51
- レジリエンス ……………………………… 112
- レジリエンス・トレーニング ………… 113, 114

■ろ
- 6次の隔たり ……………………… 99, 103
- 6W1H ……………………………… 218, 220

執筆者紹介

【執筆】

芹沢 宗一郎（せりざわ・そういちろう）
グロービス経営大学院教授、グロービス　マネジングディレクター。
一橋大学商学部経営学科卒。ノースウェスタン大学ケロッグ経営大学院修士課程修了（MBA）。外資系石油会社勤務後、グロービスでは、企業の経営者育成を手掛けるコーポレート・エデュケーション部門代表などを歴任。現在は、エグゼクティブ教育や企業の理念策定/浸透などのプロセスコンサルティングに従事。共訳書に『個を活かす企業』（ダイヤモンド社）、『MITスローン・スクール戦略論』（東洋経済新報社）など。

林 恭子（はやし・きょうこ）
グロービス経営大学院教授。
筑波大学大学院ビジネス科学研究科博士課程前期修了（MBA）。モトローラ社にてOEM事業に携わった後、ボストン・コンサルティング・グループへ。人事担当リーダーとして、採用、能力開発等を手掛ける。グロービスでは人材・組織に関わる研究や教育プログラム開発のマネジメントを経て現在は経営管理本部長。企業研修、講演なども多数。共著書に『女性プロフェッショナルたちから学ぶキャリア形成』（ナカニシヤ出版）。組織学会、産業・組織心理学会、経営行動科学学会員。

竹内 秀太郎（たけうち・しゅうたろう）
グロービス経営大学院准教授。
一橋大学社会学部卒業。London Business School ADP修了。外資系石油会社にて、人事、財務、企画等、経営管理業務を経験。日本経済研究センターにて、世界経済長期予測プロジェクトに参画。グロービスでは、企業研修部門経営管理統括リーダーを務めた後、現在グロービス経営大学院ファカルティ本部主任研究員。Center for Creative Leadership 認定360 Feedback Facilitator。共著書に『MBA人材マネジメント』（ダイヤモンド社）がある。

新村 正樹（にいむら・まさき）
グロービス経営大学院ファカルティ本部主任研究員。
上智大学法学部国際関係法学科卒業、ノースウェスタン大学ケロッグ経営大学院EDP（Executive Development Program）修了。株式会社ジャパンエナジーにて法務、販売に従事した後、グロービスに入社。スクール部門、ファカルティ・コンテンツ部門を経て、現在は企業研修部門にて企業の人材育成、組織開発に携わるほか、人・組織、変革領域に関するコンテンツ開発、スクール及び企業研修の講師も務める。

【企画協力】

大島 一樹（おおしま・かずき）
東京大学法学部卒業後、金融機関を経てグロービスへ入社し、思考系科目の教材開発、講師などに従事。現在はグロービス出版局にて書籍の企画、執筆、編集を担当。共著書に『MBA定量分析と意思決定』『改訂3版グロービスMBAクリティカル・シンキング』（以上ダイヤモンド社）など。

嶋田 毅（しまだ・つよし）
グロービス電子出版発行人。グロービス経営大学院にて教鞭もとる。著書に『ビジネス仮説力の磨き方』『グロービスMBAビジネス・ライティング』（以上ダイヤモンド社）、『[実況]ロジカルシンキング教室』『[実況]アカウンティング教室』（PHP研究所）、『利益思考』（東洋経済新報社）など。

【編著者紹介】
グロービス経営大学院
社会に創造と変革をもたらすビジネスリーダーを育成するとともに、グロービスの各活動を通じて蓄積した知見に基づいた、実践的な経営ノウハウの研究・開発・発信を行っている。

- ●日本語（東京、大阪、名古屋、仙台、福岡、オンライン）
- ●英語（東京、オンライン）

グロービスには以下の事業がある。（https://www.globis.co.jp）
- ●グロービス・エグゼクティブ・スクール
- ●グロービス・マネジメント・スクール
- ●企業内研修／法人向け人材育成サービス
  （日本、中国、シンガポール、タイ、米国、欧州）
- ●GLOBIS 学び放題／GLOBIS Unlimited（定額制動画学習サービス）
- ●出版／電子出版
- ●GLOBIS 知見録／GLOBIS Insights（オウンドメディア）
- ●グロービス・キャピタル・パートナーズ（ベンチャーキャピタル事業）

その他の事業に、
- ●一般社団法人G1（カンファレンス運営）
- ●一般財団法人KIBOW（インパクト投資、被災地支援）
- ●株式会社茨城ロボッツ・スポーツエンターテインメント（プロバスケットボールチーム運営）

【新版】グロービスMBAリーダーシップ

2014年4月17日　第1刷発行
2024年6月3日　第7刷発行

グロービス経営大学院　編著

©2014 Graduate School of Management, GLOBIS University

発行所　ダイヤモンド社

郵便番号　150-8409
東京都渋谷区神宮前6-12-17
編　集　03(5778)7228
https://www.diamond.co.jp/　販　売　03(5778)7240

編集担当／DIAMONDハーバード・ビジネス・レビュー編集部
製作進行／ダイヤモンド・グラフィック社
印刷／八光印刷（本文）・加藤文明社（カバー）
製本／ブックアート

本書の複写・転載・転訳など著作権に関わる行為は、事前の許諾なき場合、これを禁じます。落丁・乱丁本はお手数ですが小社営業局宛にお送りください。送料小社負担にてお取替えいたします。但し、古書店で購入されたものについてはお取替えできません。

ISBN 978-4-478-00274-2　Printed in Japan

Harvard Business Review

DIAMOND ハーバード・ビジネス・レビュー

[世界50カ国以上の
ビジネス・リーダーが
読んでいる]

世界最高峰のビジネススクール、ハーバード・ビジネス・スクールが発行する『Harvard Business Review』と全面提携。「最新の経営戦略」や「実践的なケーススタディ」などグローバル時代の知識と知恵を提供する総合マネジメント誌です

毎月10日発売

バックナンバー・予約購読等の詳しい情報は
https://dhbr.diamond.jp

本誌ならではの豪華執筆陣
最新論考がいち早く読める

◎マネジャー必読の大家

"競争戦略"から"CSV"へ
マイケル E. ポーター

"イノベーションのジレンマ"の
クレイトン M. クリステンセン

"ブルー・オーシャン戦略"の
W. チャン・キム＋レネ・モボルニュ

"リーダーシップ論"の
ジョン P. コッター

"コア・コンピタンス経営"の
ゲイリー・ハメル

"戦略的マーケティング"の
フィリップ・コトラー

"マーケティングの父"
セオドア・レビット

"プロフェッショナル・マネジャー"の行動原理
ピーター F. ドラッカー

◎いま注目される論者

"リバース・イノベーション"の
ビジャイ・ゴビンダラジャン

"ライフ・シフト"の
リンダ・グラットン

日本独自のコンテンツも注目！